安徽省哲学社会科学规划项目研究成果
项目批准号：AHSKZ2016D04

传统制造企业
绿色创新驱动机制研究

CHUANTONG ZHIZAO QIYE
LÜSE CHUANGXIN QUDONG JIZHI YANJIU

柏明国◎著

北京师范大学出版集团
BEIJING NORMAL UNIVERSITY PUBLISHING GROUP
安徽大学出版社

图书在版编目(CIP)数据

传统制造企业绿色创新驱动机制研究/柏明国著.—合肥：安徽大学出版社，2022.11

ISBN 978-7-5664-2450-1

Ⅰ.①传… Ⅱ.①柏… Ⅲ.①制造工业—企业创新—研究—中国 Ⅳ.①F426.4

中国版本图书馆 CIP 数据核字(2022)第 123160 号

传统制造企业绿色创新驱动机制研究 柏明国 著

出版发行：北京师范大学出版集团
安 徽 大 学 出 版 社
(安徽省合肥市肥西路 3 号 邮编 230039)
www.bnupg.com
www.ahupress.com.cn
印　　刷：安徽省人民印刷有限公司
经　　销：全国新华书店
开　　本：710 mm×1010 mm 1/16
印　　张：14
字　　数：267 千字
版　　次：2022 年 11 月第 1 版
印　　次：2022 年 11 月第 1 次印刷
定　　价：39.00 元
ISBN 978-7-5664-2450-1

策划编辑：范文娟　　装帧设计：李 军
责任编辑：范文娟　　美术编辑：李 军
责任校对：汪 君　　责任印制：陈 如 孟献辉

目　录

第1章 绪论

1.1 研究背景

制造业是国民经济的主体，是立国之本、兴国之器、强国之基。当前，全球制造业发展格局和我国经济发展环境发生重大变化，必须突出创新驱动，优化政策环境，发挥制度优势，实现中国制造向中国创造转变。我国在《中国制造2025》中提出，要全面推进实施制造强国战略，打造具有国际竞争力的制造业。制造企业要加强内涵建设，提升企业经营管理水平，实现集约化、绿色化生产，力争以较少的资源投入获得更高的产出①。

中华人民共和国成立70多年以来，特别是改革开放40多年的发展，中国制造业生产总值已经跃居世界第一，实现了飞跃发展。当今制造业的发展已成为衡量一个国家综合国力的重要指标，虽然产值表明中国是制造业大国，但事实上中国并非制造业强国，导致这一结果的主要原因是我国的自主创新能力不强。随着资源环境问题日益严重，绿色发展理念逐渐融入工业领域中，如何在保证制造业稳步增长的同时，实现制造业与资源环境的协调可持续发展，是制造业目前面临

---

① 石宇强、朱伏平主编:《制造企业管理基础》，北京:科学出版社，2017年，第1页。

的首要问题[①]。

2008 年国际金融危机之后，世界各国普遍进入了一个经济增长速度放缓、经济结构调整转型的减速期，延续了 20 多年的全球经济“大稳定”的旧常态逐步转向“新常态”。在全球经济“新常态”背景下，制造业格局的调整与国内经济环境的变化为我国制造业企业带来了前所未有的发展机遇和挑战[②]。

1.1.1 全球制造业分工格局调整使我国制造业处于发达国家和新兴经济体的双向挤压之中

1.1.1.1 高端制造业向发达国家回流

2008 年国际金融危机以来，欧美发达国家重新认识到了实体经济的重要性，发展实体经济成为后危机时代西方发达国家的重要战略目标，高端制造业向发达国家回流成为趋势。美国实施的“再工业化”国家战略实现了先进制造业向美国回流的目标，推动经济走出低谷并进一步抢占全球高端制造业，形成新的竞争优势。在欧洲，欧盟成员国重新审视实体经济和虚拟经济的关系，纷纷提出“再工业化”战略，制造业的地位重新受到重视。欧盟委员会设计了一套全面系统的实施框架，重点鼓励新技术的研发和创新。英国政府在 2008 年推出鼓励英国企业在本土生产高附加值产品的“高价值制造”战略，并推出一系列资金扶持政策，促进高价值制造企业的创新，在 2013 年推出“英国工业 2050 战略”；德国提出以绿色智能制造为核心的“工业 4.0 战略”，以高科技带动工业发展；法国于 2013 年推出“新工业法国”计划，希望通过创新重塑工业实力，使法国重回全球工业第一梯队，并于 2015 年 5 月进行了大幅调整，调整后的计划“新工业法国Ⅱ”将“再工业化”的布局优化，以“未来工业”为核心，实现数字化、智能化转型。日本政府高度重视重振本土制造业，鼓励制造业回流，2009 年和 2010 年相继发布《日本制造业竞争策略》和《日本制造业》两个专题报告，推动制造业发展。新公布的《2015 年制造白皮书》进一步强调日本制造业要积极发挥 IT 技术的作用，加强制造业的发展和转型——向利用物联网和大数据的“下一代”制造业转型升级。美、日、西欧等发达国家和地区对制造业的高度重视将促进高端制造业向发达国家的回流，增加了正值产业结构调整和产业转型升级关键时期的中国制造业的压力。

---

① 毕克新、杨朝均、黄平，等：《制造业绿色创新系统研究与进展》，北京：科学出版社，2016 年，第 3 页。

② 蒋秀兰：《制造业企业生态创新驱动机制与创新绩效研究》，北京：中国社会科学出版社，2017 年，第 2～9 页。林寿富：《绿色创新驱动我国制造业绿色转型的作用机理与模式研究》，北京：经济科学出版社，2020 年，第 2～4 页。

1.1.1.2 中低端制造业向发展中国家分流

近年来随着我国人口结构和经济环境的变化，各种生产要素的价格不断上涨，中国制造业传统的低成本优势逐渐弱化。因此，部分外资制造企业陆续从中国撤资，将资本投向成本更低的东南亚等地区。在我国制造业成本上升过程中，印度尼西亚、越南、印度等一些发展中国家由于我国制造业成本的上升而形成了更低的比较成本优势。随着我国制造业成本优势的不断弱化，制造业在全球空间布局上也随之发生了较大变化，中低端产品的制造业企业开始往越南、印度、老挝等不发达国家转移[①]。

1.1.2 资源环境约束逐渐加大，各层面经济活动主体的可持续发展意识不断增强

工业革命以来，人类改造自然的能力得到了空前提高，创造了史上前所未有的工业文明。但是工业文明时代高速、粗放型的经济发展方式造成了资源的加速枯竭和严重的环境污染，严重影响了经济和社会的可持续发展。随着资源环境问题日益严重，从全球到国家、行业、区域和企业层面都逐步意识到了可持续发展的重要性，并逐步采取资源节约和保护生态环境的绿色创新行为。第一，从全球层面上看，世界各国已经逐步达成共识，认为改变粗放型的发展模式是解决资源浪费和环境污染问题的关键，从而实现经济和社会的可持续发展。以美国、日本、欧盟等发达国家和地区的减排计划和新能源战略为代表，世界各国陆续在实践层面采取面向可持续发展的有关行动。节约资源和保护环境的理念已经渗透到世界各国经济社会活动的各个层面，关注生态环境和可持续发展的氛围已经逐步形成。第二，从国家层面上看，近年来我国相继提出了科学发展观、创新驱动、生态文明建设、绿色发展、低碳发展等若干体现环境责任理念的战略。特别是党的十八大以来，我国更是将生态文明建设纳入“五位一体”的总体布局。“十三五”规划则把创新、协调、绿色、开放、共享列为发展理念，首次提出“生态环境质量总体改善”的目标，创新驱动、绿色理念成为发展主基调。从国家战略层面上对资源节约和生态环境保护进行支持和引导。第三，从中观层面上看，我国各区域、各产业也在各自领域以各种不同的方式推行绿色创新工作，实现资源、能源节约和减少污染物排放，倡导生态文明理念。在区域层面上，武汉城市圈和长株潭城市群被国家列为“两型”社会综合改革试验区，是中观层面绿色创新的典型案例；在行业层面上，《中国制造 2025》基本方针中的“创新驱动、绿色发展”，是对制造业绿色创新的要求。第四，从企业层面上看，作为市场经济的微观

---

① 孙梓文、金名：《中国制造业的新格局》，载《上海经济》，2012 年第 9 期，第 28～31 页。

经济主体，企业在追求经济利益的同时，逐渐意识到应该承担一定的社会责任——企业应该对所有利益相关方负责，对自然环境负责。化解过剩产能、推进绿色制造是制造业企业转型升级的重要抓手之一。要实现《中国制造 2025》提出的战略目标，企业就必须转变生产经营方式，从高消耗、高投入、高排放模式向资源节约、环境友好型模式转变。

1.1.3 新常态下经济增长动力由生产要素驱动、投资驱动向创新驱动转变

迈克尔·波特认为，经济发展要经历生产要素驱动、投资驱动、创新驱动和财富驱动四个发展阶段。我国经历了生产要素驱动和投资驱动两个阶段，以资本、劳动力、资源和环境等低成本生产要素的大量投入实现了对经济增长的驱动作用①。但是，从经济可持续发展视角看，这种要素驱动的经济快速增长模式是以资源大量消耗和环境严重污染为代价的，是不可持续的。我国过高的矿产资源的对外依存度、逐步消失的人口红利使生产要素供给难以支撑高速发展，不断恶化的生态环境严重影响了经济社会的可持续发展。随着资源环境约束日益趋紧，我国必须将经济增长的动力转变为创新驱动来适应经济新常态，让绿色创新成为推动企业和整体经济发展的新动力。同时，新产品、新技术、新经营模式将会大量涌现，成为制造业发展的动力和增长点。

1.1.4 我国国家战略层面对制造业绿色发展的推动作用日益增强

2015 年 5 月，国务院印发了《关于加快推进生态文明建设的意见》，提出要“推进先进制造业健康发展”和“加快推动生产方式绿色化”。《中国制造 2025》将创新作为制造业发展的核心，将绿色发展作为制造业发展的基本方针之一，为我国制造业的发展作了纲领性规划，明确提出制造业必须摒弃传统的高耗能、高污染型的发展模式，从战略层面上积极推动制造业绿色发展。《“十三五”规划纲要》强调，我国要实施制造强国战略，指出制造业高端化、智能化、绿色化和服务化的新发展方向。党的十八届五中全会强调，我国要牢固树立并切实贯彻创新、协调、绿色、开放、共享的发展理念。其中，绿色发展理念强调生态环境保护问题。《“十四五”规划纲要》进一步强调，我国要增强制造业竞争优势，推动制造业高质量发展；要深入实施智能制造和绿色制造工程，发展服务型制造新模式，推动制造业高端化、智能化、绿色化；要改造提升传统产业，推动石化、钢铁、有色、建材等产业布局优化和结构调整，扩大轻工、纺织等优质产品供给，加快化工、造

① 郑秉文：《“中等收入陷阱”与中国发展道路——基于国际经验教训的视角》，载《中国人口科学》，2011 年第 1 期，第 2～15、111 页。

纸等重点行业企业改造升级，完善绿色制造体系。可以看出，制造业由大变强已经成为我国国家战略体系的重要组成部分，坚持创新驱动和绿色发展是中国制造业发展的主基调。

1.1.5 中国传统制造企业的绿色转型升级已经刻不容缓

当前，传统制造业仍是我国工业经济的主体，钢铁、纺织、汽车、家电等仍是具有较强竞争力的板块，关乎综合国力，也关系民生，既是实现“六稳”的重要领域，又是培育新动能的主要来源。比如，新能源汽车、新材料等很多战略性新兴产业，都来自传统制造业的转型升级。同时，中国的城市化进程仍在持续推进，这也决定了传统制造业具有巨大的发展空间。如果说城镇常住人口处于消费升级阶段，对现代制造业需求多一些，那么农村人口对传统制造业需求仍然较强，市场潜力一旦释放，必将形成强劲带动①。然而，我国传统制造企业绿色创新发展仍然存在诸多问题，综合看来主要包括以下几个方面②：第一，政府对传统制造企业绿色创新的支持力度有待于进一步提高。目前，我国有利于绿色技术研发和推广的政策支持体系与市场机制仍不完善，制约着我国传统制造企业的绿色创新发展；环保制度体系方面的许多法规条例缺乏可操作性；在用能权、用水权、排污权、碳排放权等分配制度建设方面不尽完善；传统制造企业仍存在创新资金不足的问题，绿色创新风险基金的设立还不够精准，无法形成对传统制造企业绿色创新的有效驱动。第二，传统制造企业绿色创新能力较弱，管理者绿色创新意识不足。我国传统制造企业普遍存在绿色创新能力不足的问题，在基础科学技术方面仍与发达国家存在明显差距。企业管理人员的社会责任与环保意识薄弱制约着传统制造企业绿色创新发展和市场竞争力的进一步提高。第三，公众绿色消费意识薄弱，绿色市场有待培育。这方面主要体现在绿色产品的供需不匹配、政府及企业的宣传力度较弱、绿色市场不够健康、绿色低碳法律法规不健全等方面。第四，绿色创新合作平台发展比较滞后。由于缺乏平台化、体系化、集成化的协同创新体系，导致我国传统制造企业创新成果的转化和技术信息的交流受阻。另外，政府对产、学、研合作平台的支持力度较小，也阻碍了传统制造企业绿色创新体系的培育。

由此可见，我国目前由于环境污染日益严重、能源紧缺日益凸显、绿色消费浪潮的逐渐兴起，转变经济发展方式已经刻不容缓。随着我国步入全面建成小康社会和经济新常态的新时代，建设创新型和资源节约型国家势在必行。《十九

---

① 新望：《推动传统制造业高质量发展（新论）》，载《人民日报》，2020 年 3 月 3 日，第 5 版。

② 贯君：《制造企业绿色创新的影响机理及行为演化研究》，哈尔滨：哈尔滨工程大学博士学位论文，2017 年，第 3～5 页。

大报告》提出，要坚持人与自然和谐共存，建设美丽中国，并且把创新和绿色作为新的发展理念，对我国实现可持续发展尤为重要。因此，在当今倡导“绿水青山就是金山银山”的社会背景下，基于环境视角的绿色创新正在成为我国推进绿色发展、建设美丽中国的一个新的着力点。但是对我国济发展有重大贡献的传统制造企业，却正面临着严重供给过剩、资源过度消耗、污染物排放居高不下和整体创新性不强等问题，制约着我国经济建设和生态文明建设的协调发展，传统制造企业亟须通过改善产品供给结构、革新生产技术、提高产品质量、引进或研发节能环保技术进行绿色转型升级。另外，为了缓解资源过度消耗和环境严重污染的压力，我国政府在《中国制造 2025》中着力强调，创新驱动和绿色发展是生态文明建设的重点内容，并且在党的《十九大报告》中明确提出，要大力建设人与自然和谐共生的现代化社会。在这样的背景下，企业进行绿色创新是推动传统制造业转型升级、优化产业结构、实现可持续发展的必然选择①。

1.2 研究目的

本书试图探求传统制造企业绿色创新的影响机制和传统制造企业绿色创新驱动系统的演化规律，以创新驱动和绿色发展为导向，以环境经济学、创新经济学、演化经济学、企业战略管理理论、企业社会责任理论等相关理论作为研究基础，运用案例分析、数据包络分析、结构方程模型和系统动力学模拟仿真等研究方法对我国传统制造企业绿色创新的驱动机制进行深入探究，并提出传统制造企业绿色创新发展的相关对策建议及管理启示，从而为我国传统制造企业的绿色转型发展提供有益参考。

1.3 研究意义

绿色创新是一种为客户和企业带来价值并促进可持续发展与减少环境影响的战略。从宏观角度看，企业绿色创新是中国统筹推进“五位一体”总体布局的重要途径。从微观角度看，企业绿色创新是企业在资源环境约束下赢得竞争优势的必然选择，研究传统制造企业绿色创新的驱动机制有助于深入了解企业绿色技术研发的决策机制和创新行为。

1.3.1 理论意义

本书综合采用文献分析、案例分析、归纳分析等研究方法，试图得到我国传统制造企业绿色创新系统的重要驱动因素，并探寻这些因素对传统制造企业绿

---

① 李中娟：《传统制造企业绿色创新的驱动因素及绩效影响研究——以安徽省为例》，马鞍山：安徽工业大学硕士学位论文，2018 年，第 1 页。

色创新的驱动效果，通过对绿色创新与企业绩效之间的关系进行分析，进而构建整合传统制造企业绿色创新前因后果的模型，利用结构方程模型和系统动力学仿真方法对模型进行研究分析以达到修正或补充，从而科学地揭示我国传统制造企业绿色创新驱动机理。基于我国本土化的传统制造企业绿色创新驱动因素和绿色创新对绩效影响的实证研究并不多见。因此，从某种程度上来说，本书的出版有助于拓展企业绿色创新的研究思路，进一步丰富企业绿色创新的理论研究。

1.3.2 实践意义

本书以我国传统制造业企业为研究样本进行实证研究，利用结构方程模型和系统动力学仿真方法探究传统制造企业绿色创新前因后果的关系，在科学揭示传统制造企业绿色创新驱动机理的基础上，有针对性地提出我国传统制造企业进行绿色创新的有关管理启示及对策建议，对我国传统制造企业的转型升级和绿色持续创新发展具有重要的实践指导意义，也对我国其他产业或企业的绿色创新发展具有一定的参考价值。

1.4 研究内容、研究方法与研究思路

1.4.1 研究内容

全书共分为七章，各章具体内容安排如下。

第 1 章是绪论。本章主要介绍本书的研究背景，阐明本书的研究目的，分析本书的研究意义，阐述本书的研究内容、研究方法和研究思路，提炼出本书的创新之处，并对与本书研究内容密切关联的基本概念进行界定。

第 2 章是文献综述。本章主要从绿色创新的概念及内涵、绿色创新的影响因素、企业绿色创新与企业绩效的关系、绿色技术创新效率评价、系统动力学在绿色创新中的应用等方面对国内外相关文献进行全面系统梳理，并对已有相关研究成果进行总结和评述，从而为本书指明了研究方向。

第 3 章是我国传统制造业发展状况分析。本章对我国传统制造业发展现状及存在的突出问题进行剖析，运用数据包络分析方法对我国典型传统制造企业中的钢铁企业绿色技术创新效率进行评价分析，为后续的传统制造企业绿色创新驱动机理研究提供事实依据。

第 4 章是典型传统制造企业绿色创新发展的案例研究。本章基于新微笑曲线理论和可持续发展理论，以精心甄选的马鞍山钢铁集团有限公司、安徽海螺集团有限责任公司、上海汽车集团股份有限公司和雅戈尔集团股份有限公司作为研究对象进行案例研究。深入剖析这四家传统制造企业绿色创新发展的驱动因素，探究这四家传统制造企业绿色创新路径及效果，以期为后续传统制造企业的

绿色创新驱动机理研究提供现实依据。

第 5 章是传统制造企业绿色创新驱动机理的实证分析。本章基于现有理论研究与案例分析成果，对传统制造企业绿色创新的驱动因素及各因素对企业绩效的影响进行分析，从理论层面提出了市场导向、组织冗余和管理者环境关注三个影响绿色创新的关键因素，并结合理论与实证研究的结果建立传统制造企业绿色创新的驱动因素、绿色创新及企业绩效关系的理论模型并提出相关理论假设，在此基础上，以安徽省传统制造企业作为调查研究对象进行实证分析。本章从政策和市场两个方面构建传统制造企业绿色创新对企业绩效影响的概念模型并提出相关理论假设，综合运用问卷调研方式、结构方程模型与 AMOS 统计软件，对我国传统制造企业绿色创新的驱动机理进行了实证研究。

第 6 章是传统制造企业绿色创新驱动系统仿真研究。本章采用系统动力学的理论及方法，分析传统制造企业绿色创新驱动系统中各个子系统之间的关系，建立传统制造企业绿色创新驱动系统的系统动力学模型，将关键的驱动因素作为受控要素，对比分析不同情境下传统制造企业绿色创新驱动系统的演变规律。

第 7 章是结论与展望，本章对全书进行归纳总结，得到本书的研究结论，分析本书的研究局限，并提出需要进一步研究的方向及问题。

1.4.2 研究方法

对传统制造企业绿色创新驱动机制的研究属于环境战略和创新管理的交叉领域，具有交叉融合的特性，需要综合运用多种研究方法对问题进行深度探究。本书侧重采取以下研究方法。

1.4.2.1 文献研究法

文献研究法主要是指根据本书的研究内容按照全面性与重要性相结合、经典性与前沿性相结合、基础性与适用性相结合的原则对文献进行收集、归纳、整理，发现已有的研究成果对本研究的启发、参考作用，继而对文献进行综述，发掘已有文献的研究空白以便对本书研究提供方向指引。并在此基础上，为绿色创新概念的界定、模型构建和后续实证研究及仿真研究提供理论支持。

1.4.2.2 案例研究法

案例研究法是一种运用特定的资料收集方法，如历史数据、二手档案、访谈等，并使用可靠技术对案例进行分析，从而得出带有普遍性结论的研究方法[①]。本书遵循案例选择的基本原则，以我国四家成功实施绿色创新实践的传统制造企业为研究对象，深入剖析这四家传统制造企业绿色创新发展的驱动因素，探究其绿色创新转型路径及效果，以期为后续传统制造企业绿色创新发展的驱动机

① 董颖:《企业生态创新的机理研究》，杭州:浙江大学出版社，2013 年，第 57 页。

理研究提供现实依据。

1.4.2.3 实证分析法

基于文献研究和案例研究成果，构建传统制造企业绿色创新驱动机理的概念模型并提出相关理论假设，综合运用问卷调查研究方法、结构方程模型、AMOS 统计软件，对我国传统制造企业进行实证研究，从而使研究结论更具合理性和说服力。

1.4.2.4 定量分析法

构建我国钢铁企业绿色技术创新效率的评价指标体系，收集整理相关样本钢铁企业的数据，考虑本书所构建的两阶段评价模型的特征，运用网络 SBM 模型分别对钢铁企业科技研发阶段及创新成果转化阶段绿色技术创新的静态效率进行定量测度分析；在静态效率测算基础上进行基于 Malmquist 指数的绿色全要素生产率分析，从技术进步有效性和效率变化有效性进一步剖析我国钢铁企业绿色技术创新效率的波动原因。

1.4.2.5 系统动力学仿真法

系统分析我国传统制造企业绿色创新驱动系统中各个子系统之间的关系，建立传统制造企业绿色创新驱动系统动力学模型，并结合我国传统制造企业绿色创新发展实情，利用系统动力学仿真软件 Vensim PLE 对我国传统制造企业绿色创新驱动系统的驱动机制进行仿真研究。

1.4.3 研究思路

本书按照“提出问题—分析问题—解决问题—总结与展望问题”的研究思路开展研究。首先，对我国传统制造业发展背景进行分析，结合对绿色创新相关文献的系统梳理，提出本书的研究主题。其次，对我国传统制造业发展现状进行剖析，利用数据包络分析方法对我国钢铁企业的绿色技术创新效率进行评价分析，并对我国传统制造企业绿色创新发展实践进行案例剖析，为后续研究提供事实依据。再次，结合文献研究、现状分析及案例分析结果，利用结构方程模型和 AMOS 统计软件，对我国传统制造企业绿色创新的驱动机理进行实证分析，并运用系统动力学理论及方法对我国传统制造企业绿色创新系统的驱动机制进行仿真研究。最后，对本书进行归纳总结，并对进一步研究的方向及问题进行展望。本书具体的技术路线如图 1-1 所示。

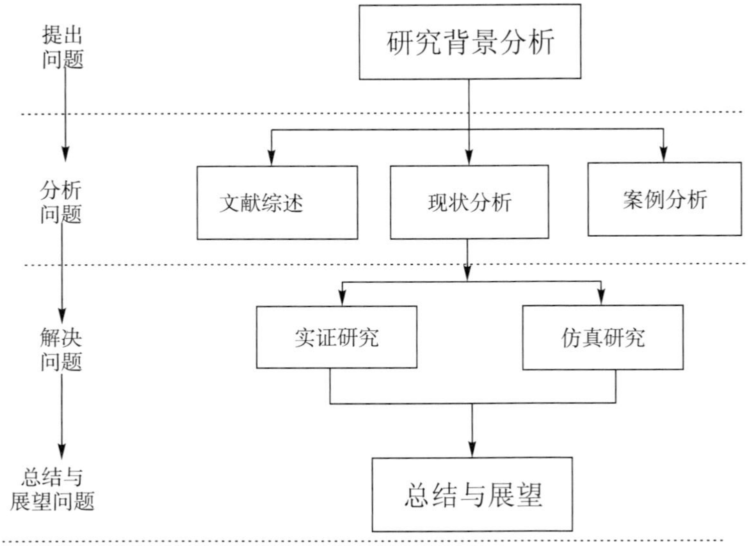

图 1-1　技术路线

1.5　本书的创新之处

1.5.1　研究绿色技术创新效率的视角较为独特

现有关于绿色技术创新效率的评价研究多是从宏观或中观层面测算创新效率，在研究对象上缺乏针对性，运用微观数据对具体企业的绿色技术创新效率进行探讨较少，而这正是实际生产和决策中所需要的。本书从钢铁企业绿色创新发展的具体指标出发，对钢铁企业绿色技术创新效率进行系统性的评价研究，使得研究结论更加真实可靠。从研究方法、指标体系的构建、模型的选择上，紧紧贴合钢铁企业的实际情况进行研究设计，研究具有一定的开拓性。

1.5.2　构建了钢铁企业绿色技术创新效率评价指标体系

基于企业创新价值链理论，本书克服了以往文献中大多将企业创新行为看成一个整体进行效率测度的弊端，运用网络 SBM 模型进行测算，揭示了企业创新活动是一个连续、互动的过程。总结现有有关效率评价研究中的优势与不足，本书将钢铁生产的非期望产出综合评价指标纳入效率测度评价的体系中，从而可以更精确地掌握我国钢铁企业的绿色技术创新效率情况。

1.5.3　从多元、系统角度研究传统制造企业绿色创新的驱动因素及绿色创新与企业经济绩效、环境绩效的关系

以往的研究大多数从某个单一因素或者其中某几个因素单独进行企业绿色

创新驱动机制的定性分析，且多研究政策因素对绿色创新的影响，缺乏系统地整合影响企业绿色创新前因后果的研究，在考察绿色创新与企业绩效关系的研究中，探究企业绿色创新与环境绩效之间关系的相对较少。因此，本书从多元、系统视角研究传统制造企业绿色创新的驱动因素及绿色创新与企业经济绩效和环境绩效的关系，并整合到一个结构方程模型中对企业绿色创新的前因后果进行整体研究，弥补了现有研究的一些不足。

1.5.4 采用理论探究与实证分析相结合的方法，探索传统制造企业绿色创新的关键影响因素及相应驱动结果

既有研究缺少专门针对我国传统制造企业绿色创新驱动机理的实证研究。本书采用理论探究与实证分析相结合的方法探索传统制造企业绿色创新的关键影响因素及相应驱动效果，并进一步探究传统制造企业绿色创新对企业绩效的相关影响。这样本土化的实证研究，可以使研究结论更具科学性和说服力。且从适用性来看，本书对我国传统制造企业的转型升级和可持续发展具有一定的指导价值，也可以为我国传统制造企业进行的绿色创新活动以及对政府制定相关环境政策提供帮助。

1.5.5 基于系统和动态视角，将系统动力学原理运用到传统制造企业绿色创新研究中

基于系统和动态视角，本书将系统动力学原理运用到传统制造企业绿色创新的研究中，按照较为严谨的因果关系考察传统制造企业绿色创新的驱动因素，构建传统制造企业绿色创新驱动系统的动力学模型，运用系统动力学仿真技术探寻传统制造企业绿色创新驱动因素的长期影响效应，相关研究较为新颖。

1.6 基本概念界定

1.6.1 制造业及制造企业

根据《新华字典》解释，制造一般是指将原料或粗制品做成器物或适用的产品。制造是人类适应自然、改造自然的基本活动，是人类进步和创造财富的核心动力和不竭源泉。制造活动是指人类将自然界存在的资源转化为物质产品的生产过程。制造过程包括原材料的采购、初级产品或最终产品的生产和销售的全部过程。制造业是指按照市场要求，将可利用的制造资源进行加工或再加工，将其转化为人们可用的工业品与生活消费品的行业。2017 年中华人民共和国国家统计局公布的《国民经济行业分类》将作为第二产业主体的制造业划分为 31 个大类，中国制造业两位数代码及行业名称具体如表 1-1 所示。

表 1-1　中国制造业两位数代码及行业名称

两位数代码	行业名称	两位数代码	行业名称
C13	农副食品加工业	C29	橡胶和塑料制品业
C14	食品制造业	C30	非金属矿物制品业
C15	酒、饮料和精制茶制造业	C31	黑色金属冶炼和压延加工业
C16	烟草制品业	C32	有色金属冶炼和压延加工业
C17	纺织业	C33	金属制品业
C18	纺织服装、服饰业	C34	通用设备制造业
C19	皮革、毛皮、羽毛及其制品和制鞋业	C35	专用设备制造业
C20	木材加工和木、竹、藤、棕、草制品业	C36	汽车制造业
C21	家具制造业	C37	铁路、船舶、航空航天和其他运输设备制造业
C22	造纸和纸制品业	C38	电气机械和器材制造业
C23	印刷和记录媒介复制业	C39	计算机、通信和其他电子设备制造业
C24	文教、工美、体育和娱乐用品制造业	C40	仪器仪表制造业
C25	石油、煤炭及其他燃料加工业	C41	其他制造业
C26	化学原料和化学制品制造业	C42	废弃资源综合利用业
C27	医药制造业	C43	金属制品、机械和设备修理业
C28	化学纤维制造业		

制造企业是人类开展制造活动和市场交换的主体，是指为了满足市场需求并获得盈利，从事制造生产经营活动或提供工业性劳务的经济组织，是自主经营、自负盈亏的独立生产单位。与其他行业的企业相比，制造企业具有能源消耗及碳排放量大、排污量大、受政府约束强、关联性强等特征[①]。

1.6.2　传统制造业

传统制造业是相对于现代制造业的一个较为宽泛的概念，传统制造业本身没有准确的分类标准。判断一个产业是否为传统制造业，通常主要是以技术为

① 贯君：《制造企业绿色创新的影响机理及行为演化研究》，哈尔滨：哈尔滨工程大学博士学位论文，2017 年，第 31～32 页。

参照。传统制造业是相对现代制造业而言的一种以劳动密集或资本密集、生产效率低、技术含量低、附加值低为主要特征的制造加工行业[①]。

传统制造业和现代制造业都是经济社会发展的重要物质基础，二者之间的关系相辅相成、互为表里。我国从“制造大国”向“制造强国”转变，必须统筹兼顾传统制造业与现代制造业，实现二者的良性互动。尤其要警惕脱实向虚，避免制造业在国民经济中的比重下降过快，不切实际提升层级，导致传统制造业衰弱或外移[②]。

1.6.3 传统制造企业

传统制造企业是指对制造资源（物料、能源、设备、工具、资金、技术、信息和人力等）按照市场要求，通过制造过程转化为可供人们使用和利用的大型工具、工业品与生活消费产品的企业[③]。传统制造企业与现代制造企业最为突出的区别主要有三点：(1)传统制造企业使用的技术相对比较落后，科技含量不高，主要是劳动密集型或资金密集型生产加工企业。(2)传统制造企业的多数企业是家族式企业，管理水平较为落后，缺乏现代化的公司制度。(3)传统制造企业主要是以产品为核心，而不是以服务为核心[④]。

1.6.4 企业转型升级

企业转型升级是企业为提高持续竞争能力和产品、服务的附加价值，寻找新的经营方向而不断变革的过程，是产业转型升级的微观层面和最终落脚点，变革内容涉及技术、体制、利益、观念等各个方面[⑤]。企业转型升级包括企业转型和企业升级两方面活动。企业转型是指企业在经营环境发生变化时，为求生存发展、突破经营瓶颈，通过组织调整或目标转换，创造出适应未来的新经营模式[⑥]。企业转型主要包括两种类型：(1)企业在不同行业或领域的转变，如经营业务转向不同行业或跨出原有核心技术或经验进入新的领域。(2)组织管理层面的转

---

① 姬天怡：《文化创意产业与传统制造业的融合对传统制造业绩效的影响研究》，上海：上海社会科学院硕士学位论文，2016 年，第 7 页。

② 新望：《推动传统制造业高质量发展（新论）》，载《人民日报》，2020 年 3 月 3 日，第 5 版。

③ 柯建峰：《基于互联网能力的传统制造企业战略转型研究》，武汉：武汉理工大学博士学位论文，2017 年，第 35 页。

④ 梅路：《战略联盟对我国传统制造业产业结构优化的影响研究》，上海：上海师范大学硕士学位论文，2013 年，第 13 页。

⑤ 毛蕴诗、张伟涛、魏姝羽：《企业转型升级：中国管理研究的前沿领域——基于 SSCI 和 CSSCI(2002～2013 年)的文献研究》，载《学术研究》，2015 年第 1 期，第 72～82 页。

⑥ Klein K J, Sorra J S, “The Challenge of Innovation Implementation”, *Academy of Management Review*(1996), 21(4): 1055～1080.

型，如企业为适应外部环境变化或为降低企业管理成本、提高内部运作效率，在组织管理模式或公司治理结构等方面进行的优化转型[①]。企业升级是指企业从低附加值产品生产转向高附加值产品生产的过程，同时企业在产业链或产品价值链上的位置获得提升，实现途径是企业通过获得技术能力或市场能力改善自身的竞争能力，从而进入获利更高的资本密集型、技术密集型经济领域的过程[②]。

1.6.5 创新驱动

迈克尔·波特最早在《国家竞争优势》一书中提出“创新驱动”的概念。他认为，国家经济发展从低到高要历经要素驱动、投资驱动、创新驱动、财富驱动共四个阶段。要素驱动阶段，生产需要大量的劳动力和土地等自然资源，投资驱动则依赖资本的投入，包括固定资产投资和金融发展等，这两个阶段，对资源要素的依赖极高，而创新驱动则是继其之后更高一级的发展阶段。创新驱动将依赖要素投入和资本投入转向依靠企业自主创新，通过改善技术水平，提高生产效率。实现创新驱动，首先从技术的模仿学习开始，逐渐形成自主研发设计，最后形成由制造向发明的转变。

创新驱动不是不需要要素和投资，而是要素和投资要由创新来带动[③]。创新驱动方式主要依靠知识创新、科技创新、人才素质和管理体制的创新[④]。创新驱动通过知识和科技创新，开发新型资源，通过人才素质管理形成高水平科研团队，培育创新主体，通过管理体制改革提高生产效率，实现资源效益最大化。

1.6.6 绿色创新

在现有文献中，“绿色创新”“绿色技术创新”“生态创新”“生态技术创新”“环境创新”“可持续创新”等作为描述高生态效能创新行为的概念，尽管它们名称不

---

① 奚菁、张珊珊、罗洁婷，等：《管理认知演化与传统制造企业转型升级——基于昭信集团的纵向案例研究》，载《管理案例研究与评论》，2016 年第 9 卷第 4 期，第 351～367 页。

② Humphrey John，Schmitz Hubert，“How Does Insertion in Global Value Chains Affect Upgrading in Industrial Clusters?”，*Regional Studies*（2002），36(9)：1017～1027.

③ 洪银兴：《关于创新驱动和创新型经济的几个重要概念》，载《群众》，2011 年第 8 期，第 31～33页。

④ 朱虹：《基于创新驱动的安徽省制造业转型升级研究》，合肥：安徽农业大学硕士学位论文，2018 年，第 10 页。

同，但在定义描述上差异并不大，在内容上描述的是同一主题，可以相互替换使用[①]。这些概念都可从下述六个方面进行描述：以产品、流程、方式和服务为创新对象，以满足市场需求或取得市场竞争力为导向，以降低环境负面影响为结果，以产品的整个生命周期作为考察阶段，以经济效益或生态效益为动机，在企业层次建立创新标准或绿色标准。由于绿色创新的使用频次远高于其他几个相似概念，加之绿色创新在刻画企业面对自然环境问题上具有更丰富的内涵[②]。除部分内容外，本书主要采用绿色创新概念用以描述企业为避免或减少环境损害而采取的战略和行为。虽然到目前为止学术界尚未形成一个被广泛接受和使用的绿色创新定义，但是多数研究者在定义绿色创新时都考虑了“创新”与“环境效益”。本书借鉴有关研究成果[③]，从企业角度切入，认为绿色创新是企业通过实施旨在节能降耗和污染防治的创新项目，对技术、流程、产品、服务及企业环境管理方面进行的创造性活动。

1.6.7 传统制造企业绿色创新

基于对绿色创新和传统制造企业内涵的分析和界定，本书认为传统制造企业绿色创新是指传统制造企业通过实施旨在节能降耗和污染防治的创新项目，对技术、工艺、产品、服务及企业环境管理方面进行的创造性活动。传统制造企业绿色创新能够将环境成本转化为环境效益和经济效益，从而满足人类需求，提升生活品质，有助于促进环境友好型社会目标的实现[④]。

---

① Bernauer Thomas, Engels Stéphanie, Kammerer Daniel, et al., “Explaining Green Innovation : Ten Years after Porter's Win-Win Proposition : How to Study the Effects of Regulation on Corporate Environmental Innovation?”, *Politische Vierteljahresschrift* (2007), 39(17): 323～341. Schiederig Tim, Tietze Frank, Herstatt Cornelius, “Green Innovation in Technology and Innovation Management: an Exploratory Literature Review”, *R&D Management* (2012), 42(2): 180～192.

② 戴鸿轶、柳卸林：《对环境创新研究的一些评论》，载《科学学研究》，2009 年第 27 卷第 11 期，第 1601～1610 页。

③ 李海萍、向刚、高忠仕，等：《中国制造业绿色创新的环境效益向企业经济效益转换的制度条件初探》，载《科研管理》，2005 年第 26 卷第 2 期，第 46～49 页。贯君：《制造企业绿色创新的影响机理及行为演化研究》，哈尔滨：哈尔滨工程大学博士学位论文，2017 年，第 26 页。

④ Murphy Joseph, Gouldson Andrew, “Environmental Policy and Industrial Innovation: Integrating Environment and Economy through Ecological Modernisation”, *Geoforum* (2000), 31(1): 33～44. 杨静、施建军、刘秋华：《学习理论视角下的企业生态创新与绩效关系研究》，载《管理学报》，2015 年第 12 卷第 6 期，第 865～872 页。徐建中、贯君、林艳：《互补性资产视角下绿色创新与企业绩效关系研究——战略柔性和组织冗余的调节作用》，载《科技进步与对策》，2016 年第 33 卷第 20 期，第 76～82 页。

目前,传统制造企业作为碳排放市场的主体,正面临着来自资源和环境的严峻挑战,这就要求传统制造企业不能仅以追求盈利为目标,还应考虑和承担企业的社会责任,实现环境绩效与财务绩效的“双赢”。区别于其他传统创新行为,传统制造企业绿色创新的特征主要体现在以下五个方面:传统制造企业绿色创新具有复杂性和系统性、传统制造企业绿色创新具有双重外部性、传统制造企业绿色创新的目的具有二元性、传统制造企业绿色创新具有预见性、传统制造企业绿色创新具有高风险性。

第2章 文献综述

2.1 绿色创新概念及内涵的研究

通过对大量绿色创新相关文献的系统梳理可知，20世纪90年代初，学术界开始关注企业在发展的同时要减少对环境的消极影响。目前，存在"环境创新""可持续创新""生态创新"和"绿色创新"四个近似的概念，它们都被研究者用来表示能减少对自然环境的负面影响、降低资源耗费的创新。其中，在2000年之前使用"环境创新"概念的学者偏多，如有学者认为，"环境创新"是一种新产品或新流程，它们能在为客户和企业创造价值的同时显著减少对环境的不良影响①；也有学者认为，"环境创新"是为了减少对环境的损害而经过改良的工艺、技术和产品。之后，"可持续创新"成为该研究领域的主流概念②，如有学者认为，与环境创新相比，"可持续创新"概念更为宽泛，它既包括能帮助减少自然环境消极影响的全新产品，也包括对改进人

① James P, "The Sustainability Cycle: A New Tool for Product Development and Design", *The Journal of Sustainable Product Design* (1997), 2(2): 52～57.

② Kemp René, Smith Keith, Becher Gerhard, "How Should We Study the Relationship Between Environmental Regulation and Innovation?", in Hemmelskamp Jens, Rennings Klaus, Leone Fabio (eds.), *Innovation-oriented Environmental Regulation* (Berlin: Physica-Verlag), 2000: 43～66.

类生活其他方面有积极意义的产品或服务方面的创新①。再往后，“绿色创新”和“生态创新”概念从 2005 年开始不断出现在各种期刊上。关于生态创新的概念，有学者认为，它包括新的产品、服务、管理、生产流程和经营方式，这些改良能够降低企业生命周期内对资源的过度消耗和减少环境风险②。*OECD* 也指出，能改善环境质量效果的产品、流程的创造和组织结构、制度安排及经营方式等的实施，这类行为不管企业是有意识还是无意识进行的都理应属于生态创新③。我国学者对这些类似概念也进行了探究。杨燕认为，生态创新是企业明确追求同时获得经济效益和环境效益的一类创新④。戴鸿轶和柳卸林整理了国内外与环境创新类似的一些概念的使用情况，认为“绿色创新”在上述近似概念中的使用次数是最多的⑤。

关于绿色创新的定义，国内外学者基于不同角度和研究目的对绿色创新进行了界定。国外的研究主要包括：有学者认为，绿色创新是指企业为了避免或降低对环境的损害而采用的一系列新的或改良过的产品、技术、流程和实践⑥。也有学者认为，绿色创新是与能源节约、污染预防、回收并再次利用废物、对产品进行绿色设计，以及与企业环境管理相关的技术创新，是对绿色产品及流程进行软硬件方面的创新⑦。基于价值链研究视角，有学者提出了绿色创新价值链的概念，所作的研究主要专注于由关键利益相关者代表的绿色产品价值的改变⑧。

---

① Hellström Tomas，“Dimensions of Environmentally Sustainable Innovation：The Structure of Ecoinnovatin Concepts”，*Sustainable Development*（2007），15（3）：148～159.

② Kemp René，Pearson Peter，“Final Report MEI Project about Measuring Eco-innovation”，*Measuring Eco-innovation Project*（*MEI*），2007：1～120.

③ 张钢、张小军：《绿色创新研究的几个基本问题》，载《中国科技论坛》，2013 年第 4 期，第 12～15、20 页。

④ 杨燕：《生态创新的概念内涵和特性：与一般意义上创新的比较与思考》，载《东北大学学报（社会科学版）》，2013 年第 15 卷第 6 期，第 557～562 页。

⑤ 戴鸿轶、柳卸林：《对环境创新研究的一些评论》，载《科学学研究》，2009 年第 27 卷第 11 期，第 1601～1610 页。

⑥ Beise Marian，Rennings Klaus，“Lead Markets and Regulation：A Framework for Analyzing the International Diffusion of Environmental Innovations”，*Ecological Economics*（2005），52（1）：5～17.

⑦ Chen Yu-Shan，Lai Shyh-Bao，Wen Chao-Tung，“The Influence of Green Innovation Performance on Corporate Advantage in Taiwan”，*Journal of Business Ethics*（2006），67（4）：331～339.

⑧ Olson E L，“Perspective：The Green Innovation Value Chain：A Tool for Evaluating the Diffusion Prospects of Green Products”，*Journal of Product Innovation Management*（2013），30（4）：782～793.

在对绿色创新的概念进行梳理后，有学者给出了绿色创新的定义，认为绿色创新是一种旨在通过对产品、市场、技术、生产流程、组织方法、管理实践和社会及制度结构等进行革新以达到实现保护环境和促进企业获得竞争力目标的创新①。

国内对“绿色创新”概念进行阐释及界定的主要成果有：李海萍等从企业视角出发，认为绿色持续创新是企业为了实现减少环境污染、节约能源和改善环境质量的目的而在较长一段时期内持续推出及实施有关绿色创新项目，以不断获得因创新而产生经济效益的过程②。应瑞瑶和周力指出，绿色创新是包括能够促使能源、经济和环境三者全面、系统、协调发展的一切创造性活动③。周力认为，绿色创新是基于技术创新、产品创新、制度创新和观念创新等方式实现的，是能够推进能源—经济—环境系统协调发展的创造性活动④。基于科技伦理视角，潘锡杨和李建清认为，绿色创新需要从企业整个运作流程着眼，争取在供应链上的每一个环节都能对有限资源进行高效充分地利用，以达到实现环境、经济和社会效益“三赢”的目的⑤。基于已有研究成果和实践调研，李巧华和唐明凤给出了绿色创新的定义：绿色创新是指企业在实现自身可持续发展目标过程中，无论是有意识的还是无意识的，在产品设计、生产、包装、使用和报废环节都能节能、降耗、减少污染，改善环境质量，提升产品性能，是兼顾经济效益和环境效益的创造性活动⑥。马媛等人认为，绿色创新是指为了实现经济与环境的协调发展，创新主体在产品设计、生产工艺、加工过程和管理实践等方面进行的探索和改进，以及与之有关的应用活动⑦。

---

① Lampikoski Tommi, Westerlund Mika, Rajala Risto, et al., “Green Innovation Games: Value-creation Strategies for Corporate Sustainability”, *California Management Review* (2014), 57(1): 88～116.

② 李海萍、向刚、高忠仕，等：《中国制造业绿色创新的环境效益向企业经济效益转换的制度条件初探》，载《科研管理》，2005 年第 26 卷第 2 期，第 46～49 页。

③ 应瑞瑶、周力：《资源禀赋与绿色创新——从中国省际数据的经验研究看“荷兰病”之破解》，载《财经研究》，2009 年第 35 卷第 11 期，第 92～102 页。

④ 周力：《中国绿色创新的空间计量经济分析》，载《资源科学》，2010 年第 32 卷第 5 期，第 932～939 页。

⑤ 潘锡杨、李建清：《科技伦理视阈下的绿色创新研究》，载《自然辩证法研究》，2014 年第 30 卷第 6 期，第 82～88 页。

⑥ 李巧华、唐明凤：《企业绿色创新：市场导向抑或政策导向》，载《财经科学》，2014 年第 2 期，第 70～78 页。

⑦ 马媛、侯贵生、尹华：《绿色创新、双元性学习与企业收益的关系——基于资源型企业的实证研究》，载《技术经济》，2016 年第 35 卷第 5 期，第 46～52 页。

2.2 绿色创新影响因素的研究

关于绿色创新影响因素的研究，有学者从技术、市场层面出发，也有学者从企业自身、外部环境出发，围绕经济学与管理学的相关理论进行研究。如在技术方面，有学者指出，技术水平对绿色创新有着明显推动作用，技术水平越高，创新越有活力，反之则不然①。也有学者从技术特征出发，全面研究其复杂性与兼容性对绿色创新的影响②。在市场方面，有学者研究发现，对绿色创新有影响的市场因素主要有消费者需求、新生市场，以及企业所占市场份额等③。王炳成和李洪伟认为，国家法规和市场对企业绿色产品创新有显著的影响，但消费者收入对企业绿色产品创新的影响需要通过市场间接体现④。有学者经调查研究发现，客户对中小企业的绿色创新有重要影响⑤。也有学者合理运用大数据分析产品、组织和流程这三类驱动绿色创新的影响因素，发现绿色创新在市场需求的不断增长下愈发活跃⑥。在企业自身方面，有学者以物流公司为例，通过实地调研、问卷调查等研究方式，认为组织的激励措施和企业所拥有人力资源的优劣两个方面会对物流服务业供应商绿色创新意图产生不同程度的影响⑦。也有学者从环保领导、环保文化和环保能力等方面入手，研究企业环保能力对绿色创新的

① Horbach Jens, Rammer Christian, Rennings Klaus, "Determinants of Eco-innovations by Type of Environmental Impact—The Role of Regulatory Push/Pull, Technology Push and Market Pull", *Ecological Economics* (2012), 78: 112～122.

② Weng Ming-Horng, Lin Chieh-Yu, "Determinants of Green Innovation Adoption for Small- and Medium-size Enterprises (SMEs)", *African Journal of Business Management* (2011), 5(22): 9154～9163.

③ Frondel Manuel, Horbach Jens, Rennings Klaus, "What Triggers Environmental Management and Innovation? Empirical Evidence for Germany", *Ecological Economics* (2008), 66(1): 153～160.

④ 王炳成、李洪伟：《绿色产品创新影响因素的结构方程模型实证分析》，载《中国人口·资源与环境》，2009 年第 19 卷第 5 期，第 168～174 页。

⑤ 王炳成、李洪伟：《绿色产品创新影响因素的结构方程模型实证分析》，载《中国人口·资源与环境》，2009 年第 19 卷第 5 期，第 168～174 页。

⑥ Triguero Angela, Moreno-Mondéjar Lourdes, Davia María A, "Drivers of Different Types of Eco-innovation in European SMEs", *Ecological Economics* (2013), 92: 25～33.

⑦ Lin Chieh-Yu, Ho Yi-Hui, "An Empirical Study on Logistics Service Providers' Intention to Adopt Green Innovations", *Journal of Technology Management & Innovation* (2008), 3(1): 17～26.

影响[①]。有关研究表明,在以信息传播能力和创新能力为衡量指标的基础上,员工素质越高,对绿色创新有着更为显著的推动效应[②]。有学者指出,企业规模和企业所处的行业对绿色创新也存在着显著的影响[③]。有学者认为,除了有关环境的公共政策和客户的环境敏感性之外,企业自身的特点、企业环境管理体系和组织内部战略对企业实施绿色创新都存在着不同程度的影响[④]。在外部环境方面,有学者认为,政府通过设计并合理实施科学的绿色公共政策及相关法规,可以推动企业绿色创新的发展进程[⑤]。也有学者指出,企业要想进行绿色创新需要环保法规的外部推动[⑥]。通过对中国民营制造企业的实证分析,有学者得出政治资本负向影响企业产品绿色创新及工艺绿色创新的结论,而政策法规和供应商对绿色创新有推动作用[⑦]。有学者对西班牙制造业绿色创新的差异性进行研究,通过建立计量模型进行验证,研究表明与外部创新资源建立广泛合作关系的企业会更倾向于积极主动地实施绿色创新[⑧]。也有学者依据对污染物的治理效果划分企业的绿色创新类型,并采用德国 2009 年 CIS 各行业企业的调查数据,通过构建二元 Probit 模型进行实证分析,结果表明政府规制是企业使用或研发减排绿色技术的主要驱动力,而企业成本是企业使用或研发节能绿色技术

---

① Chen Yu-Shan, Lai Shyh-Bao, Wen Chao-Tung, "The Influence of Green Innovation Performance on Corporate Advantage in Taiwan", *Journal of Business Ethics* (2006), 67(4): 331～339.

② Kesidou Effie, Demirel Pelin, "On the Drivers of Eco-innovations: Empirical Evidence from the Uk", *Research Policy* (2012), 41(5): 862～870.

③ Woo Chungwon, Chung Yanghon, Chun Dongphil, et al., "Impact of Green Innovation on Labor Productivity and Its Determinants: An Analysis of the Korean Manufacturing Industry", *Business Strategy and the Environment* (2014), 23(8): 567～576.

④ Galia Fabrice, Ingham Marc, Pekovic Sanja, "Incentives for Green Innovations in French Manufacturing Firms", *International Journal of Technology Management & Sustainable* Development(2015), 14(1): 3～15.

⑤ Vicki Norberg-Bohm, "Stimulating 'Green' Technological Innovation: An Analysis of Alternative Policy Mechanisms", *Policy Sciences* (1999), 32(1): 13－38.

⑥ Chen Yu-Shan, Chang Ching-Hsun, Wu Feng-Shang, "Origins of Green Innovations: The Differences Between Proactive and Reactive Green Innovations", *Management Decision* (2012), 50(3): 368～398.

⑦ Lin He, Zeng Sai-Xing, Ma Han-Yang, et al., "Can Political Capital Drive Corporate Green Innovation? Lessons from China", *Journal of Cleaner Production* (2014), 64: 63～72.

⑧ De Marchi Valentina, "Environmental Innovation and R&D Cooperation: Empirical Evidence from Spanish Manufacturing Firms", *Research Policy* (2012), 41(3): 614～623.

的主要驱动力[①]。有学者把美国1997—2001年326家企业的专利数据作为代理变量，对企业绿色创新的异质性进行研究，发现企业进行绿色创新的动力主要是政府监管和ENGO组织的压力[②]。也有学者通过将企业绿色创新划分为规制诱导创新和企业自愿创新两种类型，并对它们与企业收益之间的关系开展研究，发现提高企业资源利用效率的绿色创新有助于增加企业收益，并且规制诱导创新对增加企业收益的作用更明显[③]。

国内也有不少学者在这方面取得了一定的研究成果。刘文辉强调，绿色人才对绿色创新的实施有重要作用[④]。张小军总结认为，现有研究成果主要强调经济收益对绿色创新的驱动作用和规章制度对绿色创新的诱发作用[⑤]。李巧华和唐明凤通过研究生产型企业在实施绿色创新过程中会受哪些因素影响，发现市场导向、政策导向、管理者对环境的关注和组织冗余这四个主要影响因素之间存在着千丝万缕的联系，并通过研究分析明确了它们对绿色创新的作用[⑥]。张天悦基于绿色创新的负外部性，强调环境规制对绿色创新的重要影响[⑦]。杨静等人基于企业战略管理角度，指出企业冗余资源和企业创新能力能调节绿色创新战略与企业价值之间的关系[⑧]。卞雅莉围绕管理者的环境关切对企业绿色创新的影响，采用结构方程模型，通过问卷调查的研究方式，对企业绿色创新的驱

① Horbach Jens, Rammer Christian, Rennings Klaus, "Determinants of Eco-innovations by Type of Environmental Impact—The Role of Regulatory Push/Pull, Technology Push and Market Pull", *Ecological Economics*(2012), 78: 112～122.

② Berrone Pascual, Fosfuri Andrea, Gelabert Liliana, et al., "Necessity as the Mother of 'Green' Inventions: Institutional Pressures and Environmental Innovations", *Strategic Management Journal*(2013), 34(8): 891～909.

③ Rexhäuser Sascha, Rammer Christian, "Environmental Innovations and Firm Profitability: Unmasking the Porter Hypothesis", *Environmental & Resource Economics*(2014), 57(1): 145～167.

④ 刘文辉:《企业绿色经营创新研究》，青岛：中国海洋大学博士学位论文，2009年，第17～21页。

⑤ 张小军:《企业绿色创新战略的驱动因素及绩效影响研究》，杭州：浙江大学博士学位论文，2012年，第40～41页。

⑥ 李巧华、唐明凤:《企业绿色创新：市场导向抑或政策导向》，载《财经科学》，2014年第2期，第70～78页。

⑦ 张天悦.:《环境规制的绿色创新激励研究》，北京：中国社会科学院研究生院博士学位论文，2014年，第30～65页。

⑧ 杨静、施建军、刘秋华:《学习理论视角下的企业生态创新与绩效关系研究》，载《管理学报》，2015年第12卷第6期，第865～872页。

动因素进行研究，提出企业绿色创新与其经济绩效具有正相关关系的论断①。蔡乌赶和周小亮指出，环境组织能力与生态技术优势是企业进行绿色创新的内部驱动力，政府方面的规制政策和利益相关者的绿色诉求是主要的外部驱动力，企业的绿色创新受内外双重驱动相互作用的影响②。彭雪蓉等人研究不同利益相关者环保导向如何从不同维度去影响企业绿色创新，并对高层管理者的环保意识在二者之间的作用进行探究③。张刚和张小军则通过深度访谈，运用扎根理论研究影响企业实施绿色创新战略的深层次因素，认为预期经济收益、利益相关者的压力和企业的冗余资源是企业绿色创新的主要驱动因素④。蒋秀兰和沈志渔对企业绿色创新的研究成果进行梳理和归纳，肯定了对企业绿色创新驱动机制与创新绩效进行研究的重要价值，并提出有待进一步深入探究的方向⑤。马媛等从外部商业环境考察企业绿色创新的影响因素，并研究利益相关者的压力、外部网络支撑、创新的不确定性、政策预期和管理者的机会感知等五个驱动因素对企业绿色创新产生的影响⑥。

2.3 企业绿色创新与企业绩效关系的研究

最初的研究认为，企业绩效与企业实施绿色创新的态度密不可分。当企业被动进行绿色创新时，会极大地影响企业在核心业务上的注意力和投资比重，导致企业的经济效益下滑，从而降低企业的竞争力。但相关研究发现，那些优先考虑资源生产率、改进生产流程和进行产品创新的企业，可以通过降低成本或生产差异化产品来构建自身的竞争优势，同时通过改进技术把污染物转变为可利用的资源来为企业创造额外收益。因此，绿色创新可以同时提高企业在经济和环

① 卞雅莉：《环境创新动因、创新战略与企业经济绩效——基于238家企业样本的实证分析》，载《科技进步与对策》，2013年第30卷第16期，第79～84页。

② 蔡乌赶、周小亮：《企业生态创新驱动、整合能力与绩效关系实证研究》，载《财经论丛》，2013年第1期，第95～100页。

③ 彭雪蓉、刘洋、赵立龙：《企业生态创新的研究脉络、内涵澄清与测量》，载《生态学报》，2014年第34卷第22期，第6440～6449页。

④ 张钢、张小军：《企业绿色创新战略的驱动因素：多案例比较研究》，载《浙江大学学报（人文社会科学版）》，2014年第44卷第1期，第113～124页。

⑤ 蒋秀兰、沈志渔：《基于波特假说的企业生态创新驱动机制与创新绩效研究》，载《经济管理》，2015年第37卷第5期，第190～199页。

⑥ 马媛、侯贵生、尹华：《企业绿色创新驱动因素研究——基于资源型企业的实证》，载《科学学与科学技术管理》，2016年第37卷第4期，第98～105页。

境方面的效益[①]。有学者在全面环境质量管理与企业经济绩效关系的研究中发现,企业的经济绩效不仅可以通过环境绩效这个中介变量间接促进,还可以通过实施绿色创新直接促进[②]。相关研究指出,企业进行绿色创新可以通过提高环境绩效树立企业形象,进而引起企业销售量的增加,从而提升企业的经济绩效[③]。研究表明,企业实施绿色创新能够使企业的经济绩效得到提高[④]。目前学术界普遍认为,企业实施绿色创新对企业的环境绩效和经济绩效具有不可或缺的推动作用。关于绿色创新与企业绩效的关系为何存在这两种对立的观点,李怡娜和叶飞认为可能是由于现有研究主要是静态分析,缺乏时间维度的考虑。另外,以发达国家企业为研究样本,得出的实证结论未必适用于发展中国家[⑤]。

2.4 绿色技术创新效率评价的研究

2.4.1 关于绿色技术创新效率概念的研究

由效率的相关理论可知,效率是指生产活动中产出与投入之间的效用比例关系。因此,绿色技术创新效率就是探讨绿色技术创新活动中的投产比例关系。然而,由于绿色技术创新活动中投产变量与衡量量纲具有多元性,对绿色技术创新活动绝对效率的测度十分困难。绿色技术创新效率的测度结果一般是指某一决策单元的相对效率。生产前沿面是相对效率测度中的重要概念,它由有效决策单元(DMU)组合而成,距离前沿面越近的 DMU,其效率值也越高。因此,从生产前沿面角度解释,绿色技术创新过程中实际产出与理想产出的距离即为绿色技术创新效率。

---

① Porter M E, Van der Linde C, "Toward a New Conception of the Environment-competitiveness Relationship", *Journal of Economic Perspectives*(1995),9(4):97～118.

② Kumar Raju Ranjan,Shrivastava Anju,Sodhi Ajit,"Cisplatin Stimulates Protein Tyrosine Phosphorylation in Macrophages", *Biochemistry & Molecular Biology International*(1995),35(3):541～547.

③ Sharma Sanjay,Vredenburg Harrie,"Proactive Corporate Environmental Strategy and the Development of Competitively Valuable Organizational Capabilities", *Strategic Management Journal*(1998),19(8):729～753.

④ Banerjee Subhabrata Bobby, "Managerial Perceptions of Corporate Environmentalism: Interpretations from Industry and Strategic Implications for Organizations", *Journal of Management Studies*(2001),38(4):489～513. Eiadat Yousef,Kelly Aidan,Roche Frank,et al., "Green and Competitive? An Empirical Test of the Mediating Role of Environmental Innovation Strategy",*Journal of World Business*(2008),43(2):131～145.

⑤ 李怡娜、叶飞:《制度压力、绿色环保创新实践与企业绩效关系——基于新制度主义理论和生态现代化理论视角》,载《科学学研究》,2011 年第 29 卷第 12 期,第 1884～1894 页。

2.4.2 关于绿色技术创新效率评价的研究

企业创新行为取得的成果一般用创新绩效来反映①。创新绩效在众多文献中被阐释为反映创新行为情况的效率和结果②，基于这两个维度有众多的研究成果。因此，从测量角度来看，效率和结果都可以对技术创新活动的绩效行为进行测度和评价。结果绩效是指创新成果带来的效益，传统的企业效益是指经济效益，而从现有文献来看，引入绿色观念后，绿色创新绩效不仅包括经济效益，还包括环境效益和社会效益，是技术、组织、社会和制度的统一③。因此，绿色创新活动成果所带来的效益包括经济效益、环境效益和社会效益。从结果绩效的角度对绿色技术创新绩效进行测评，学者往往会基于EES全面发展观构建评价指标体系对绿色技术创新绩效进行综合评价研究，如李翠锦、华振、李洁琳等学者在对绿色技术创新进行系统分析的基础上，对绿色创新绩效进行综合评价分析④。虽然综合评价可以体现全面把握绿色创新系统内绿色创新绩效现状的思想，但也存在着因考虑的维度过于宽广而导致评价指标体系过于粗糙、指标全面平庸化和无法突出重点因素的问题，且综合评价指标体系构建难度大、难以全面遵循科学合理的选取原则，测评的准确性受到质疑。

基于对创新结果绩效综合评价缺陷的分析，从中国经济发展亟待实现由粗放型向集约型转变的需要来看，进行创新资源投入—产出分析的绿色技术创新效率测度可辅助改善资源抑制下的市场配置情况，更适合中国目前的国情⑤。距今为止，从宏观到微观层面的绿色技术创新效率评价研究在学术界浪潮迭起，特别是针对传统“三高”行业的绿色创新效率评价研究具有重要的现实意义⑥。

---

① 黄攸立、陈如琳：《企业创新绩效影响因素的研究综述》，载《北京邮电大学学报（社会科学版）》，2010年第12卷第4期，第71～77页。

② 司江伟、徐小峰：《企业研发人员创新绩效评价研究述评及展望——多维度个体评价研究的新进展》，载《中国科技论坛》，2011年第4期，第128～134页。穆文杨：《基于DEA的我国制造业技术创新绩效评价》，北京：北京交通大学硕士学位论文，2010年，第7～8页。

③ 毕克新、杨朝均、隋俊：《跨国公司技术转移对绿色创新绩效影响效果评价——基于制造业绿色创新系统的实证研究》，载《中国软科学》，2015年第11期，第81～93页。

④ 李翠锦：《企业绿色技术创新绩效的综合测评方法探讨》，载《统计与咨询》，2007年第3期，第24～25页。华振：《中国绿色创新绩效研究——与东北三省的比较分析》，载《技术经济》，2011年第30卷第7期，第30～34、41页。李洁琳：《钢铁企业生态创新绩效评价研究》，长沙：长沙理工大学硕士学位论文，2015年，第22～41页。

⑤ 官建成、陈凯华：《我国高技术产业技术创新效率的测度》，载《数量经济技术经济研究》，2009年第26卷第10期，第19～33页。

⑥ 肖慧、樊晓宏：《DEA在中国工业企业创新效率评价中的应用》，载《科技创新与生产力》，2016年第1期，第70～72页。

因此，从效率角度探析钢铁企业的绿色技术创新活动，不仅有利于提升钢铁企业创新活动成果的质量，同时对促进中国钢铁工业转型升级有着重要的参考价值。

钢铁企业是典型的高耗能、高耗资、高污染的传统制造企业，随着非期望产出对环境影响的日益加剧，钢铁企业的绿色创新效率问题引起了研究者的关注，学者运用数据包络分析方法对钢铁企业的绿色技术创新效率展开评价研究。张庆芝等将能耗、水耗及非期望产出纳入 Undesirable-SBM 评价模型，对 2006－2010 年我国钢铁企业技术效率进行综合评价分析。研究发现，非效率广泛存在于我国钢铁企业中，企业之间的效率差距较大，在现有技术条件下，还存在较大的节能减排潜力；教育投资率、"三废"综合利用产值率对技术效率具有显著正影响，研发投资率、环保投资率、水循环利用率对技术效率影响不显著①。张庆芝等考虑了钢铁企业资源消耗和污染物排放的影响，利用非期望产出模型对我国重点大中型钢铁企业的技术效率进行评价分析。研究发现，在能源、水资源和环境约束下我国钢铁企业技术效率总体不高，低效率广泛存在于钢铁企业中；我国钢铁企业节能减排潜力巨大；我国钢铁企业技术效率存在地区差异，总体表现为自东向西降低②。何枫等运用网络 SBM－DEA 模型将废渣和废气作为环境指标，对我国钢铁企业绿色技术效率进行深入探讨。研究结果显示，钢铁企业整体、铁前和铁后工序阶段的绿色技术效率均呈现倒 U 型曲线特征；当前的环境规制强度与绿色技术效率之间的负相关关系并不显著，资源循环利用率与绿色技术效率之间的正相关关系也不显著，未能观测到环境保护、资源循环利用与企业产出增长"双赢"的效果；研发投资率可以显著促进绿色技术效率增长③。

2.5　系统动力学在绿色创新中的应用研究

关于系统动力学的应用研究涵盖人类、社会、自然、资源的所有领域④。当前把系统动力学应用到绿色创新问题的研究主要集中在产业和企业层面，关于国家和区域层面的研究相对较少。

李文超等以 OECD 国家为研究对象，利用构建的经济可持续发展系统动力

① 张庆芝、何枫、雷家骕：《循环经济下我国钢铁企业技术效率与技术创新研究》，载《研究与发展管理》，2014 年第 26 卷第 6 期，第 1～8、128 页。

② 张庆芝、何枫、雷家骕：《环境约束下的我国钢铁企业技术效率研究》，载《科学学与科学技术管理》，2013 年第 34 卷第 10 期，第 103～111 页。

③ 何枫、祝丽云、马栋栋，等：《中国钢铁企业绿色技术效率研究》，载《中国工业经济》，2015 年第 7 期，第 84～98 页。

④ 宋瑞敏：《基于系统动力学的机械制造企业技术创新系统研究》，上海：上海应用技术大学硕士学位论文，2016 年，第 5 页。

学模型，对生态创新促进经济可持续发展的路径进行研究①。研究结果表明，传统经济发展模式难以实现可持续发展，而生态创新能够节约资源和保护环境，从而实现经济的可持续发展。相关研究结论对中国绿色发展的生态创新驱动机制研究具有重要的启示意义。周天凯从投入—产出角度，对我国各省份的绿色创新效率和各阶段绿色创新效率的变化特征进行探析，运用系统动力学深度剖析绿色创新效率的影响因素，从而为我国绿色创新发展找到了一条有效的提升路径②。杨朝均等运用构建的系统动力学模型，模拟仿真云南省2005—2025年的绿色创新动力系统运行过程，基于模拟仿真结果，从技术、市场和环境管制三个方面分析对云南企业绿色创新的推动效应，并提出相应的对策建议③。

制造业绿色工艺创新是一个多层次、多指标、复杂的动态系统，有学者运用系统动力学方法，根据反馈路径的一般结构，对反馈路径进行细化，并给出其因果关系和因果关系流图。在此基础上，建立绿色流程创新的系统动力学模型，探讨中国制造业绿色流程创新系统的运行规律④。田红娜等基于系统动力学的理论及方法，从绿色工艺创新升级运行过程出发，分析制造业绿色工艺创新的因果关系，构建制造业绿色工艺创新运行的系统动力学模型，并从绿色工艺创新投入、实施、产出和环境四个维度对制造业绿色工艺创新运行过程进行综合评价，最终提出促进制造业绿色工艺转型升级的最优实施路径⑤。张旭和王宇从系统学视角出发，构建环境规制与研发投入对绿色技术创新产生效用的系统动力学模型，并以中国工业企业为例，实证检验模型的适用性。他们还通过调整有关参数，对绿色技术创新的动态变化进行模拟仿真。仿真结果表明，加强环境规制和提高研发投入均有助于企业绿色技术创新，环境规制在短期内优于研发投入的促进效果，但在未来低于研发投入的促进效果；研发投入对绿色技术创新有正向作用，且随时间变化不断增强；研发投入主体和投入对象应向企业转移，以突出企业促进绿色技术创新的主体作用。最后，结合研究结果，提出促进绿色技术创

---

① 李文超、田立新、贺丹：《生态创新促进经济可持续发展的路径研究》，载《科学管理研究》，2013年第31期第2卷，第16～19页。

② 周天凯：《我国绿色创新效率评价及影响因素研究》，徐州：中国矿业大学硕士学位论文，2020年，第27～78页。

③ 杨朝均、刘姝宁、呼若青，等：《"一带一路"背景下经济开放对云南绿色创新动力的影响研究——基于系统动力学模型》，载《科技与经济》，2020年第33卷第3期，第6～10页。

④ Tian Hong-Na, Li Hai-Tao, "Research on System Dynamics Model of Green Process Innovation for Manufacturing Industry from Low-Carbon Perspective", *Advanced Materials Research* (2012), 573～574, 710～713.

⑤ 田红娜、毕克新、夏冰，等：《基于系统动力学的制造业绿色工艺创新运行过程评价分析》，载《科技进步与对策》，2012年第29卷第13期，第112～118页。

新发展的有关政策建议[①]。杨朝均等利用系统动力学模型，构建开放经济下工业企业绿色创新动力传导机制，运用中国2005—2015年工业企业的数据检验模型适用性，采用Vensim PLE预测系统中关键要素的变化趋势，并对外商直接投资、对外直接投资、进出口贸易三个政策变量进行调控，揭示开放经济下我国工业企业绿色创新动力传导机制的动态变化[②]。张慧莹对我国船舶工业绿色创新系统的动态演化条件进行剖析，从绿色船舶市场拉动、技术推动、政府管制三个方面分析船舶工业绿色创新系统动态演化的驱动因素，运用系统动力学的相关理论，对我国船舶工业绿色创新系统的系统动力学特征进行分析，构建我国船舶工业绿色创新系统动态演化路径的因果关系图和系统流图，确定我国船舶工业绿色创新系统的动态演化路径，分别从市场需求、技术进步、政府管制出发，提出促进我国船舶工业绿色创新系统动态有序演化的对策建议[③]。曾莹莹通过分析物联网背景下船舶工业绿色创新系统的结构及其商业模式的内涵特征，从商业模式要素构成出发，构建物联网背景下船舶工业绿色创新系统商业模式的系统动力学结构模型，然后对模型进行仿真分析，最后依据分析的结果提出物联网背景下促进船舶工业绿色创新系统商业模式发展的对策建议[④]。田红娜和李金波从行业异质性视角，通过计算各行业污染物强度平均值，将中国27个制造行业按污染程度划分为轻、中、重度污染行业，运用系统动力学方法揭示制造业整体和三类制造行业绿色技术创新能力的演化规律，并探究企业研发资金投入对绿色创新能力的影响。研究发现，轻度、中度和重度污染制造行业绿色产品创新能力、绿色工艺创新能力和绿色技术创新能力增幅差异较大；企业研发资金投入对轻度污染行业绿色产品创新能力和绿色技术创新能力影响最大；行业污染程度越高，其绿色工艺创新能力受企业研发资金投入的影响越大[⑤]。

杨红在探究轮胎企业创新系统中企业决策、市场需求、政府调控三个子系统相互作用的基础上，构建轮胎企业绿色持续创新的系统动力学模型，然后利用固铂成山轮胎企业的数据检验所构建的系统动力学模型的准确性，并通过对模拟

① 张旭、王宇：《环境规制与研发投入对绿色技术创新的影响效应》，载《科技进步与对策》，2017年第34卷第17期，第111～119页。

② 杨朝均、毕克新、呼若青：《开放经济下工业企业绿色创新动力传导机制》，载《系统工程》，2018年第36卷第9期，第79～90页。

③ 张慧莹：《我国船舶工业绿色创新系统动态演化研究》，哈尔滨：哈尔滨工程大学硕士学位论文，2018年，第13～59页。

④ 曾莹莹：《基于物联网的船舶工业绿色创新系统商业模式研究》，哈尔滨：哈尔滨工程大学硕士学位论文，2019年，第19～66页。

⑤ 田红娜、李金波：《基于行业异质性的制造业绿色技术创新能力演化研究——兼论企业研发资金投入的影响》，载《科技进步与对策》，2020年第37卷第17期，第63～72页。

仿真结果的对比分析，从政府、企业、消费者方面提出一些促进我国轮胎行业绿色发展的对策建议①。胡书梅分析知识共享对绿色技术创新的影响机理，运用系统动力学方法分析组织间知识共享的因果关系和行为演化特征对绿色技术创新绩效的影响，并在此基础上建立知识共享对绿色技术创新影响的系统动力学仿真模型，运用 Vensim PLE 软件对模型的有效性和灵敏度进行验证，通过调整仿真模型中有关参数的取值，分析组织间知识共享对企业绩效的影响②。顾正娣利用系统动力学的理论及方法从绿色技术创新的动力机制入手，探究环境规制强度和环境规制工具对企业绿色技术创新的传导机制，并在评价中国环境规制效率的基础上，提出促进我国环境规制状况的相关政策性建议③。呼若青采用系统动力学方法，研究工业企业绿色创新动力系统的因果反馈关系，构建开放经济下工业企业绿色创新系统动力学模型，运用 Vensim PLE 软件，基于我国2005—2015 年工业企业的相关数据，对我国工业企业绿色创新动力系统中重要因素的发展趋势进行分析④。蔡乌赶结合系统动力学方法，把企业生态创新过程的四个阶段当成相互联系又内部独立的子系统，构建企业生态创新驱动系统动力学模型，从动态角度运用系统动力学仿真软件 Vensim PLE，模拟不同驱动因素变化对系统的长期冲击效应，对企业生态创新水平发展的未来趋势进行拟合，基于仿真结果研究驱动企业生态创新的最优路径和政策措施⑤。段楠楠对太阳能光伏产业绿色创新动力机制及其影响因素进行分析，在厘清该绿色创新系统参与主体的基础上，运用系统动力学理论及方法，将太阳能光伏产业绿色创新动力系统分为三个子系统，然后通过仿真模拟的方法揭示该动力系统中各影响因素之间的联系，并研究得出政府创新补贴、合作创新关系、技术溢出效应是绿色创新系统中影响最显著的三个因素⑥。张梦娇探析环境规制背景下企业绿色技术采纳系统的动力机制，构建环境规制背景下企业绿色技术采纳机制系统动力学模型，揭示系统中三个子系统内各要素的相互作用过程，并以新能源汽车

① 杨红:《基于系统动力学的我国汽车轮胎制造企业绿色持续创新研究》，上海:华东理工大学硕士学位论文，2014 年，第 10～55 页。

② 胡书梅:《基于系统动力学的组织间知识共享对绿色技术创新的影响研究》，西安:西安电子科技大学硕士学位论文，2015 年，第 5～43 页。

③ 顾正娣:《环境规制对企业绿色技术创新影响研究》，南京:东南大学博士学位论文，2016年，第 19～40 页。

④ 呼若青:《开放经济下工业企业绿色创新动力机制研究》，昆明:昆明理工大学硕士学位论文，2018 年，第 15～78 页。

⑤ 蔡乌赶:《企业生态创新驱动机制研究》，北京:科学出版社，2018 年，第 139～163 页。

⑥ 段楠楠:《企业绿色创新影响因素及其协同性研究——以中国太阳能光伏产业为例》，北京:经济科学出版社，2019 年，第 71～99 页。

为例，研究环境规制对产品层面企业绿色技术采纳的影响[①]。张省等在绿色发展背景下，构建绿色创新环境、商业模式与企业创新绩效的系统动力学模型，并借助 Vensim PLE 软件进行仿真模拟和灵敏度分析，探索商业模式对企业创新绩效的影响机理[②]。张燕结合演化博弈理论，从利益相关者角度出发，对绿色技术创新中的利益相关主体进行识别，并对利益相关主体进行行为分析，在此基础上构建绿色技术创新中利益相关者的演化博弈模型，并对多主体协同情境下绿色技术创新博弈模型的稳定性条件进行分析。然后，运用系统动力学理论方法，借助于系统动力学仿真软件对多主体协同的绿色技术创新模型进行仿真分析，剖析多主体策略组合协同推进绿色技术创新的路径，提出绿色技术创新多主体策略组合的影响因素及政策建议[③]。仲钊强将企业、政府、公众纳入同一研究系统，构建三方博弈模型，结合系统动力学方法，对政府、企业、公众的行为策略选择进行分析，并确定主要影响因素。在此基础上，他选取沪、深 A 股重污染上市公司样本数据，基于新《环保法》颁布的准自然实验视角，运用 PSM～DID 方法实证研究环境规制政策对企业绿色创新的作用机制，同时引入环境责任、政府补助变量，分析其对企业绿色创新产生的效应。最后，他以 M 公司为例，分析环境规制对其绿色创新的促进效果[④]。

2.6 研究评述

系统梳理绿色创新相关文献可知，目前绿色创新已经成为研究热点，引起国内外大量学者的关注，尤其是在绿色创新的概念、效率评价、影响因素及其作用机理等方面取得了一系列的研究成果，也有不少学者开始着眼于对绿色创新与企业绩效关系的研究。但是，目前关于绿色创新的研究仍存在一些不足。

2.6.1 评价研究方面

关于绿色创新效率的评价研究，以往研究对象大多针对整个行业，且技术效率评价主要基于传统的 DEA 模型，这些研究把评价对象活动过程视为“黑箱”，忽略了创新过程的阶段性运作机制；而考虑环境因素，从创新价值链角度对传统

① 张梦娇：《环境规制下的企业绿色技术采纳驱动机理研究》，武汉：武汉理工大学硕士学位论文，2019 年，第 10～58 页。

② 张省、计明灿、周燕：《绿色创新环境、商业模式与企业创新绩效——基于系统动力学的仿真分析》，载《上海商学院学报》，2020 年第 21 卷第 6 期，第 67～85 页。

③ 张燕：《绿色技术创新利益相关者分析及博弈研究》，成都：四川师范大学硕士学位论文，2021 年，第 7～53 页。

④ 仲钊强．：《环境规制对绿色创新的作用机制研究》，南京：南京信息工程大学硕士学位论文，2021 年，第 7～67 页。

制造企业绿色创新效率进行动态评价的研究比较匮乏。

2.6.2 研究视角方面

以往的研究对绿色创新驱动因素研究的多元化视角不明显，缺乏整合相关影响因素的系统性研究。大多数学者都从某单一因素或者其中某几个因素单独进行定性分析，缺乏深入系统地整合相关影响因素的企业绿色创新驱动机制研究；注重经济因素对绿色创新的重要作用，而轻视了环境因素所带来的各种影响。

2.6.3 研究主题方面

以往的研究主题不够全面，不能兼顾绿色创新对传统制造企业的影响，专门针对我国本土化传统制造企业绿色创新的有关研究还不多见，从而导致实证研究不够充分，目前关于企业绿色创新的已有研究满足不了我国传统制造企业绿色创新发展的现实需求。

2.6.1 研究方法方面

在研究方法上，已有研究大多采取归纳演绎、案例分析、回归分析、结构方程等方法对企业绿色创新的驱动机制进行研究，而从系统及动态视角出发，利用系统动力学的理论及方法研究我国传统制造企业绿色创新驱动机制的成果较为匮乏。

第3章
我国传统制造业发展状况分析

3.1 我国传统制造业发展现状剖析

随着我国近几十年来经济的快速发展，我国制造业也实现了迅猛发展。据统计，2020 年我国制造业增加值为 26.6 万亿元（3.85 万亿美元），是美国的 1.7 倍，同比增长 2.3%，位居世界第一。但是，我们要认识到，我国制造业规模整体上处于“大而不强”的状态，虽然是全球第一制造业大国，但还不是制造业强国。目前，美国依然是全球科技创新的中心，美国、日本、德国处于全球制造业第一梯队，属于制造业强国和科技强国，在很多制造业领域具有世界领先水平，拥有许多全球垄断技术。

我国制造业发展虽然取得了巨大的成就，但是我国制造业缺“核”少“芯”问题突出，创新能力不足、对核心技术的掌握不够、高端产业所占的比重较小、产品质量一般。尤其是传统制造业“大而不强”，产业结构还需进一步优化。另外，由于传统制造业投资速度过快，导致产业膨胀迅速、产品供需失衡，造成产能严重过剩，进而导致外部不经济。第一，制造业对环境造成了不良影响。由于传统制造业中钢铁工业、汽车行业、电解铝行业、水泥行业等具有“高污染、高能耗、资金密集”的特点，这些行业排放的大量温室气体，对周围环境造成严重污染。第二，能源消耗量巨大。总体上来看，与现代制造企业相比、传统制造行业中产能过剩企业的产能利用率比较低，生产过程中一般都要消耗大量的传统化石能源，造成严重的负外部性。第三，核心竞争力弱。我国传统制造业高级化程度不够，自主创新能力比较缺乏，技术研发能力不强，高端有效供给不足与低端无效供给过剩的矛盾比较突出。高端人才匮乏，核心技术装备落后，大多依赖国外进口，只有少数产品拥有自主知识产权，竞争力不强。现阶段，我国传统制造业的发展现状已经极大地影响了我国经济的可持续发展，严重阻碍了我国产业结构的调整优化及转型升级。因此，用创新驱动发展模式来替代传统的粗放型发展模式是制造业可持续发展的必由之路。作为当今世界上的制造业第一大国，中国必须抓住难得的历史机遇，坚定不移地坚持创新驱动和绿色发展战略，加快推动传统制造业转型升级，不断优化产业结构，争取早日成为制造强国和创造强国①。

3.2 我国传统制造业发展存在的问题分析

作为制造业重要组成部分的传统制造业历来是我国国民经济的支柱产业。自改革开放以来，我国传统制造业的发展突飞猛进，在推动经济发展和社会进步方面作出了显著贡献，世界制造业大国的地位逐步得到稳固。然而，传统制造业因为过分依赖于规模扩张与投资驱动，在资源环境方面也付出了沉重的代价。2020年，我国石油、天然气对外依存度分别攀升到73%和43%，2020年我国铁矿石资源对外依存度更是高达82.3%，环境的承载能力几乎达到极限，水污染、大气污染、土壤污染非常严重，支撑传统制造业高速发展的人口红利正逐步消失，与一些发展中国家相比，人力资本的低成本优势不断减弱，传统制造企业亟须转变传统的发展模式。目前中国传统制造业的发展问题主要包括以下几个方面②。

3.2.1 传统制造业“大而不强”

我国传统制造业“大而不强”是中国制造业长期被锁定在价值链中低端的重要原因之一。第一，我国传统制造企业缺乏核心技术，导致了传统制造企业的生产成本较高。我国传统制造业大多数核心部件还主要依赖进口，关键技术自给率很低，对外技术依赖度超过50%，通用芯片和高端芯片的对外依存度更是达到95%，这不但加大了传统制造企业的生产成本，还极易受到其他国家的牵制

① 马静怡：《绿色债券融资在传统制造业战略转型升级中的应用研究——以北京汽车发行“16京汽绿色债”为例》，广州：广东财经大学硕士学位论文，2019年，第15页。

② 钱喆琳：《传统制造业转型升级的驱动因素及其作用机制研究》，合肥：合肥工业大学硕士学位论文，2020年，第14～20页。

和制约。第二,传统制造业的低生产率使得产品附加值较低。长期以来,中国传统制造业在国际市场上获得的竞争力主要依赖劳动力的低成本优势。但是与西方发达国家的生产效率相比,尚有较大的差距。另外,我国传统制造业低水平生产能力过剩、高水平生产能力不足,也极大地拉低了我国传统制造业的生产效率。

3.2.2 传统制造业增速放缓

传统制造业作为国民经济的支柱产业,在工业发展中占据着非常重要的地位。据统计,自2007年至2017年,我国传统制造业的增加值由8.75万亿元增至24.05万亿元,呈现持续上升态势。虽然传统制造业的增加值在工业增加值中所占的比重呈现上下波动之势,但总体看来,基本稳定在80%上下。作为我国工业重要组成部分的传统制造业,近年来在经济新常态的大背景下,增长速度也开始逐渐放缓,出现了明显的下滑态势。

3.2.3 劳动力成本上升

伴随着我国人口老龄化步伐的逐步加快,我国传统制造业依赖的“人口红利”也逐渐弱化和消失,传统制造业的劳动力成本不断攀升,导致许多制造业开始向劳动力成本更为低廉的一些东南亚国家转移。毋庸置疑,随着我国经济水平的不断提高和社会发展的不断进步,我国的劳动力成本一定会继续上升,传统制造业需要开拓新的发展路径,将劳动力成本上升的压力转化为创新发展的动力。

3.2.4 产业结构不合理

我国传统制造业的快速发展主要依靠低成本劳动力、资源优势与资本投入,这也直接导致了产业结构的不合理。我国传统制造业主要以劳动密集型和资本密集型产业为主,技术密集型产业所占比重较少。此外,由国家宽松的货币政策带来的对传统制造业的盲目投资,进一步加剧了传统制造业结构的不平衡。

3.2.5 创新能力不足致使传统制造业转型升级困难

创新能力是传统制造业转型升级的核心,我国传统制造业创新能力不足的主要原因如下:(1)研发投入不足。我国传统制造业的研发经费支出虽然持续上涨,但增长速度跟不上传统制造业的发展步伐,传统制造业的经费投入增长速度缓慢,还有待于进一步加强。(2)新产品创新存在一定困境。传统制造业产品创新主要体现在新产品的产出上。目前,我国传统制造业虽然在新产品的收益方面较为可观,但新产品对传统制造业价值创造方面的贡献程度还需要提升,新产品的投入产出系数整体呈现下降趋势,这也对传统制造业转型发展提出了更多挑战。

面对上述发展中存在的一系列问题，我国传统制造业一定要转变传统的发展模式，坚持用绿色创新驱动我国传统制造业的高质量转型发展。

3.3 我国钢铁企业绿色技术创新效率评价研究

钢铁产业是典型的传统制造产业，是我国经济发展的支柱产业，是工业现代化建设的基础。我国钢铁工业拥有巨大的产能基础，但由于关键技术的缺失，我国每年需要大量进口高端钢材，面对日益激烈的国际竞争，我国钢铁生产对技术创新提出更高的要求。然而，作为基本生产单位的钢铁企业长期依赖物质资源消耗和规模扩张，形成了高消耗、高排放的粗放型发展模式，造成严重的环境污染问题，使得钢铁工业转型升级面临困境。面对诸多挑战，我国必须推动钢铁企业向高技术、绿色化方向发展。因此，研究我国钢铁企业的绿色技术创新效率对实现钢铁企业的可持续发展具有重要的现实意义①。

本章基于两阶段创新价值链理论，采用 DEA 方法和 Malmquist 指数方法对钢铁企业绿色技术创新效率和绿色全要素生产率进行研究，不仅考虑了企业创新过程的阶段性联结运作特征，还将钢铁企业生产过程中的污染物排放纳入评价模型，构建钢铁企业两阶段绿色技术创新效率的评价体系，对 12 家样本钢铁企业的绿色技术创新总效率及各子阶段的绿色技术创新效率进行实证分析。

3.3.1 理论基础

3.3.1.1 技术创新理论

20 世纪初，熊彼特创造性地将“创新”作为核心观念引入经济发展标准，技术创新的源头产生于此，他在《经济发展理论》一书中阐述了创新形式的多样性，提出未曾出现过的方法、产品、市场和思维的诞生，都是“创新”的具体表现形式。20 世纪 50 年代，科技的步伐迈入历史舞台，技术发明浪潮迭起，大大推动了社会进步，改变了社会经济发展方式。技术创新的重要作用开始被学者关注，众多学者尝试对技术创新的内涵进行阐释。索洛首次提出了技术创新实现的双层条件，一是思想的来源，二是技术的实现，被称为“两步论”的双层条件是技术创新内涵研究的重大突破。曼斯费尔德延续了索洛的思想，认为技术创新是一个将思想转变为社会价值和经济价值的过程。这时的技术创新概念，着重强调其科技研发的成果，随着对技术创新概念研究的深入，人们更加强调技术创新的市场经济效益与接近用户的重要性。麦克劳林认为，技术创新完成的标志应该是发

---

① 张云：《我国钢铁企业绿色技术创新效率评价研究》，马鞍山：安徽工业大学硕士学位论文，2019 年，第 2 页。

明以一定的形式呈现于市场[①]。费里曼则强调技术最终在市场中得以实现的步骤[②]。我国学者傅家骥认为,技术创新不仅包含科技,还涉及组织、商业和金融的综合过程,这一过程潜伏在企业家利用市场潜在机会获取利润的过程中,具体包括组织高效的生产系统、生产新产品、推出新方法、开辟新渠道等。

综合国内外学者的研究,可以得出技术创新的如下特点:第一,技术创新离不开新产品或新工艺的构思、研究和开发;第二,技术创新不仅仅是创造新事物的过程,也是商业化应用成果的过程;第三,其过程具有一定的框架系统,包括产生新思维、设计新产品、生产试制和市场化应用等环节;第四,强调经济效益,获取尽可能多的利润是重要目标;第五,强调重组资源或调整生产关系。简而言之,技术创新不但强调技术研发创造出新产品、新工艺的过程,也强调通过商业化获取经济利益占领市场接近用户取得社会效益的过程。

3.3.1.2 效率理论

"效率"来源于经济学研究,是亚当·斯密在阐述"分工效率"时提出的科学概念。英国经济学家法雷尔系统性地论述了效率评价理论,他指出经济效率由配置效率和技术效率组成[③]。其中,配置效率是决策单元在限定价格下达到了最优投入量的组合;而技术效率是用最优投入量与实际投入量或实际产出量与最优投入量之比来表示,体现了被评价决策单元在一定的投入(或产出)水平下,能够做到产出最大化(或投入最小化)。法雷尔的效率评价建立在单一投入单一产出的基础上,无法广泛应用于实际的生产活动中。随后,有学者研究了双投入和单一产出组合情况的效率评价[④]。即便如此,由于创新投入产出要素的多样性,要想实现其绝对效率的测量也是难以实现的。因此,学者转而研究评价单元的相对效率。相对效率是一种前沿分析,如果某决策单元能够以少量的投入实现较高的产出,则这样的投产关系组成生产前沿面,在此前沿面上的决策单元是有效的[⑤]。

本章所研究的绿色技术创新效率是绿色技术创新活动中产出量与投入量之

---

① Maclaurin W R,"The Process of Technological Innovation: The Launching of a New Scientific Industry",*American Economic Review*(1950),40(1):90~112.

② Freeman Chris,"The Greening of Technology and Models of Innovation",*Technological Forecasting and Social Change*(1996),53(1):27~39.

③ Farrell M J,"The Measurement of Productive Efficiency",*Journal of the Royal Statistical Society*,*Series A (General)*(1957),120(3):253~281.

④ Drake L,Hall M J B,"Efficiency in Japanese Banking: An Empirical Analysis",*Journal of Banking and Finance*(2003),27(5):891~917.

⑤ 曹春子:《基于绿色增长的区域技术创新效率比较研究》,大连:大连理工大学硕士学位论文,2014年,第7页。

间的比例关系，进一步而言，是实施创新者在特定的要素资源投入水平下所能获得的最大创新产出，或是在产出一定的情况下所需使用的投入量最少的能力。根据相对效率的含义，技术创新效率的提高可分两种情况：一是创新投入水平不变，产出增多。二是创新产出量不变，投入减少。

3.3.1.3 创新价值链理论

近年来，诸多学者将创新过程与创新主体进行分解、细化[①]，创新价值链研究是其中的焦点。价值链的概念源于20世纪80年代迈克尔·波特教授在《竞争优势》一书中所提出的价值链和创新链等内容。他从竞争的视角探析，认为价值链是由企业的各项价值活动相互关联形成的，着重论证了价值链与企业竞争实力之间的关系，提出价值行为是企业在竞争中获利的基本组成要素，价值链是确定竞争获益的基础工具[②]。虽然他所提及的价值链主要涉及微观层面的价值链，却引起了学术界对价值链的研究，价值链理论在发展过程中不断地与企业理论融合产生新的研究领域，创新价值链就是有关研究者将价值链拓展到创新中形成的概念。莫顿·汉森和朱利安·佰金肖最先系统地论述了创新价值链的概念，他们根据知识获取、转换与开发利用的循环往复过程，将创新价值链分为创意产生、创意转换和创意扩散三个阶段，从此拉开了探索创新系统内在运行机理及过程的帷幕[③]。

在探索创新系统的具体环节时，依据研究内容与目的不同，创新价值链各个阶段的划分在国内外学者的研究中也有所差异，主要包括两阶段创新价值链和三阶段创新价值链。创新价值链在阿米顿的阐述下，成为创造、转化及市场化的过程[④]。有学者认为，获得知识、生产与价值实现是创新价值链模型的基础，这三个方面是连续且有序的创新活动过程[⑤]。基于对创新价值链概念和内涵的探索，有学者从不同的角度延续了三阶段创新价值链的划分，这类研究使得学界对

① 余泳泽：《创新要素集聚、政府支持与科技创新效率——基于省域数据的空间面板计量分析》，载《经济评论》，2011年第2期，第93～101页。

② [美]迈克尔·波特：《竞争优势》，陈小悦译，北京：华夏出版社，1997年，第33～60页。

③ Morten T. Hansen, Julian Birkinshaw, "The Innovation Value Chain", *Harvard Business Review*(2007), 85(6):121～130.

④ Skyrme D J, Innovation Strategy for the Knowledge Economy: The Ken Awakening, *Long Range Planning*(1998), 2(31):325～326.

⑤ Hseih Wan-lin, Love Jim, Ganotakis Panagiotis, "The Innovation Value Chain in Advanced Developing Countries: An Empirical Study of Taiwanese Manufacturing Industry", *paper presented at DRUID*(2011).

创新价值链有了更深刻的认识①。在后期的研究中,基于实证研究的需要,两阶段创新价值链逐渐成了讨论的重点,有学者依据知识的流动将创新过程划分为知识收集和知识利用两个阶段,构建出两阶段创新价值链②。

在国内,有学者指出创新价值链由基础研发、应用部分研发和技术部分开发这三个方面组成链式结构,结构的末端表现为在市场获得经济效益③。肖仁桥等将绿色技术创新过程划分为科技研发和创新成果转化两个子阶段④;庞瑞芝等按照投入一产出资源转化方式,将技术创新过程划分为创新资源转化与创新知识转化两部分⑤。有学者则将技术创新过程视为"技术研发"和"技术商业化"作用的过程⑥。这些划分虽然具有不同的表述形式,但基础的研究思路却是一致的,都体现出两阶段创新价值链共有的特征:第一,由于所在环节不同,创新价值链上不同阶段的创新投入资源和创新产出资源具有差异性。第二,对任意一个阶段的始末点,若前后阶段的产出与投入要素不具有衔接性,则该始末点就出现价值的损失。第三,创新价值链得以实现的标志是在创新的最终阶段完成产业化⑦。

从以上国内外学者的研究中可以看出,不论是两阶段创新价值链还是三阶段创新价值链,都是知识流动的过程,是内在连续而不可分割的。在创新过程的各个环节都有不同的创新主体和创新目标,创新价值链利用各相关要素将创新

---

① Taghizadeh Seyedeh Khadijeh, Jayaraman Krishna Swamy, et al., "Innovation Value Chain as Predictors for Innovation Strategy in Malaysian Telecommunication Industry", *Problems & Perspectives in Management*(2014),12(4):533~539. Pavitt Keith,"Sectoral Patterns of Technical Change: Towards a Taxonomy and a Theory ", *Research Policy* (1984), 13(6): 343 ~ 373. Van Horne Constance, Frayret Jean-Marc, Poulin Diane, "Creating Value with Innovation: From Centre of Expertise to the Forest Products Industry ", *Forest Policy and Economics*(2006),8(7):751~761.

② Roper S, Du J, Love J H, "Modelling the Innovation Value Chain", *Research Policy* (2008),37(6):961~977.

③ 张晓林、吴育华:《创新价值链及其有效运作的机制分析》,载《大连理工大学学报(社会科学版)》,2005 年第 3 期,第 23~26 页。

④ 肖仁桥、王宗军、钱丽:《环境约束下中国省际工业企业技术创新效率研究》,载《管理评论》,2014 年第 26 卷第 6 期,第 56~66 页。

⑤ 庞瑞芝、李鹏、李嫣怡:《网络视角下中国各地区创新过程效率研究:基于我国八大经济区的比较》,载《当代经济科学》,2010 年第 32 卷第 6 期,第 56~65、124 页。

⑥ Guan Jian-Cheng, Chen Kai-Hua, "Modeling the Relative Efficiency of National Innovation Systems", *Research Policy*(2012),41(1):102~115.

⑦ 朱杭、莫燕、周晓林:《技术中介提升创新价值链效益的机理分析》,载《科技进步与对策》,2006 年第 9 期,第 43~45 页。

主体链接起来,进而实现最终经济目标的转化[①]。但是创新价值链的内在连续性也给创新活动带来了一定的阻碍,即创新过程中的任一环节有问题都会降低创新整体过程的绩效。因此,笔者认为企业必须强调各阶段、各要素的系统整合,增强创新价值链各个环节的价值,以最大化整体创新价值[②]。

3.3.1.4 绿色技术创新理论

传统的技术创新致力于追逐经济目标,其不但缺少自然人文关怀,还局限于单纯的技术变革[③]。随着经济实践中的环境危机日益突出,人们对传统技术创新及其评价标准产生了质疑。20 世纪 60 年代,美国科学家蕾切尔·卡逊将"绿色意识"首次呈现在人们的视野中。20 世纪 90 年代以后,一些新兴的技术创新观念和思想相继出现,绿色技术创新观念就是其中之一。

国外学者对绿色技术创新的研究可分为绿色技术研发、绿色技术创新过程、绿色化经营管理。首先,研发活动的绿色化突破了"先污染后治理"的传统思路,R&D 活动是技术的源泉,在应对负面环境效益时应该引起重视。有学者研究了改进研发效能和提高研发管理水平的途径[④],也有学者论述了设计中考虑环境因素的重要性,创造性地提出分阶段的绿色研发活动,深刻解读了高层次绿色化研发的功能需求[⑤]。其次,从技术诞生的源头阶段开始引入绿色化思维,虽然具备了"源头治理"的先进性,但这一思路也将绿色意识限制在了研发部门内,未能扩展到生产销售生态系统中去,而绿色技术创新过程的研究冲破了这一局限性。有学者构造了绿色技术创新过程模型,建立了考虑环境因素的绿色经营链[⑥]。有学者在评价创新绩效时使用了全生命周期评价,并指出将环境纳入创新过程的重要性[⑦]。也有学者深入阐释企业绿色技术创新的源泉与推动力,构

---

① 洪银兴:《科技创新阶段及其创新价值链分析》,载《经济学家》,2017 年第 4 期,第 5~12 页。

② 余泳泽:《我国高技术产业技术创新效率及其影响因素研究——基于价值链视角下的两阶段分析》,载《经济科学》,2009 年第 4 期,第 62~74 页。

③ 丁丹:《论我国的绿色技术创新》,武汉:武汉理工大学硕士学位论文,2005 年,第 13~19 页。

④ Steele Lowell W,"Needed: New Paradigms for R&D", *Research-Technology Management* (1991),34(4):13~21.

⑤ Bras Bert, "Incorporating Environmental Issues in Product Design and Realization", *Industry and Environment* (1997),20(1):7~13.

⑥ Kusz J,"Integrating Environmental Goals and the Product Development Process", *The Design Actions and Resources for the Environment Conference Proceedings*:8~11.

⑦ Veroutis Agis,Aelion Vital,"Design for Environment: An Implementation Framework", *Environmental Quality Management* (1996),5(4):55~68.

建VITO模型对企业绿色技术创新过程进行分析[①]。最后,对绿色化经营管理方面的研究,有学者就环境问题对企业经营管理的冲击与挑战作出较为全面的分析[②]。也有学者强调,基于环境绩效的组织结构与制度改进对于企业绿色管理所起的重要作用[③]。

从发展历程来看,国内研究者对绿色技术创新的探讨主要可归纳为如下两个方面:一是结合绿色技术的正向环境外部性特征从创新的内容入手进行探究,将考虑环境保护的管理创新和技术创新统称为"绿色技术创新"[④],认为绿色技术创新是节约资源、有益健康、无害环境的创新[⑤],并且指出企业技术创新不仅是技术上的问题,还需要组织制度创新的协同作用。二是从生产过程考虑对绿色技术创新过程特征进行系统描述。如杨发明和吴光汉、李杰中从创新过程的绿色化层面对绿色技术创新进行了分析[⑥]。袁凌等在学者席德立对清洁生产和产品生态设计研究的基础上将绿色技术创新扩展为清洁生产和绿色产品两个层次[⑦]。也有研究者从产品生命周期角度出发对绿色技术创新进行界定[⑧]。由此可知,我国学者从众多角度对绿色技术创新作出探析,但对"绿色技术创新"的用法并不统一,相似的概念如"可持续创新""绿色创新""生态技术创新"等。张钢

---

① Shrivastava Paul,"Environmental Technologies and Competitive Advantage", *Strategic Management Journal*(1995),16:183~200.

② Kleiner Art,"What Does it Mean to Be Green?", *Harvard Business Review*(1991),69(4):38~47.

③ Rushton Brian M,"How Protecting the Environment Impacts R&D in the United States", *Research-Technology Management*(1993),36(3):13~21.

④ 钟晖、王建锋:《建立绿色技术创新机制》,载《生态经济》,2000年第3期,第41~44页。赵细康、李建民:《中国环境保护与产业国际竞争力关系的展望》,载《广东社会科学》,2004年第1期,第57~62页。王忠学、秦书生、陈凡,等:《论企业绿色技术创新》,载《科技成果纵横》,2003年第6期,第21~22页。

⑤ 王伟强、盛敏之:《中国企业绿色技术创新实证研究》,载《科学管理研究》,1995年第3期,第48~53页。

⑥ 杨发明、吴光汉:《绿色技术创新研究述评》,载《科研管理》,1998年第4期,第21~27页。李杰中:《绿色技术创新研究综述》,载《创新科技》,2015年第10期,第32~34页。

⑦ 袁凌、申颖涛、姜太平:《论绿色技术创新》,载《科技进步与对策》,2000年第9期,第64~65页。席德立:《工业发展的新模式——无废工艺》,载《环境科学》,1990年第4期,第75~80、74~97页。席德立:《清洁生产的概念与方法(上)》,载《环境保护》,1993年第5期,第29~32页。

⑧ 许庆瑞、王毅:《绿色技术创新新探:生命周期观》,载《科学管理研究》,1999年第1期,第3~6页。

和张小军通过对以上概念进行比较分析发现，它们之间只存在细微的差异[①]。也有学者分析认为，这些概念可以相互替换使用[②]。

综上所述，绿色技术创新最基础的价值观念是可持续发展观，因为绿色技术创新能有效提升企业的经济效益，所以绿色技术创新倡导在技术创新过程的各阶段引入可持续发展观念，以便引导技术创新向有利于社会经济与自然环境和谐共处的方向发展。

3.3.2 钢铁企业绿色技术创新效率评价体系设计

3.3.2.1 绿色技术创新效率评价方法选择

——DEA 方法概述。前沿分析法是当今效率评价研究中得以广泛运用的方法。前沿分析法反映被评价 DMU 投产比例与处于前沿面 DMU 投产比例之间的差距，以此得到被评价单元的相对效率。这种评价思想起源于 Farrell 分析生产率时使用的方法[③]。此后，该方法发展形成参数方法与非参数方法两大分支。其中，参数方法以随机前沿分析法(Stochastic Frontier Analysis，SFA)的运用最广泛；非参数方法主要为数据包络分析法(Data Envelopment Analysis，DEA)。二者最大区别在于参数方法需要事先构造投产关系函数式，而非参数方法则省去了该步骤。因此，非参数方法不会产生因投产关系误判导致的误差，得到了更广泛的应用。

DEA 方法的基本思想是线性规划思想，该方法可用于评价具有多种投产要素组成的决策单元，DEA 方法不仅克服了参数方法的误差，还能为偏离前沿面的 DMU 提供改进方式，随之在测度绿色技术创新效率的问题上广受学者青睐[④]。早期学者的研究多基于传统 DEA 模型[⑤]即 CCR 模型与 BCC 模型。其中，CCR 模型是 DEA 方法最基础的模型，后续的诸多改进模型都是在此基础上进行的。DEA 方法的基础思想是 CCR 模型的数学原理：首先 DEA 方法的应用

---

① 张钢、张小军：《绿色创新研究的几个基本问题》，载《中国科技坛》，2013 年第 4 期，第 12～15、20 页。

② Bernauer Thomas，Engels Stéphanie，Kammerer Daniel，et al.，"Explaining Green Innovation：Ten Years after Porter's Win-Win Proposition：How to Study the Effects of Regulation on Corporate Environmental Innovation?"，*Politische Vierteljahresschrift* (2007)，39(17)：323～341.

③ Farrell Michael J，"The Measurement of Productive Efficiency"，*Journal of the Royal Statistical Society*，*Series A* (*General*)(1957)，120(3)：253～281.

④ 孙丝雨、安增龙：《两阶段视角下国有工业企业绿色技术创新效率评价——基于网络 EBM 模型的分析》，载《财会月刊》，2016 年第 35 期，第 20～25 页。

⑤ 李艳玲、潘杰义、陈玥希：《基于 DEA 的企业技术创新效率评价研究》，载《河北工业科技》，2005 年第 2 期，第 74～76、80 页。

对象简称“DMU”，假设需要测量一组有 n 个 DMU 的技术效率，$DMU_j(j=1,2\cdots n)$；每个 DMU 有 m 种投入，即 $x_i(i=1,2\cdots m)$，其权重为 $v_i(i=1,2\cdots m)$，每个 DMU 有 q 种产出，即 $y_r(r=1,2\cdots q)$，其权重为 $u_r(r=1,2\cdots q)$。则所测量 DMU_k 的效率即为产出投入之比：$h_k=\frac{u_1y_{1k}+u_2y_{2k}+\cdots+u_qy_{qk}}{v_1x_{1k}+v_2x_{2k}+\cdots+v_mx_{mk}}=\frac{\sum_{r=1}^{q}u_ry_{rk}}{\sum_{i=1}^{m}v_ix_{ik}}(v\geqslant 0;u\geqslant 0)$，将所测技术效率附加一项条件，使其效率值限定在[0,1]之间，便得到 Charnes、Cooper 和 Rhodes 三人创立的第一个 DEA 模型，其规划模型为：

$$
\begin{cases}
\max \frac{\sum_{r=1}^{q}u_ry_{rk}}{\sum_{i=1}^{m}v_ix_{ik}} \\
s.t.\quad \frac{\sum_{r=1}^{q}u_ry_{rk}}{\sum_{i=1}^{m}v_ix_{ik}}\leqslant 1 \\
v\geqslant 0;u\geqslant 0 \\
i=1,2\cdots m;r=1,2\cdots q
\end{cases}
\tag{3-1}
$$

式(3-1)所示的 CCR 模型为非线性规划模型，存在无穷多最优解，通过转换，其等价的线性规划模型为：

$$
\begin{cases}
\max \sum_{r=1}^{q}\mu_ry_{rk} \\
s.t.\quad \sum_{r=1}^{q}\mu_ry_{rj}-\sum_{i=1}^{m}\upsilon_ix_{ij}\leqslant 0 \\
\sum_{i=1}^{m}\upsilon_ix_{ik}=1 \\
\upsilon\geqslant 0;\mu\geqslant 0 \\
i=1,2\cdots m;r=1,2\cdots q;j=1,2\cdots n
\end{cases}
\tag{3-2}
$$

式(3-2)为原模型，在式(3-2)的基础上要对所有最优解进行计算，式(3-2)的对偶模型为最终可计算的线性规划模型，即式(3-3)，也是 CCR 模型的最终规划模型：

$$
\begin{cases}
\min\theta \\
s.t.\quad \sum_{j=1}^{n}\lambda_jx_{ij}\leqslant\theta\ x_{ik} \\
\sum_{j=1}^{n}\lambda_jy_{rj}\geqslant y_{rk} \\
\lambda\geqslant 0 \\
i=1,2\cdots m;r=1,2\cdots q;j=1,2\cdots n
\end{cases}
\tag{3-3}
$$

在对偶模型式(3-3)中,λ 表示 DMU 的线性组合系数,模型的最优解 θ^* 代表效率值,θ^* 的取值范围是[0,1],若 $\theta^* = 1$ 时说明所测算 DMU 位于前沿面上,当 $\theta^* < 1$ 时说明被评价 DMU 为技术无效率状态[①]。

DEA 方法的优点之一是能够对偏离前沿面的决策单元提出改进方式,对于该类评价单元来说,其与前沿面之间的偏离因素既包括比例缩进也包括松弛缩进,但是传统 DEA 模型是径向模型,改进方式只考虑指标值的同比例变化,没有考虑非径向因素,因而无法提供全面的改进策略[②],这与现实情况产生了背离。在传统模型基础上发展而来的 SBM 模型弥补了径向模型的缺陷[③],SBM 模型是 Tone 于 2001 年提出的,该模型把松弛变量纳入模型的数学表达式,可以直观计算松弛量,解决了投入一产出松弛性问题[④]。

——网络 SBM 模型。基于创新价值链理论,为克服"黑箱"研究的弊端,进行更加科学的技术创新效率测度研究,需要构建与理论相匹配的评价模型。但早期的 CCR 模型和 BCC 模型及其应用研究均没有考虑创新系统内复杂的流程结构,改进的 SBM 模型虽然可以更全面地考虑松弛改进问题,但仍是使用最初的各输入项和最终的各输出项进行评价,而没有考虑中间过程和输入、输出项目[⑤]。为了突破这一缺陷,有学者构建了考虑中间变量的网络 DEA 模型[⑥],网络 DEA 模型(Network Data Envelopment Analysis,简称"NDEA")可以反映决策单元生产关系的内部构成,已成为阶段化效率测度的有效工具。与传统的数据包络分析方法相比,网络数据包络分析方法将整体生产过程划分为若干子过程,分别进行测度,据此锁定导致整体效率缺失的主要阶段,弥补了 DEA 方法"黑箱"操作带来的不足[⑦]。完整的技术创新活动包括前期研究与发展阶段和后期

---

① 成刚:《数据包络分析方法与 MaxDEA 软件》,北京:知识产权出版社,2014 年,第 15~17 页。

② Cooper W W,Park K S, Pastor J T,"RAM: A Range Adjusted Measure of Inefficiency for Use with Additive Models and Relations to Other Models and Measures in DEA ", *Journal of Productivity Analysis*(1999),11(1):5~42.

③ 李静:《中国区域环境效率的差异与影响因素研究》,载《南方经济》,2009 年第 12 期,第 24~35 页。

④ Tone Kaoru,"A Slacks-Based Measure of Efficiency in Data Envelopment Analysis", *European Journal of Operational Research*(2001),130(3):498~509.

⑤ 魏权龄:《论"打开黑箱评价"的网络 DEA 模型》,载《数学的实践与认识》,2012 年第 42 卷第 24 期,第 184~195 页。

⑥ Färe Rolf,Grosskopf Shawna,"Network DEA",*Socio-Economic Planning Science*(2000),34(1):35~49.

⑦ 王维国、刘丰:《考虑环境变量的网络 DEA 模型》,载《统计研究》,2016 年第 33 卷第 9 期,第 86~95 页。

技术转化阶段①,因此,本章选择对单阶段 SBM 模型改进后构建的网络 SBM 模型进行钢铁企业绿色技术创新效率评价,该模型可实现在评价决策单元整体创新效率的同时评估其各组成阶段的效率,为计算企业技术创新效率提供了很好的方法支撑②。此外,该模型以松弛变量为基础来测度,是非径向的 DEA 模型。

假设 $DMU_j(j=1,2\cdots n)$ 在技术研发阶段的投入为 $x_j^1=(x_{1j}^1,x_{2j}^1\cdots x_{m_1 j}^1)$,技术研发阶段产出即为中间链接变量为 $z_j^{(1,2)}=[z_{1j}^{(1,2)},z_{2j}^{(1,2)}\cdots z_{tj}^{(1,2)}]$,技术转化过程的中间投入为 $x_j^2=(x_{1j}^2,x_{2j}^2\cdots x_{m_2 j}^2)$,产出为 $y_j^2=(y_{1j}^2,y_{2j}^2\cdots y_{rj}^2)$,则在可变规模报酬假设下,投入导向的网络 SBM 模型为③:

$$\begin{cases}\rho_0^*=\min\limits_{\lambda^k,s^{k-}}\sum_{k=1}^{2}w_k\left\{1-\left[\sum_{i=1}^{m_k}(s_i^{k-}/x_{i0}^k)\right]/m_k\right\}\\ s.t.\quad x_{i0}^k=\sum_{j=1}^{n}x_{ij}^k\lambda_j^k+s_i^{k-},i=1,2\cdots m_k\\ \qquad y_{r0}^k=\sum_{j=1}^{n}y_{rj}^k\lambda_j^k-s_r^{k+},r=1,2\cdots R\\ \qquad \sum_{j=1}^{n}z_{tj}\lambda_j^1=\sum_{j=1}^{n}z_{tj}\lambda_j^2,t=1,2\cdots T,\sum_{j=1}^{n}\lambda_j^k=1\\ \qquad \lambda_j^k\geqslant 0,s_i^{k-}\geqslant 0,s_r^{k+}\geqslant 0,w_k\geqslant 0,\sum_{k=1}^{2}w_k=1,k=1,2\end{cases}\tag{3-4}$$

在式(3-4)中,ρ_0^* 表示所测算决策单元绿色技术创新总效率;s_i^{k-} 和 s_r^{k+} 分别表示创新子阶段 k 的投入松弛量和产出松弛量;w_k 是根据子阶段 k 对被评价决策单元的重要程度不同而设的相对权重。

——Malmquist 指数模型。DEA 方法可以测算出企业静态的绿色技术创新效率,Malmquist 指数则可以测算动态的绿色全要素生产率,进而评价企业效率的变化情况。Malmquist 指数又称作"Malmquist 全要素生产率指数",最初是统计学家 Malmquist 提出用以分析跨时期消费情况的模型④,后经相关学者不断创新应用,得以与数据包络分析法相融合,构造了用于评价生产要素跨期变

① 李阳:《基于网络 DEA 的地区工业企业技术创新效率研究》,载《统计与决策》,2015 年第 23 期,第 85~89 页。

② Tone Kaoru, Tsutsui Miki, "Network DEA: A Slacks-based Measure Approach", *European Journal of Operational Research*(2009),197(1):243~252.

③ Yu Ming-Miin. "Assessment of Airport Performance Using the SBM-NDEA Model",*Omega*(2010),38(6):440~452. 陈建丽,孟令杰,姜彩楼:《两阶段视角下高技术产业技术创新效率研究——基于网络 SBM 模型和 DEA 窗口分析》,载《科技管理研究》,2014 年第 34 卷第 11 期,第 11~16 页。

④ Malmquist Sten, "Index Numbers and Indifference Surfaces", *Trabajos de Estadistica*(1953),4:209~242.

动的全要素生产率指数（ TFP ），成为测算生产率变化的重要工具①。全要素生产率指数主要反映了从 t 期到 t＋1 期的效率变化情况，若设 $D^t(x_t, y_t)$ 和 $D^{t+1}(x_{t+1}, y_{t+1})$ 分别是以 t 期和 t＋1 期技术作为比较基础的距离函数，x_t 和 x_{t+1} 分别是 t 期和 t＋1 期的投入向量，y_t 和 y_{t+1} 分别是 t 期和 t＋1 期的产出向量，以 t 期为例，$D^t(x_{t+i}, y_{t+1})$ 表示 t＋1 时期的决策单元在 t 时与效率前沿面的偏差，以此类推其余期间，故以 t 期的技术水平作为比较基础的 TFP 指数表达式为：

$$TFP^t = \frac{D^t(x_{t+1}, y_{t+1})}{D^t(x_t, y_t)} \tag{3-5}$$

以 t＋1 时期的技术水平作为比较基础的 TFP 指数表达式为：

$$TFP^{t+1} = \frac{D^{t+1}(x_{t+1}, y_{t+1})}{D^{t+1}(x_t, y_t)} \tag{3-6}$$

Färe et al. 为了降低基准期选择的任意性带来的误差，将 TFP 生产率指数定义为式(3-5)指数和式(3-6)指数的几何平均数②，即：

$$TFP = \sqrt{\frac{D^t(x_{t+1}, y_{t+1})}{D^t(x_t, y_t)} \times \frac{D^{t+1}(x_{t+1}, y_{t+1})}{D^{t+1}(x_t, y_t)}} \tag{3-7}$$

TFP 指数可整理为效率变化指数（Efficiency Change，EC ）与技术变化指数（Technical Change，TC ）的乘积，其表达式如下：

$$TC = \sqrt{\frac{D^t(x_{t+1}, y_{t+1})}{D^{t+1}(x_{t+1}, y_{t+1})} \times \frac{D^t(x_t, y_t)}{D^{t+1}(x_t, y_t)}} \tag{3-8}$$

$$EC = \frac{D^{t+1}(x_{t+1}, y_{t+1})}{D^t(x_t, y_t)} \tag{3-9}$$

即全要素生产率指数 $TFP = EC \times TC$ 。其中，EC 指数为决策单元前后期距离函数值之比，单纯地反映两个时期的效率数值变化情况，被称为“追赶之效应”，其经济含义是考察企业的管理水平是否存在提升或衰退的情况。TC 反映相同投入一产出条件下，以不同时期的前沿面为基础计算出效率值的差异情况，

---

① Caves D W, Christensen L R, Diewert E W, “The economic theory of Index Nunbers and the Measurement of Input, output and Productivity ”, *Econometrica*(1982), 50(6): 1393～1414. Färe Rolf, Grosskopf Shawna, Lindgren Björn, et al, “Productivity Changes in Swedish Pharmacies 1980－1989: A Nonparametric Malmquist Approach”, *Journal of Productivity Analysis*(1992), 3: 85～101.

② Färe Rolf, Grosskopf Shawna, Norris Mary, et al., “Productivity Growth, Technical Progress, and Efficiency Change in Industrialized Countries”, *American Economic Review* (1994), 84(1): 66～83.

被称为“前沿面移动效应”，这种效应可以用于考察技术水平是否存在提升或衰退的情况。

3.3.2.2 钢铁企业绿色技术创新效率评价指标体系构建

——评价指标体系设计原则。(1)科学性。为了保证最终评价结果的准确性，指标体系构建首先要遵循科学性原则，通过充分的文献研究考察，结合本书的对象特征、研究目的和研究方法，所选评价指标要真实、合理地反映钢铁企业的绿色技术创新状况。(2)全面系统性。钢铁企业绿色技术创新过程是一个开放的、复杂的过程，各个创新要素之间相互影响、相互作用。因此，所选评价指标应当能够真正体现出钢铁企业绿色技术创新效率的具体情况，能够覆盖企业创新各个阶段的核心指标。(3)差异性。基于创新价值链理论，企业创新过程已不再被视为“黑箱”操作过程，各创新阶段的影响因素众多，在保证评价指标体系全面系统性的同时，本书要保证评价指标体系的差异性，以避免指标的无效重复，从而使本书研究更加合理、有针对性。(4)可行性。在兼顾以上原则的同时，本书要考虑数据的可获得性。此外，保持统计口径的一致和指标定义及计算方法的清楚明确也是可行性考量的重要标准。

——钢铁企业绿色技术创新过程分析。基于两阶段创新价值链理论，对我国钢铁企业的绿色技术创新过程进行分析。(1)科技研发阶段。这是技术创新的第一阶段，是企业通过一系列自主创新活动实现新知识的增加与技术水平的提高，其产出形式为专利等实质性科技成果。研发阶段是技术推广和运用的前提，更是创新活动的核心所在。企业研发阶段的投入一产出情况可以体现其研发效率和质量的高低。(2)创新成果转化阶段。这是技术创新的第二阶段，是企业将研发阶段成果进行新产品开发并投入市场给企业带来经济效益的过程。企业创新成果转化阶段的投入一产出情况反映了其在该阶段效率的高低。值得关注的是，随着可持续发展观的深入落实，企业生产的绿色化已成为评价企业的重要维度，创新过程的绿色化亦是如此。因此，在考虑批量生产的科技成果转化阶段效率时，本书将环境因素纳入评价研究框架更符合可持续发展观的理念。钢铁企业绿色技术创新过程如图 3-1 所示。基于此，本书进行钢铁企业绿色技术创新效率评价指标体系的构建。

——评价指标的选取及数据说明。本书遵循评价指标选择的基本原则，结合对钢铁企业绿色技术创新效率评价研究理论的梳理，借鉴以往学者相关研究中评价指标体系的设计成果，设计出钢铁企业绿色技术创新效率评价指标体系。因为研究视角的差异，国内外学者在实证研究时具体选择的投产指标有所差别，所以本章充分考虑钢铁企业的生产特征和数据获取的可行性，选择具体的评价指标，并收集我国钢铁企业各评价指标的面板数据。

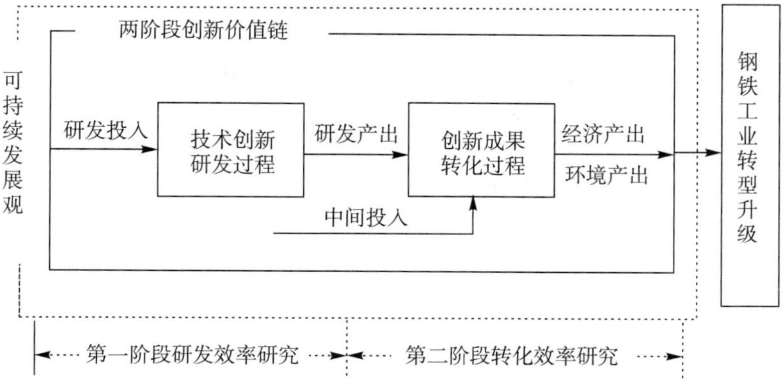

图 3-1　钢铁企业绿色技术创新过程

第一，指标的选择。在创新价值链视角下，企业创新行为被划分为两个阶段。在第一阶段进行科技研发，获得知识性产出，因为创新的两个阶段是前后衔接、密不可分的，该阶段成果构成下一阶段创新成果转化的投入要素，所以知识性产出变成中间产出。此外，要想从知识性成果中获利还需企业其他资源的投入，与中间产出共同作用后转化成企业的经济和环境产出。

一是研发投入指标。R&D 资源投入是技术创新活动的基本元素，在企业研发过程中，人力和资金会对效率产生直接影响。对于钢铁企业绿色技术创新活动而言，资金是其运转的基本保障，R&D 费用支出是反映企业创新状况的重要数据①。王家庭和单晓燕、彭树远等学者用研发费用支出作为创新行为的资金投入指标②。乔占稳和刘峰则采用 R&D 经费与 GDP 之比作为资金方面的投入指标来测度长三角区域技术创新效率③。笔者选取企业研发经费作为钢铁企业研发阶段的资金投入，为了消除价格和通货膨胀的影响，本章借鉴相关研究的做法对企业研发经费采用基期为 2009 年的研发价格指数进行平减处理④。在

---

① 彭雪蓉、刘洋、赵立龙：《企业生态创新的研究脉络、内涵澄清与测量》，载《生态学报》，2014 年第 34 卷第 22 期，第 6440～6449 页。

② 王家庭、单晓燕：《我国区域技术创新的效率测度及动态比较》，载《中国科技论坛》，2010 年第 11 期，第 73～78 页。彭树远：《山西省绿色创新效率研究》，太原：太原理工大学硕士学位论文，2014 年，第 27 页。

③ 乔占稳、刘峰：《基于 DEA 方法的长江三角区域技术创新效率分析》，载《技术与创新管理》，2010 年第 31 卷第 4 期，第 423～427 页。

④ 朱有为、徐康宁：《中国高技术产业研发效率的实证研究》，载《中国工业经济》，2006 年第 11 期，第 38～45 页。

企业创新活动中,人员是最能动和最重要的因素[①],所有的技术创新活动都是由人来完成的,科技工作人员是创新活动的主体。因此,在企业创新活动中拥有一定数量的研发人员对企业软实力的提高和成果的产出是至关重要的。池仁勇等、曹霞和于娟选择 R&D 人员全时当量,表征劳动力投入情况[②]。官建成和何颖在中国区域创新系统的评价中,选择研发人数与总人数之比表征劳动力投入情况[③]。史修松等用科技活动人员作为其评价中的人员投入变量[④]。考虑具体企业层面数据收集的可行性问题,本章选取技术人员数量作为科技创新活动的人员投入。为了消除企业规模对企业绿色技术创新效率所产生的影响,本章选取的资金和人员指标分别用企业研发经费与营业收入之比和企业技术人员数量与员工总数之比来衡量。

二是中间产出指标。中间产出是技术研发阶段的创新成果产出,一般选用专利申请数、专利获得数、新产品开发项目数和新产品产量等知识性产出来衡量[⑤]。其中,新产品开发项目数和新产品产量是衡量研发获利性的直接相关数据,在本章的数据收集过程中,钢铁企业新产品开发项目数指标相较新产品产量指标披露得更为全面,故而该阶段产出之一选定为新产品开发项目数。此外,虽然专利在很大程度上不能给企业带来直接的经济利益,但专利是衡量研发阶段产出的直观指标[⑥],本章选用专利获得数作为研发阶段另一项中间产出。

三是第二阶段非研发投入指标。因为在成果转化阶段,企业需将技术创新成果转化为企业实际的效益,故不可避免地需要生产人员、营销人员等非研发人员工作的投入。同时,与经营相关的设备、工具等也发挥了重要作用,这就需要

---

① 吴琨、赵顺龙:《企业可持续创新能力评价研究——基于 ANP 方法》,载《技术经济与管理研究》,2011 年第 12 期,第 3~8 页。

② 池仁勇、虞晓芬、李正卫:《我国东西部地区技术创新效率差异及其原因分析》,载《中国软科学》,2004 年第 8 期,第 128~131、127 页。曹霞、于娟:《绿色低碳视角下中国区域创新效率研究》,载《中国人口·资源与环境》,2015 年第 25 卷第 5 期,第 10~19 页。

③ 官建成、何颖:《基于 DEA 方法的区域创新系统的评价》,载《科学学研究》,2005 年第 2 期,第 265~272 页。

④ 史修松、赵曙东、吴福象:《中国区域创新效率及其空间差异研究》,载《数量经济技术经济研究》,2009 年第 26 卷第 3 期,第 45~55 页。

⑤ 冯志军:《中国工业企业绿色创新效率研究》,载《中国科技论坛》,2013 年第 2 期,第 82~88 页。罗良文、梁圣蓉:《中国区域工业企业绿色技术创新效率及因素分解》,载《中国人口·资源与环境》,2016 年第 26 卷第 9 期,第 149~157 页。韩孺眉、刘艳春:《我国工业企业绿色技术创新效率评价研究》,载《技术经济与管理研究》,2017 年第 5 期,第 53~57 页。

⑥ Furman Jeffrey L, Porter Michael E, Stern Scott, "The Determinants of National Innovative Capacity", *Research Policy*(2002),31(6):899~933.

固定资产的投入。因此，本章选取钢铁企业的从业人员数[①]和固定资产净额[②]作为第二阶段的非研发投入，固定资产净额计算方式为：企业资产负债表中的年末值扣除累计折旧和资产减值损失。最后，净值采用2009年为基期的固定资产价格指数进行平减，方法同研发经费平减方式一致。

四是成果转化产出指标。该阶段产出也是企业的最终产出，在此过程中，企业的各项投入转化为实际的经济效益，同时钢铁企业是传统的重工业生产制造业，其粗放的生产方式会产生大量污染物。因此，本章选用新产品销售收入来反映钢铁企业的经济效益[③]；在环境方面，以往的研究中学者充分考虑钢铁企业生产过程中产生的污染物因素。何枫等从铁前和铁后两道工序考虑，分别将废气和废渣作为非期望产出测度中国钢铁企业的绿色技术效率[④]。张庆芝等选择钢铁企业废气、废水和废渣一年的排放总量作为非期望产出指标，研究循环经济下我国钢铁企业在技术效率与技术创新[⑤]。钢铁企业在生产过程中会产生废渣、废气、废水等污染物，因为钢铁企业对固体废弃物和废水的处理和回收利用率已经接近100%，故本章根据钢铁企业生产特点与污染物排放特点，选取吨钢COD排放量、吨钢SO_2排放量、吨钢烟粉尘排放量等指标[⑥]，并借鉴钱丽等人的做法，采用熵值法对环境指标进行处理，得到各个企业的环境污染指数，由此构成钢铁企业的污染物排放综合指数[⑦]。由于污染物属于非期望产出，本章参照杜春丽的做法[⑧]，将其作为投入进行测算分析。

第二，样本及数据说明。考虑到数据的可获得性和完整性，本章选取2009

---

① 郭丽丽、陈师：《资源环境约束对国有企业效率的影响》，载《财经科学》，2016年第2期，第62～71页。

② 李晓梅：《技术体制视角下中国高技术产业经济效率实证研究》，沈阳：辽宁大学博士学位论文，2012年，第77～82页。

③ 钱丽、肖仁桥、陈忠卫：《我国工业企业绿色技术创新效率及其区域差异研究——基于共同前沿理论和DEA模型》，载《经济理论与经济管理》，2015年第1期，第26～43页。

④ 何枫、祝丽云、马栋栋，等：《中国钢铁企业绿色技术效率研究》，载《中国工业经济》，2015年第7期，第84～98页。

⑤ 张庆芝、何枫、雷家骕：《循环经济下我国钢铁企业技术效率与技术创新研究》，载《研究与发展管理》，2014年第26卷第6期，第1～8、128页。

⑥ 般子涵、雷明、虞晓雯：《中国钢铁行业能源环境效率分析——基于工业企业微观数据》，载《中国管理科学》，2014年第22卷第S1期，第691～697页。孔海宁：《中国钢铁企业生态效率研究》，载《经济与管理研究》，2016年第37卷第9期，第88～95页。

⑦ 钱丽、肖仁桥、陈忠卫：《我国工业企业绿色技术创新效率及其区域差异研究——基于共同前沿理论和DEA模型》，载《经济理论与经济管理》，2015年第1期，第26～43页。

⑧ 杜春丽：《基于DEA的我国钢铁企业节能减排潜力研究》，载《工业技术经济》，2011年第30卷第7期，第101～107页。

—2017 年我国 12 家大型钢铁企业作为研究样本，样本钢铁企业在规模上具有显著的差异，且来自 12 个不同的省份和地区，具有一定的代表性。由于技术创新从创新资源投入最终成果产出需要一定的时间期限，本章将创新过程两个阶段各设置一年的滞后期，企业的科技研发阶段投入采用 2009—2015 年的数据、非研发投入和中间产出采用 2010—2016 年的指标、最终产出采用 2011—2017 年的指标。本书数据来源于聚潮资讯网 2009—2017 年各钢铁企业的年度报告、社会责任报告，以及相应年份的《中国钢铁工业年鉴》，因为部分上市公司的环境等数据披露不全面，所以通过行业数据、规模与业务相近的企业数据、其余年份的数据状况进行计算补充。本书构建出由五个一级指标和八个二级指标组成的我国钢铁企业绿色技术创新效率评价指标体系，具体见表 3-1。

表 3-1　钢铁企业绿色技术创新效率网络模型指标体系

阶段	指标分类	指标名称	释义与构成
科技研发阶段	投入指标	绿色技术创新人员投入	技术人员占员工总数比重
		绿色技术创新资金投入	研发经费占营业收入比重
	中间产出	专利	专利申请数
		项目	新产品开发项目数
成果转化阶段	非研发投入	人员	从业人员数
		物资	固定资产净额
	期望产出	经济效益	新产品销售收入
	非期望产出	环境污染指数	吨钢 SO_2 排放量
			吨钢烟粉尘排放量
			吨钢 COD 排放量

3.3.3　钢铁企业绿色技术创新效率实证分析

为了分析 2011—2017 年我国钢铁企业绿色技术创新的效率。首先，本书采用网络 SBM 模型测算出样本钢铁企业创新过程整体与各阶段的静态效率。其次，本书利用 Malmquist 指数测算钢铁企业的绿色全要素生产率，并从效率变动指数和技术进步指数两方面诠释钢铁企业绿色技术创新整体与各子阶段的绿色全要素生产率。

3.3.3.1　基于网络 SBM 模型的静态效率分析

借助于 DEA-SOLVER-PRO 14.0 软件，对 2009—2017 年的截面数据进行测算。根据网络 SBM 模型，设置阶段 $k=2$，各阶段权重 $w_1=w_2=0.5$，测算中国钢铁企业 2011—2017 年的绿色技术创新过程的总效率、科技研发阶段和创新成果转化阶段效率。

——钢铁企业绿色技术创新总效率分析。表 3-2 为样本钢铁企业 2011—2017 年绿色技术创新总效率值及排名情况，由表 3-2 可知，测算期内样本钢铁企业的绿色技术创新的总效率均值为 0.710，处于适中的效率水平。图 3-2 为 2011—2017 年样本企业总效率变化情况折线图，如图所示，样本企业的绿色技术创新总效率在评价期间内呈波动上升趋势，在一定程度上反映了我国钢铁企业越来越重视绿色技术创新能力的提升，这与我国钢铁工业转型升级的政策倡导相呼应。

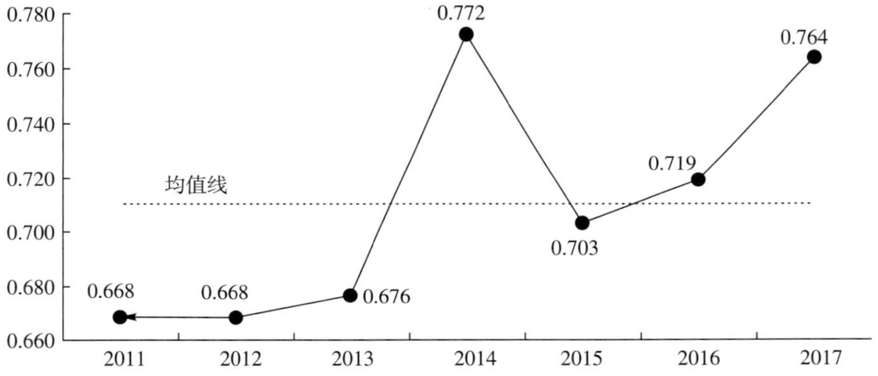

图 3-2　2011—2017 年样本钢铁企业绿色技术创新总效率

表 3-2　2011—2017 年钢铁企业绿色技术创新总效率

钢铁企业	2011	2012	2013	2014	2015	2016	2017	均值	排名
宝钢	1.000	1.000	1.000	1.000	1.000	1.000	0.639	0.949	1
柳钢	1.000	1.000	1.000	1.000	0.780	0.788	0.837	0.915	3
鞍钢	1.000	1.000	0.642	1.000	1.000	1.000	0.686	0.904	4
南钢	0.408	0.413	0.640	1.000	1.000	1.000	1.000	0.780	7
马钢	0.253	0.220	0.262	0.298	0.239	0.362	0.384	0.288	12
三钢闽光	0.551	0.553	0.542	1.000	0.626	1.000	1.000	0.753	8
安阳钢铁	0.193	0.381	0.293	0.345	0.343	0.437	1.000	0.427	11
太钢不锈	1.000	1.000	1.000	1.000	1.000	0.588	0.443	0.862	5
河钢	0.402	0.599	0.417	0.496	0.434	0.353	0.500	0.457	10
山东钢铁	1.000	0.588	1.000	0.952	0.876	1.000	1.000	0.917	2

续表

钢铁企业	2011	2012	2013	2014	2015	2016	2017	均值	排名
八一钢铁	0.835	0.807	0.709	0.819	0.745	0.694	1.000	0.801	6
韶钢松山	0.378	0.461	0.609	0.349	0.389	0.400	0.674	0.466	9
年度均值	0.668	0.668	0.676	0.772	0.703	0.719	0.764	0.710	

评价期间内，总效率均值排名前七的钢铁企业分别是宝钢、柳钢、山东钢铁、太钢不锈、鞍钢、南钢、八一钢铁、三钢闽光，以上钢铁企业创新整体效率值均在0.7以上。排名靠后的企业有马钢、安阳钢铁、韶钢松山、河钢等钢铁企业，其绿色技术创新总效率值均在0.5以下。因为两组企业的效率状况差别较大。故以钢铁企业各年的绿色技术创新总效率均值为界点，将样本企业分为高效率组和低效率组，计算组内均值如图3-3所示：效率值在年度均值以上的钢铁企业组，其绿色技术创新总效率值在2011—2017年处于较稳定的状态，除2014年和2012年出现较大幅的升降外，其余年份效率值均在0.8以内波动；效率值在年度均值以下的钢铁企业组，从2016年起绿色技术创新总效率值有一定的上升，至2017年已达0.639，直追高效率组钢铁企业0.825的效率值。从具体企业分析（见图3-4）可知，在低效组企业中，各钢铁企业的绿色技术创新总效率均呈波动上升趋势。其中，安阳钢铁与马钢最为明显，韶钢松山仅在2013—2014年出现下降情况，河钢在评价期间内则一直处于波动状态；除此之外，各低效组钢铁企业从2016年起连续两年呈现效率上升的趋势，说明低效组钢铁企业正在努力改善中。

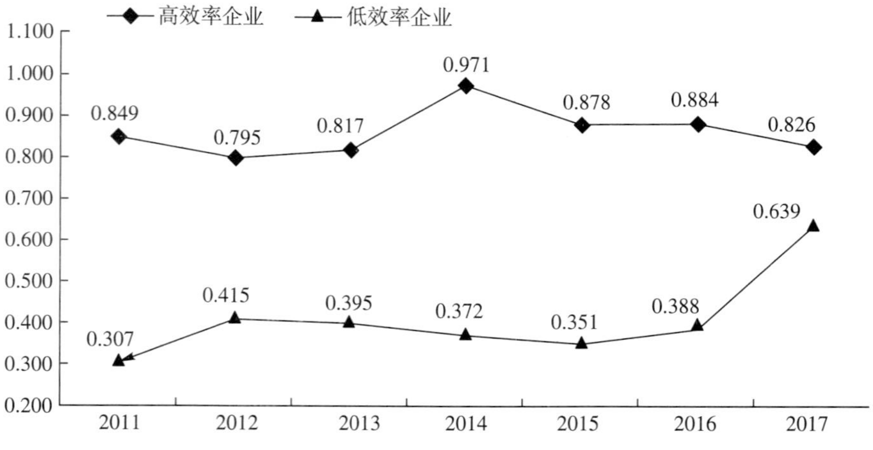

图3-3　2011—2017年高效组与低效组钢铁企业绿色技术创新总效率

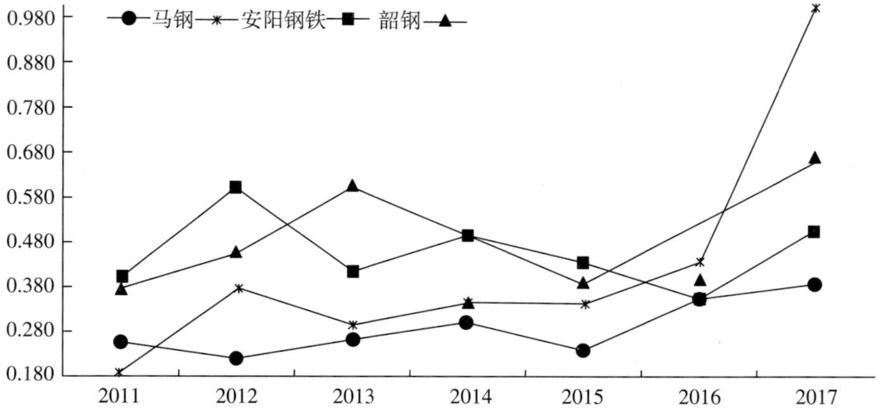

图 3-4　2011—2017 年低效组钢铁企业绿色技术创新效率

——钢铁企业绿色技术创新子阶段效率分析。表 3-3 与表 3-4 分别列示了钢铁企业 2011—2017 年的绿色技术创新研发阶段和成果转化阶段效率。由表 3-3 可知，2011—2017 年样本企业的科技研发效率均值为 0.628，超过平均水平的有柳钢、宝钢、山东钢铁、鞍钢、南钢、太钢不锈等六家钢铁企业，占样本总数的 50%；由表 3-4 可知，评价期间内创新成果转化效率均值为 0.792，超过平均水平的有宝钢、三钢闽光、太钢不锈、鞍钢、柳钢、南钢、山东钢铁、八一钢铁，约占样本总数的 66.67%。由此可知，绝大多数钢铁企业第二阶段的成果转化效率都要高于第一阶段的研发效率，即在绿色技术创新的两个阶段中钢铁企业更偏好经济效益成果，而相对忽略知识性成果，说明钢铁企业科技研发工作主要是受市场需求和利润驱动的，而相对忽略了科研工作对企业软实力积累所起的重要作用。

表 3-3　2011—2017 年钢铁企业科技研发效率

钢铁企业	2011	2012	2013	2014	2015	2016	2017	均值	排名
宝钢	1.000	1.000	1.000	1.000	1.000	1.000	0.278	0.897	3
柳钢	1.000	1.000	1.000	1.000	1.000	1.000	1.000	1.000	1
鞍钢	1.000	1.000	0.702	1.000	1.000	1.000	0.371	0.868	4
南钢	0.351	0.335	0.613	1.000	1.000	1.000	1.000	0.757	6
马钢	0.238	0.156	0.238	0.296	0.209	0.194	0.277	0.230	11
三钢闽光	0.102	0.106	0.084	1.000	0.251	1.000	1.000	0.506	8
安阳钢铁	0.064	0.187	0.096	0.171	0.141	0.180	1.000	0.263	10
太钢不锈	1.000	1.000	1.000	1.000	1.000	0.177	0.244	0.774	5

续表

钢铁企业	2011	2012	2013	2014	2015	2016	2017	均值	排名
河钢	0.406	0.738	0.417	0.526	0.469	0.254	0.490	0.471	9
山东钢铁	1.000	0.644	1.000	1.000	1.000	1.000	1.000	0.949	2
八一钢铁	0.669	0.613	0.418	0.638	0.490	0.388	1.000	0.602	7
韶钢松山	0.162	0.201	0.449	0.110	0.133	0.133	0.348	0.219	12
年度均值	0.583	0.582	0.585	0.728	0.641	0.610	0.667	0.628	

表 3-4　2011—2017 年钢铁企业成果转化效率

钢铁企业	2011	2012	2013	2014	2015	2016	2017	均值	排名
宝钢	1.000	1.000	1.000	1.000	1.000	1.000	1.000	1.000	1
柳钢	1.000	1.000	1.000	1.000	0.561	0.576	0.675	0.830	7
鞍钢	1.000	1.000	0.582	1.000	1.000	1.000	1.000	0.940	5
南钢	0.465	0.491	0.666	1.000	1.000	1.000	1.000	0.803	8
马钢	0.269	0.284	0.286	0.299	0.268	0.530	0.492	0.347	12
三钢闽光	1.000	1.000	1.000	1.000	1.000	1.000	1.000	1.000	1
安阳钢铁	0.322	0.575	0.489	0.519	0.544	0.693	1.000	0.592	10
太钢不锈	1.000	1.000	1.000	1.000	1.000	1.000	0.642	0.949	4
河钢	0.398	0.459	0.417	0.467	0.400	0.452	0.509	0.443	11
山东钢铁	1.000	0.533	1.000	0.904	0.751	1.000	1.000	0.884	6
八一钢铁	1.000	1.000	1.000	1.000	1.000	1.000	1.000	1.000	1
韶钢松山	0.594	0.720	0.770	0.587	0.646	0.668	1.000	0.712	9
年度均值	0.754	0.755	0.767	0.815	0.764	0.827	0.860	0.792	

图 3-5 列示了钢铁企业部分年份绿色技术创新研发效率、成果转化效率和总效率的均值对比情况。结合图 3-5 可以发现，钢铁企业绿色技术创新的研发效率、成果转化效率、总效率的同步性较强，评价期间内，效率值都呈上升趋势，创新成果转化效率明显高于科技研发效率，而总效率则处于二者之间。说明钢铁企业研发效率值偏低是导致总效率不高的根源所在。

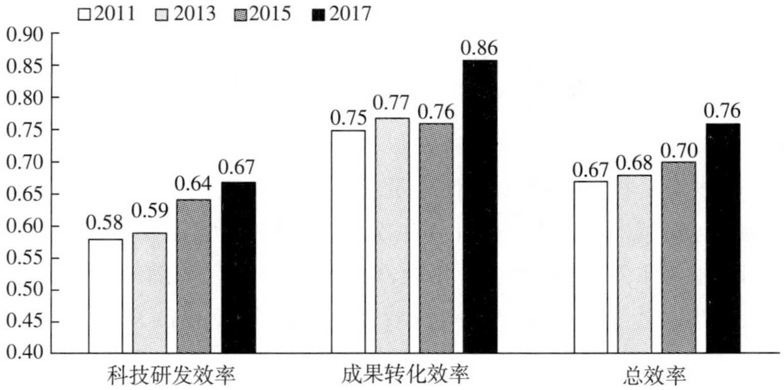

图 3-5 部分年份钢铁企业三种绿色技术创新效率均值对比

——投影分析。决策单元实际投入一产出要素在前沿面上的投影值也称为"目标值"，而实际值与投影值之间的差距即为投入一产出的松弛状况。根据网络 SBM 模型测算，得到 2011—2017 年各样本钢铁企业绿色技术创新活动中投入要素的闲置状况、实际产出与目标值之间的差异状况，表 3-5 为投入一产出要素实际值与目标值差异率的年度均值。结合表 3-5 对投入一产出松弛状况具体分析如下。

表 3-5 投入产出指标松弛状况表(%)

钢铁企业	经费	科技人员	新产品项目数	专利	人员总数	设备	环境综合指数	新产品销售收入
宝钢	−10.40	−10.22	0.00	0.00	0.00	0.00	0.00	0.00
柳钢	0.00	0.00	0.00	0.00	−7.35	−22.26	−21.31	0.00
鞍钢	−20.38	−6.11	0.00	−6.82	−4.63	−3.76	−9.52	0.00
南钢	−19.07	−29.52	0.00	−32.57	−14.88	−31.07	−13.13	0.00
马钢	−76.58	−65.62	0.00	−75.05	−74.77	−78.74	−42.45	0.00
三钢闽光	−52.85	−36.67	0.00	0.00	0.00	0.00	0.00	0.00
安阳钢铁	−72.01	−62.40	0.00	52.44	−53.59	−45.30	−23.59	0.00
太钢不锈	−26.60	−18.53	0.00	−8.55	−0.48	−9.95	−4.93	0.00
河钢	−73.28	−26.30	0.00	10.19	−63.40	−58.33	−45.31	0.00
山东钢铁	−0.11	−10.06	0.00	−12.15	−17.17	−15.39	−2.25	0.00
八一钢铁	−62.95	−10.81	0.00	0.00	0.00	0.00	0.00	0.00
韶钢松山	−90.76	−53.32	0.00	87.81	−20.76	−48.40	−17.25	0.00

第一，R&D经费支出。R&D经费冗余情况严重的样本钢铁企业包括马钢、三钢闽光、河钢、八一钢铁、安阳钢铁，在维持现有产出的情况下，年均分别可以缩减76.58％、52.85％、72.01％、73.28％、62.95％，其他存在冗余情况的企业还包括宝钢、鞍钢、南钢、太钢不锈。

第二，科技人员投入。科技工作人员冗员情况严重的钢铁企业包括马钢、三钢闽光、安阳钢铁、韶钢松山，可缩减率分别达到65.62％、36.67％、62.40％、53.32％。除柳钢外，其余钢铁企业均存在科技人员投入可缩减的情况。

第三，新产品项目数和新产品销售收入。各钢铁企业的新产品项目数和新产品销售收入实际产出与目标值之间未出现差异状况，表明两个指标均达到各企业的期望产出。

第四，专利申请。由于专利申请数被设为两个阶段的链接变量，既是研发阶段的产出变量也是成果转化阶段的投入变量，因而出现了冗余和不足并存的情况。其中，冗余较严重的企业为南钢和马钢，产出不足情况较严重的企业为安阳钢铁和韶钢松山。

第五，人员总投入和固定资产投入。人员总投入和固定资产投入作为第二阶段非研发投入，两个投入要素的松弛状况具有很强的一致性，均在马钢、安阳钢铁和河钢等企业出现了较大的投入冗余和资源浪费情况。

第六，环境综合指数。环境综合指数是衡量各个钢铁企业污染物排放的综合指标，其值越大表明企业的污染物排放越严重，为非期望产出，因对其期望值越小越好，故在本书中作投入要素处理，由表3-5可知，马钢与河钢存在较大的环境综合指数投入冗余情况。因此，污染物减排工作对这两家企业的力度最大。

总体上看，钢铁企业绿色技术创新效率的缺失主要出现在资源的投入环节上，尤其是研发阶段创新资源的投入。各个样本企业均有自身的创新投入要素配置或使用不合理的情况。

——绿色技术创新模式分析。根据测算结果，2011－2017年我国12个样本钢铁企业的科技研发效率和成果转化效率均值分别为0.628和0.792。以此为分界点，将各钢铁企业的子阶段效率划分为高低两类效率，从而产生四种类型的钢铁企业绿色技术创新效率模式，分别为：高科技研发－高成果转化型（象限一）、高科技研发－低成果转化型（象限二）、低科技研发－低成果转化型（象限三）和低科技研发－高成果转化型（象限四）。钢铁企业绿色技术创新效率模式分布情况见图3-6。

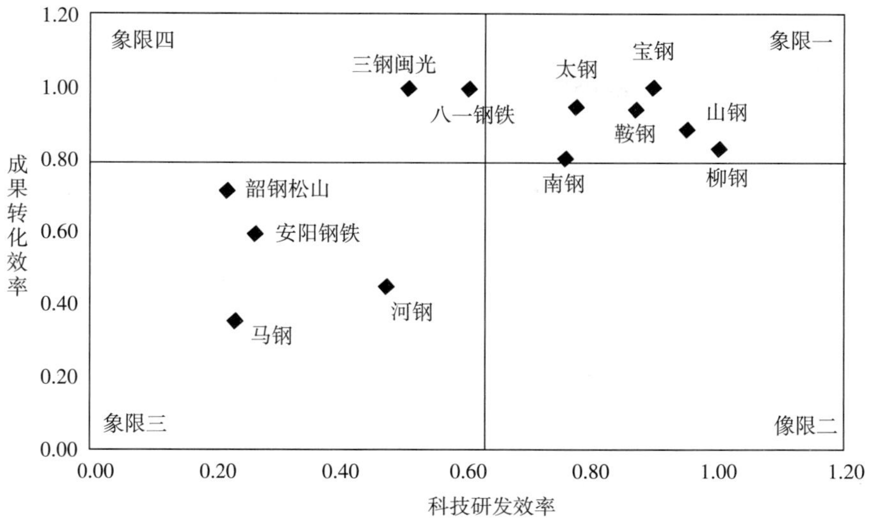

图 3-6 2011—2017 年钢铁企业绿色技术创新模式分布图

由图 3-6 可知,处于第一象限的钢铁企业为宝钢、柳钢、太钢、鞍钢、山钢、南钢共六家企业,处于该象限的企业数量占样本企业的 50%。其中,宝钢、柳钢、太钢凭借其人力资源、资金方面充裕的投入、合理的制度安排和完善的市场环境等优势,在科技研发阶段和创新成果转化阶段方面均处于领先地位。鞍钢和山钢虽然在创新资源投入上能力有限,但它们凭借着稳定的成果产出,使得企业两个阶段创新效率处于较高的水平。

第二象限企业创新模式为高科技研发一低成果转化型,样本企业中无落入该象限的钢铁企业,说明在中国钢铁企业中普遍存在重经济效益而轻科技研发的状况。

第三象限企业创新模式为低科技研发一低成果转化型,处于该象限的样本企业为韶钢松山、安阳钢铁、河钢、马钢等,约占样本企业数量的 33.33%。这种类型的钢铁企业在创新过程各个阶段中都处于较低的效率状态。因此,该类企业应当从创新资源利用的有效性和科技成果转化的有效性等多个环节去寻找问题,从根本上解决创新两个阶段双重低效的问题。

第四象限企业创新模式属于低科技研发一高成果转化型。处于该象限的样本企业有三钢闽光、八一钢铁,约占样本企业数量的 16.67%。其中,三钢闽光凭借福建省优越的地理位置、拥有近 70%福建钢铁市场占有率的市场优势和一贯注重环境保护的生产理念,在创新成果转化为企业经济利润的环节实现了高效率;新疆八一钢铁则凭借区域供需格局的优越性,也在该环节取得了较高的效率,但两家企业在创新资源投入后转化为科技成果的环节效率均偏低。因此,两家企业在保持自身优势的同时,需要在薄弱的创新环节上下功夫,提升钢铁企业的绿色技术创新水平。

3.3.3.2 基于 Malmquist 指数模型的动态效率分析

利用 DEA-SOLVER-PRO 14.0 软件对钢铁企业进行基于 Malmquist 指数的绿色全要素生产率测算，得到绿色全要素生产率指数及其分解出的 *EC* 指数和 *TC* 指数。

——总 *TFP* 及其分解指数分析。(1)从企业维度分析，由表 3-6 可知，2011—2017 年样本企业总 *TFP* 指数为 1.050，增长了 5%，说明钢铁企业绿色技术创新效率整体呈现上升趋势。评价期间内，样本钢铁企业绿色技术创新效率的总 *TFP* 指数在[0.867，1.219]区间内波动，增减幅度较大。其中，南钢的 *TFP* 指数值最大，为 1.366，表明南钢的绿色技术创新效率在评价期间内实现了快速增长。此外，宝钢、三钢闽光、安阳钢铁、河钢、山钢、八一钢铁的 *TFP* 指数均大于 1，表明在此期间，该六家钢铁企业绿色技术创新总效率呈上升趋势，而其余 5 家钢铁企业则呈现不同的下降趋势。(2)从时间维度分析，由表 3-7 可知，2011—2017 年样本企业总 *TFP* 指数、*EC* 指数和 *TC* 指数年度变化均值都大于 1，说明在此期间样本企业总体的全要素生产率及其分解指数都呈正向增长的变化趋势。(3)从 *TFP* 分解角度分析，2011—2017 年样本企业绿色技术创新总效率的 *EC* 指数实现了 5.8%的增长，*TC* 指数只实现了 0.7%的增长，远低于 *EC* 指数的增长速度。图 3-7 为 2011—2017 年各样本企业的总 *TFP* 指数、*EC* 指数和 *TC* 指数情况。*L* 是效率值为 1 的区分线，其上为全要素生产率及其分解指数正向增长的部分，其下为负向增长部分，从具体企业的 *EC* 指数和 *TC* 指数来看，绝大多数企业的 *TC* 指数位于 *L* 区分线以下，拉低了该部分企业的 *TFP* 指数值。由此可知，钢铁企业整体过程的绿色技术创新效率面临着效率前沿面停滞不前甚至倒退的困境。

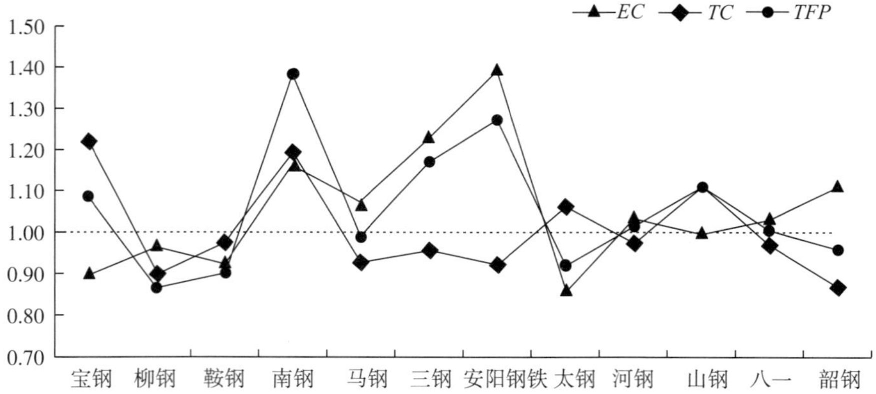

图 3-7 2011—2017 各钢铁企业 *TFP* 年度均值及构成

表 3-6　2011—2017 年 *TFP* 及其分解

DMU	整体过程			科技研发阶段			成果转化阶段		
	EC	*TC*	*TFP*	*EC*	*TC*	*TFP*	*EC*	*TC*	*TFP*
宝钢	0.904	1.219	1.084	0.808	1.397	1.129	1.000	1.042	1.042
柳钢	0.968	0.898	0.867	1.000	0.838	0.838	0.937	0.957	0.896
鞍钢	0.924	0.976	0.899	0.848	0.982	0.832	1.000	0.971	0.971
南钢	1.163	1.188	1.366	1.191	1.366	1.626	1.136	1.011	1.148
马钢	1.066	0.926	0.976	1.025	0.794	0.815	1.106	1.057	1.169
三钢闽光	1.231	0.956	1.156	1.462	0.944	1.380	1.000	0.969	0.969
安阳钢铁	1.395	0.923	1.269	1.583	0.824	1.305	1.208	1.022	1.235
太钢不锈	0.860	1.069	0.912	0.790	0.975	0.771	0.929	1.162	1.079
河钢	1.037	0.977	1.012	1.032	0.940	0.970	1.042	1.014	1.056
山东钢铁	1.000	1.112	1.112	1.000	1.102	1.102	1.000	1.123	1.123
八一钢铁	1.035	0.974	1.001	1.069	0.870	0.930	1.000	1.078	1.078
韶钢松山	1.113	0.867	0.950	1.136	0.713	0.810	1.091	1.021	1.114
均值	1.058	1.007	1.050	1.079	0.979	1.042	1.037	1.036	1.073

表 3-7　2011—2017 年动态效率分析

年份	整体过程			科技研发阶段			成果转化阶段		
	EC	*TC*	*TFP*	*EC*	*TC*	*TFP*	*EC*	*TC*	*TFP*
2011—2012	1.125	0.834	0.949	1.183	0.789	0.965	1.066	0.878	0.933
2012—2013	1.085	0.983	1.052	1.116	0.929	1.054	1.054	1.037	1.050
2013—2014	1.590	1.162	1.778	2.088	1.267	2.416	1.093	1.056	1.140
2014—2015	0.914	1.020	0.910	0.887	0.982	0.827	0.941	1.058	0.993
2015—2016	1.144	1.060	1.120	1.141	1.073	1.050	1.148	1.047	1.190
2016—2017	1.373	1.345	1.350	1.678	1.460	1.406	1.067	1.231	1.294
均值	1.205	1.067	1.193	1.349	1.083	1.286	1.062	1.051	1.100

——子阶段 *TFP* 及其分解指数分析。两阶段绿色技术创新效率变化比较如下。由表 3-6 知两个子阶段 2011—2017 年的 *TFP* 指数、*EC* 指数均值均大于 1,表明评价期间内全要素生产率总体呈上升趋势。但科技研发阶段的 *TC* 指数均值为 0.979,出现 2.1%的负增长。科技研发阶段的 *TC* 指数和 *EC* 指数变化区间分别是[0.713, 1.397]和[0.790, 1.583],差异较大;创新成果转化阶段的 *TC* 指数和 *EC* 指数变化区间分别是[0.957, 1.162]和[0.929, 1.208],差异较小, *TC* 指数和 *EC* 指数仅在个别年份有所下降。由上分析可知,钢铁企业研发阶段效率在提升速度和稳定性上均不及创新成果转化阶段效率。因此,中国钢铁企业只有在科技创新研发阶段狠下功夫,推动技术前沿面的前进,才能有效且长久地提升钢铁工业绿色技术创新效率并实现其转型升级。

3.3.4 钢铁企业绿色技术创新效率提升对策

根据实证结果,重点针对钢铁企业研发阶段效率低下、各个阶段的技术前沿面停滞不前、企业之间技术力量两极分化,以及各投产要素松弛问题,从提升钢铁企业技术创新效率和促进钢铁企业绿色生产两个方面提出相应的对策建议。

3.3.4.1 提升科技研发阶段效率

从上述对钢铁企业阶段性绿色技术创新效率分析来看,研发效率在效率数值、提升速度和稳定性上均不及创新成果转化效率。因此,研发效率的提升是钢铁企业的首要任务。

——提倡创新的企业文化。企业文化对员工具有潜移默化的影响,在企业文化中倡导创新精神和创新行为,有利于形成良好的创新氛围,这对企业员工,特别是科研人员具有重要的正向引导作用。积极的创新文化氛围能够调动科技工作人员乃至企业全体员工的积极性,主动投身创新工作,有利于充分激发科技工作人员的创新思维和灵感。因此,我国钢铁企业想要提升自身的技术实力就应该积极建设创新型企业文化,鼓励员工的创新行为,打造创新型钢铁企业。

——科学配置创新资源。从创新资源投入松弛情况的实证分析中得知,钢铁企业创新资源投入存在严重的冗余情况。因此,钢铁企业在积极响应转型升级政策要求时,应当理性分析创新投入与创新成果的匹配性,避免造成盲目的资源堆积和浪费,做到科学设置研发岗位、合理配置创新资源、有效掌控企业创新成本与效益的实际情况。

——提高科研产出质量。提高钢铁企业科研产出质量是提升钢铁企业绿色技术创新效率的核心,影响科研成果质量的最能动要素是人。因此,企业要想科研产出质量得到提升,必须先从科技工作人员素质的提升入手。首先,钢铁企业应当在科技工作人员选聘的源头严格把关,吸纳满足岗位资质需求的合适人才。其次,重视对科技人才的培养,通过钢铁企业内部培训的方式,提升科技工作人员的创新技能和工作质量；通过组建企业内部学习小组，调动科技工作人员主动学习的积极性。具体做法为：鼓励员工相互学习、共同进步；通过提供多种渠道的外部学习机会让企业科技工作人员有外出学习交流的途径；通过人才计划有针对性地发展管理与技术的复合型科技工作人员。再次，从钢铁企业创新模式分析结果来看，我国钢铁企业绿色技术创新模式多集中在“高科技研发－高成果转化”和“低科技研发－低成果转化”两种类型，钢铁企业创新模式两极分化严重，钢铁企业之间创新能力和技术水平参差不齐。因此，加强钢铁企业之间的交流与合作、促进创新要素的共享是提高钢铁企业整体科研产出质量的重要途径。

3.3.4.2 促进创新成果市场化

虽然钢铁企业在绿色技术创新成果转化阶段效率显著高于研发阶段，但从研究结果中可以看出，马钢、安阳钢铁、河钢等企业仍不容乐观。因此，基于创新成果转化阶段效率存在的不足，行业整体层面在该阶段还有可观的上升空间。

首先，为促进创新成果的市场化，钢铁企业要促进钢铁产品市场形成创新技术成果信息共享的优良秩序，使得需求方有购买门路、供应方有销售渠道，打通供需端的对接渠道，降低购销成本，提高钢铁产品在市场上的周转率。为此，作为钢铁市场构成主体的钢铁企业需要保持敏锐的市场需求洞察力，积极参与项目申报，积极宣传推广自身的创新成果，加速创新成果的市场化。

其次，政府作为市场经济的调节者和现代化建设的领导者，在促进钢铁企业创新成果市场化的过程中扮演着重要角色。政府要在社会环境和企业环境中营造良好的创新氛围，鼓励和支持创新。通过完善政府的钢铁采购政策，拓宽创新型钢铁企业的销售渠道；通过研究制定减税降费政策、扩大部分税收优惠政策适用范围，降低创新成本，为钢铁企业创新成果的市场化提供有力的财政支持，同时降低企业经营管理和创新研发成本，释放钢铁企业的创新活力。

再次，钢铁工业的产业关联度很高，在国民经济、国防安全、财政税收和稳定就业方面均发挥着极其重要的作用，是关系国计民生的基础行业，其发展事关社会各行各业的利益与福祉。因此，加速钢铁企业创新成果市场化，也是行业与社会各界共同的责任。促进钢铁企业创新成果的收益化，我国应积极鼓励产、学、研、用协同创新，建设由钢铁企业牵头，科技社团、高校院所等共同参与的科技创新联合体，搭建完善的社会交流平台，通过互联网和信息化等技术手段整合全国钢铁研发和技术支持相关信息，倡导钢铁一体化技术服务平台建设，打造开放、共享的创新发展环境，从而使得创新成果的市场流转畅通无阻。

3.3.4.3 环保减排促进钢铁企业绿色发展

我国要想形成绿色的发展和生活方式，就要从加快转变经济发展方式和根本改善生态环境状况两个方面入手，而加大环境污染综合治理力度是必要途径，这也是实现供给侧结构性改革的关键。通过上述钢铁企业绿色技术创新效率的实证分析可以发现，吨钢烟粉尘排放量、吨钢 SO_2 排放量、吨钢 COD 排放量过高是影响安阳钢铁、包钢股份、河北钢铁、马钢股份、太钢不锈、鞍钢、河钢、山钢、韶钢松山等钢铁企业绿色技术创新效率的重要原因。因此，绿色发展是钢铁企业实现转型升级的核心和关键。

——完善环境保护的相关法律法规。健全的法律法规能够对钢铁企业生产制造过程起积极的引导作用。针对钢铁企业高污染、高排放问题，政府应当严格管理排放权，进一步规范钢铁流程制造中的污染物排放标准和种类，落实污染排放情况透明化和定期公开化工作，重点督促排放超标的企业，实施严格奖惩措施，从而为钢铁企业的绿色发展提供有力的政策保障。

——自我管理。首先，作为环保和减排主力的钢铁企业应当认真对照国家环保法规和行业要求，自我反省、自我检查、自我梳理环保工作上的不足之处，积极响应节能减排、绿色发展的政策要求。其次，从具体行动上看，钢铁企业要保持钢铁生产的除尘、脱硫、脱硝、废气处理设施的正常运转，要保持废水和废渣等处理设施的有效运行，保证“三废”污染物排放达标；钢铁企业要提高“三废”的循环再生利用率，争取实现零排放和零污染，降低环境负担；钢铁企业要普及环保技术的使用，通过普及提升钢铁企业环保技术水平，强化“三废”排放控制措施，尽早实现清洁生产和绿色制造，落实可持续发展观。

本章基于两个阶段创新价值链理论，构建了钢铁企业绿色技术创新效率的评价指标体系，综合运用打开创新过程“黑箱”的网络 SBM 模型和动态效率评价的 Malmquist 指数模型，具体测算了我国 12 家钢铁企业 2011—2017 年的绿色技术创新效率和绿色全要素生产率，分析了样本钢铁企业绿色技术创新效率的分布特征及动态变化情况，并通过投影分析和创新模式分析进一步探讨了钢铁企业绿色技术创新效率缺失的重要环节及根源所在，最后结合实证研究结果，给出了提升我国钢铁企业绿色技术创新效率以及促进我国钢铁企业绿色转型发展的相关对策建议。

通过对样本钢铁企业绿色技术创新总效率及两个创新子阶段效率值的评价分析可知，样本企业的绿色技术创新总效率在 0.7 以上，处于适中的效率水平，且评价期间内样本企业的总效率呈波动上升趋势。其中，总效率在均值以上的企业约占 66.67%，其余企业的总效率值均在 0.5 以下，因此，所选样本企业之间的绿色技术创新效率存在较大的差异；通过分析样本企业绿色技术创新子阶段的效率值可知，绝大多数钢铁企业第二阶段的成果转化效率要高于第一阶段的研发效率，即钢铁企业在绿色技术创新过程中更偏好经济效益成果，相对而言对知识性成果有所忽视；此外，比较分析得知钢铁企业研发阶段效率偏低是导致总效率不高的根源所在。

通过对样本钢铁企业绿色技术创新模式的分析得知，我国样本钢铁企业绿色技术创新模式多集中分属于“高科技研发—高成果转化”型和“低科技研发—低成果转化”型，企业创新模式两极分化严重，钢铁企业之间创新能力和技术水平参差不齐。

通过投影分析找出了样本钢铁企业绿色技术创新效率缺失的主要环节和因素。投影分析结果显示，马钢、三钢闽光、安阳钢铁、河钢、八一钢铁等企业绿色技术创新效率的缺失在于研发经费的投入冗余和浪费，这是导致上述钢铁企业效率低下的短板所在。安阳钢铁、韶钢松山等钢铁企业绿色技术创新效率的缺失在于科技工作人员岗位分配不合理、人员安排不恰当或人员投入过量。马钢、安阳钢铁等企业在非研发投入上出现了较大的投入冗余和资源浪费情况。减少污染物排放、加大环境保护力度则是马钢与河钢等企业的重点改进方向。

提高钢铁企业绿色技术创新效率、实现钢铁企业绿色转型发展的对策建议主要有：通过营造良好的创新氛围、提高科研产出质量来重点提升钢铁企业科技研发效率；促进钢铁企业科技成果市场化；通过推动创新资源要素的开放、共享和流动来促进企业间的交流合作，强化钢铁企业作为创新主体的地位；通过建设由钢铁企业牵头，由科技社团、高校院所等共同参与的科技创新联合体，实现产、学、研用协同创新，充分发挥钢铁行业组织和团体的作用；通过互联网和信息化等技术手段，建立完善的钢铁企业数据共享平台体系；通过政府的政策规范和税收优惠等优化钢铁企业创新环境，降低企业创新成本；通过法律法规约束和企业的自我管理，实现钢铁企业的清洁生产和绿色制造。

第4章
典型传统制造企业绿色创新发展的案例研究

高质量发展的本质特征就是绿色创新发展，绿色创新是推进企业绿色转型的发展动力①。企业实施绿色创新行为，不仅可以通过绿色工艺创新减少资源消耗成本，改善生产与服务技术，实现环境保护目标，还可以通过绿色产品创新获得差异化竞争带来的环境溢价，树立良好的企业形象，从而获得可持续竞争优势②。传统制造企业的绿色创新发展符合我国"两型社会"建设的战略要求，不但可以提高企业的核心竞争力，而且有助于提升我国制造业在国际上的地位。

本章基于新微笑曲线理论和可持续发展理论，采用案例分析法，以我国四家成功实施绿色创新实践的传统制造企业为研究对象，深入剖析传统制造企业绿色创新发展的驱动因素，探究其绿色创新发展的路径及效果，以期为后续传统制造企业绿色创新发展的驱动机理研究提供现实依据。

---

① 张辉：《高质量发展视角下国有制造企业绿色创新升级路径研究——以晨鸣纸业案例为例》，载《济南大学学报(社会科学版)》，2020年第30卷第4期，第114～123、159～160页。

② 解学梅、朱琪玮：《企业绿色创新实践如何破解"和谐共生"难题?》，载《管理世界》，2021年第37卷第1期，第128～149、9页。

4.1 理论基础

4.1.1 微笑曲线理论

目前被广泛运用于产业及企业转型升级研究的微笑曲线理论是由宏碁集团创办人施振荣于 1992 年提出的,旨在应对宏碁当时面临的转型困难,之后被推广于企业和产业的转型研究中。微笑曲线主要分为研发、生产、营销三个环节,附加值最高的环节在产业链两端的研发和营销,处于中间生产环节的附加值最低,如图 4-1 所示。依据微笑曲线理论,国内外学者普遍认为企业应当从研发和营销两个方面来实现转型升级[1]。

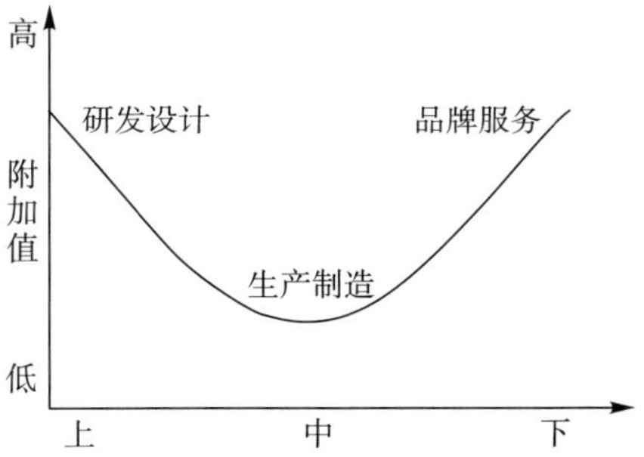

图 4-1 传统微笑曲线

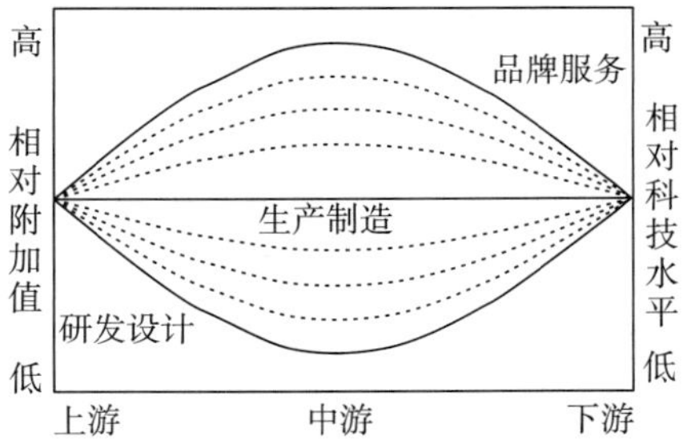

图 4-2 新微笑曲线

然而并不是所有的企业转型研究都符合"U 型"微笑曲线理论,郑健壮等通过对制造业 7 个细分行业的分析,发现只有非金属矿物制品业的价值链曲线基本上符合微笑曲线,而专用设备制造业、有色金属冶炼和压延加工业、汽车制造业等呈现出倒 U 型及多种不规则 U 型[2]。更有学者认为,在智能制造时代,微笑曲线理论不再完全适用[3]。针对我国制造企业转型问题,孙德升等提出新微

---

① Verona Gianmario,"A Resource-based View of Product Development",*The Academy of Management Review*(1999),24(1):132～142. Schmitz Hubert,"Reducing Complexity in the Industrial Policy Debate ",*Development Policy Review*(2007),25(4): 417～428. 余建形、徐维祥、楼杏丹:《"微笑曲线"和高技术产业发展》,载《经济问题探索》,2005 年第 9 期,第 86～88 页。吴敬琏:《向"微笑曲线"两端延伸》,载《新经济导刊》,2010 年第 8 期,第 12～13 页。

② 郑健壮、朱婷婷、郑雯好:《价值链曲线真的是"微笑曲线"吗?——基于 7 个制造业细分行业的实证研究》,载《经济与管理研究》,2018 年第 39 卷第 5 期,第 61～68 页。

③ 魏志强:《从微笑曲线到穹顶弧线》,载《中国新时代》,2014 年第 11 期,第 18～21 页。

笑曲线理论①,强调了研发、生产和营销三种转型升级路径同等重要,都需要加大科技投入力度、进行科技创新以提升各环节的科技水平,以便获得高水平的相对附加值。由图 4-2 可知:第一,新微笑曲线模型包含了 U 型微笑曲线、倒 U 型微笑曲线及水平直线,分别代表了在不同相对科技水平下,产业链上不同环节的相对价值分布情况。第二,产业链附加值曲线随着不同产业链环节相对科技水平的变化而变化。第三,可供制造业选择的转型升级方向有研发设计端、生产制造端和品牌服务端,且三种路径无优劣之分。

依据新微笑曲线理论,不存在绝对的产业链高附加值和低附加值环节,在生产制造环节提升科研创新水平也能获得微笑曲线上相对高的附加值,生产制造环节也能成为产业链中的高端环节;而传统微笑曲线理论中研发设计和品牌服务等所谓的价值链高端环节,则在生产制造环节的科技水平提升之后,其相对附加值可能会远低于生产制造环节的相对附加值,从而变成产业链的低端环节。虽然加强产业链两端,可以进一步巩固自己的核心竞争优势,维持现有市场份额,但会给后来者造成升级障碍,导致整个制造产业转型升级困难。因此,虽然我国绝大多数制造企业还是适用于在生产制造环节以加大科技研发投入力度、持续进行科技创新、大幅提升科技水平的方式来实现转型升级目标。

4.1.2 可持续发展理论

可持续发展理论是发展与可持续的统一,二者相辅相成②,强调在环保的基础上谋求经济增长,改变传统生产模式,实现清洁生产,追求经济、环境和社会三个方面的协调发展。企业可持续发展理论认为,企业可以通过不断创新来保持竞争优势,以实现长远发展的战略目标③。企业是"生态—经济—社会"复合系统④,企业能否实现可持续发展,关键在于协调优化经济效益、环境效益与社会效益的平衡。

该理论至少包括以下几个方面的内涵:(1)经济持续性。企业的可持续发展,不仅要通过扩大市场份额和扩宽新的业务领域来获取"量"的持续增长,还应通过不断地学习和创新培育并巩固企业的核心竞争力来实现"质"的不断飞跃,从而使企业自身经济效益稳步增长、运行效率不断提高。(2)环境稳定性。企业在追求可持续发展的过程中需要时刻关注社会对环境保护的要求和消费者对环

① 孙德升、刘峰、陈志:《中国制造业转型升级与新微笑曲线理论》,载《科技进步与对策》,2017 年第 34 卷第 15 期,第 49～54 页。

② 贵克平:《可持续发展理论研讨综述》,载《经济学动态》,1997 年第 8 期,第 30～33 页。

③ 刘力钢:《企业可持续发展理论研究——21 世纪企业发展的主题》,载《辽宁大学学报(哲学社会科学版)》1999 年第 4 期,第 1～4 页。

④ 刘思华:《可持续发展经济学企业范式论》,载《当代财经》,2001 年第 3 期,第 16～21 页。

保产品的需求，积极投入污染防治工程，合理分配和利用资源，追求对环境无害的工艺技术和产品。没有环保意识的企业迟早会陷入困境，那些主动进行节能减排、创新绿色清洁技术、研发绿色环保产品的企业必将先行获益①。(3)社会责任感。企业可持续发展是社会实现可持续发展的重要途径②，这就要求企业不能孤立地只考虑自身的发展，还应担负起社会责任。企业积极践行社会责任，可以更好地保护股东、管理者与职工等相关者的利益③，这既有利于减少潜在的风险因素，又有利于企业获得良好的社会声誉，为企业提升自身竞争力提供重要保障。

基于新微笑曲线理论和可持续发展理论，本章从生产制造环节提升科技创新水平的视角，结合企业绿色创新活动，通过绿色工艺创新和绿色产品创新两种路径分析传统制造企业的绿色创新发展路径，并从经济效益、环境效益和社会效益三个方面分析其绿色创新发展效果。

4.2 研究设计

4.2.1 研究方法选择

案例研究是组织管理学研究的一种重要方法，适用于寻求对现有现象解释的研究④。本书通过对多个案例的深入分析，从而为传统制造企业实施绿色创新提供现实依据，希望带动更多的传统制造企业加入绿色创新驱动发展行列。

4.2.2 研究样本选择

本书遵循案例选择的代表性、典型性和适配性原则，选择我国四家绿色创新发展相当成功的典型传统制造企业进行剖析，这四家企业是马鞍山钢铁集团有限公司、安徽海螺集团有限责任公司、上海汽车集团股份有限公司和雅戈尔集团股份有限公司。

4.2.2.1 代表性原则的体现

这些案例公司都是我国知名的制造企业，在所在领域具有重要影响，对其相

① 钟陆文：《论企业可持续发展的理论内涵》，载《佛山科学技术学院学报(社会科学版)》，2003 年第 1 期，第 65～68 页。

② 孙海刚：《企业可持续发展的理论与实践》，载《当代经济管理》，2008 年第 10 期，第 5～8 页。

③ 冯丽艳、肖翔、程小可：《社会责任对企业风险的影响效应——基于我国经济环境的分析》，载《南开管理评论》，2016 年第 19 卷第 6 期，第 141～154 页。

④ Yin R K, *Case Study Research: Design and Methods* (Beverly Hills, CA: Sage, 1984). Yin Robert K, *Applications of Case Study Research* (Thousand Oakes, CA: Sage, 2004). Eisenhardt K M, "Building Theories from Case Study Research", *Academy of Management Review* (1989), 14(4): 532～550.

关研究、报告、新闻报道和关注相对较多，便于相关资料的搜集，研究信度相对较高。

4.2.2.2 典型性原则的体现

这四家企业具有超前的绿色创新发展理念，坚定不移地走科技创新、节能环保的新发展道路，各项排放指标均优于国家相关控制标准，它们不断提升经济竞争力与环境竞争力，努力实现经济效益、环境效益与社会效益的高度统一。

4.2.2.3 适配性原则的体现

本书所选择的四个案例曾经都是以传统制造作为核心业务，大多能耗大、污染严重，现已通过绿色创新成功实现绿色转型发展。因此，它们与本书的基本出发点和要求具有较好的适配性。

4.2.3 资料来源与信度效度

为了保证案例研究的信度和效度，在信息搜集的过程中，本书尽力保证数据发布主体的多元性、信息来源的多样性、资料的真实性。本书资料主要来源于六个方面：(1)企业官网。通过浏览、整理公司官网资料获得。(2)企业年报。搜集整理公司披露的重要公告和年报。(3)管理者演讲。搜集整理公司高层参与年会、报告会以及行业会议等公开发表的演讲及回答记者提问。(4)行业报告。收集行业权威机构发布的行业报告数据。(5)学术期刊。从知网、万方、Elsevier、EBSCO、Springe 等国内外重要数据库检索文献资料，并根据实际情况梳理分析。(6)媒体资料。通过网络媒体和报刊搜集案例企业的公开报道等相关资料。

4.3 案例一：马鞍山钢铁集团有限公司的绿色创新实践探究

4.3.1 案例介绍

4.3.1.1 行业概况

纵观全球强国的发展历史，钢铁工业始终是国家发展的重要基础产业。钢铁是国民经济发展中最重要的基础原材料，在社会生活的各个领域都有着广泛的应用。我国成为制造业大国，离不开钢铁工业的快速发展。仅参考粗钢产量就可以看出我国钢铁工业自 20 世纪 90 年代以来发展之快：1996 年我国年产粗钢突破 1 亿吨，首次超过日本跃居全球首位，接连独占鳌头 20 多年；2020 年粗钢产量达到 10.65 亿吨，全球占比达 56.7%，中国成为当之无愧的钢铁大国。然而，现阶段我国钢铁工业还面临着产能过剩、产业集中度低和环保压力大等问题，钢铁企业通过绿色创新迈向高质量发展已经迫在眉睫。

4.3.1.2 公司简介

马鞍山钢铁集团有限公司(以下简称“马钢”)是我国特大型钢铁联合企业和重要的钢材生产基地，拥有 A＋H 股上市公司 1 家、新三板上市公司 3 家，具备

2000万吨钢配套生产规模，在岗员工4.8万人，位于安徽省东部的马鞍山境内。主营业务为黑色金属冶炼及其压延加工与产品销售，焦炭及煤焦化产品、耐火材料、动力、气体生产及销售，码头、仓储、运输、贸易等钢铁业相关的业务；钢铁产品延伸加工、金属制品生产及销售，钢结构、设备制造及安装，汽车修理及报废汽车回收拆解；房屋和土木工程建筑，建筑安装，建筑装饰；技术、咨询及劳务服务；进口产品分销等。马钢形成了钢铁产业、钢铁上下游关联产业和战略性新兴产业三大主导产业协同发展格局；构建了"1+7"多元产业协同发展新格局——"1"即钢铁主业，主要业务集中于马钢股份公司，拥有本部、长江钢铁、合肥公司三大钢铁生产基地；"7"即矿产资源业、工程技术、贸易物流、节能环保、金融投资、信息技术、新材料等7个非钢板块。

4.3.1.3 公司发展历程

1953年2月，马鞍山铁矿厂成立，正式宣告全面恢复生产。1958年8月1日，经安徽省委批准，马鞍山钢铁公司正式成立，标志着马鞍山铁厂向钢铁联合企业转变，掀起一个新的建设高潮。1993年，马钢作为我国首批9家规范化股份制试点企业之一，成功进行股份制改制，分立为马钢总公司和马鞍山钢铁股份有限公司，马鞍山钢铁股份有限公司分别于1993年和1994年在香港联交所和上海证券交易所上市，被誉为"中国钢铁第一股"。A+H股接连上市为马钢后续的大规模发展提供了强大的资金支持。1998年，马钢总公司改制为马钢(集团)控股有限公司。2019年中国宝武钢铁集团有限责任公司(以下简称"中国宝武钢铁集团")对马钢实施重组，马钢成为中国宝武钢铁集团的控股子公司。双方的合并有利于提高产业的集中度、资源要素优化配置、国内钢铁行业去产能，还能够助推中国宝武钢铁集团赶超全球最大钢铁集团安赛乐米塔尔，加速培育世界级钢铁制造企业，巩固中国在全球钢铁市场上的地位。经过50多年的发展，马钢从地方铁矿厂发展成为我国特大型钢铁联合企业和重要的钢材生产基地，已经成功迈进世界500强和中国制造企业500强。

4.3.2 案例分析

近年来，马钢加大去产能力度，优化结构，钢铁主业、钢铁上下游关联产业和战略性新兴产业三大主导产业协同发展，企业高质量发展势头良好。面对钢铁行业的发展大势，马钢遵循《中国制造2025》的规划方向，坚持绿色、循环、低碳、可持续发展的总基调，推动多元产业协同发展，大力实施绿色制造和清洁生产战略，加快实现绿色创新转型升级。

4.3.2.1 马钢绿色创新动因

——政策引导。绿色发展是钢铁企业可持续发展的必由之路。早在1958年，马钢根据国务院关于开展综合利用的指示精神，开展了以综合利用为主的治理“三废”活动[①]。1973年，我国在北京召开第一次全国环境保护会议，马钢参会并作发言，随后成立环境保护领导小组。“六五”期间，党中央、国务院提出了冶金工业环境保护的方针和政策[②]，马钢制定并开始试行《马鞍山钢铁公司环境保护管理制度》。20世纪90年代中期，发达国家的钢铁企业便逐步进入集成度更高的绿色生产时代，将企业的环境保护力度、资源能源节约程度与污染物排放量纳入对企业效益和竞争力的考察内容[③]。钢铁行业是世界各国碳排放的关注重点，而节能减排和绿色低碳发展已成为世界各国的共识。在2030年“碳达峰”和2060年“碳中和”的目标约束下，国务院印发了《关于加快建立健全绿色低碳循环发展经济体系的指导意见》，提出要实施刚性降碳举措，推进钢铁、水泥等重点行业实现绿色低碳发展。马钢积极响应，第一时间打响超低排放改造“攻坚战”，计划投入75亿元完成三年超低排放方案。作为临江钢铁企业，马钢把“共抓大保护、不搞大开发”作为政治义务和社会责任，《中华人民共和国长江保护法》的实施，进一步推动马钢绿色创新转型。

——市场导向。传统的钢铁生产技术和产品已无法满足新时代的市场需求，钢铁企业必须开发更具创新性、更具市场性的产品以获取市场竞争优势[④]。基于国内层面，“大而不强”是中国钢铁工业的现状，中国钢铁工业迈向钢铁强国的阻碍之一就是集中度不够高。与其他国家相比，中国的钢铁企业多达上百家，产业集中度远低于排名前三的韩国、日本和美国。行业集中度偏低，导致企业竞争更为激烈；基于国际层面，WTO各成员国尤其是发达国家以保护生态环境为由设置各种绿色贸易壁垒，我国钢铁企业由于科技创新水平不高，加上绿色低碳发展意识不强，推动绿色低碳升级的多项关键技术尚不成熟等，使得我国钢铁企业进入国际市场难度加大[⑤]。钢铁企业实施绿色创新转型，有利于企业应对绿色贸易壁垒，更好地参与国际市场竞争。马钢坚持以创新引领高质量发展，推进企业绿色转型，以全面提升市场竞争力，奋力抢占钢铁行业新一轮转型发展的制高点。

——组织资源充裕。马钢拥有四家上市公司，从金融市场获取资金的渠道

① 叶佳腾：《马鞍山钢铁公司污染治理研究(1973—1999)》，西安：西北大学硕士学位论文，2018年，第24页。

② 邱信丰：《新中国成立70年来钢铁工业绿色发展政策演变、成效、挑战与优化路径》，载《企业经济》，2019年第38卷第11期，第20～28页。

③ 苗沛然、杨晓东：《钢铁绿色生产国内外现状及发展趋势》，载《冶金环境保护》，2011年第4期，第23～27页。

④ 刘琳：《浅谈钢铁行业的技术革新与未来发展》，载《资源节约与环保》，2018年第3期，第122页。

⑤ 林耸、刘绮：《我国钢铁企业绿色营销的创新思考》，载《生态经济》，2006年第9期，第117～119页。

较为畅通。马钢先后得到国家发展和改革委员会批准，成立“车轮、H型钢工业产品质量控制和技术评价实验室”和“轨道交通关键零部件先进制造技术国家地方联合工程研究中心”两个国家级企业创新研发平台，且与钢铁研究总院、铁道部科学院、解放军海军工程大学、北京科技大学、东北大学、安徽工业大学、同济大学、西安交通大学等国内多家高校和科研单位合作，创新实力雄厚。

——管理者环境关注。若企业管理者高度关注环境保护，则该企业更愿意采取绿色创新行为①。2015年，尽管钢铁市场价格低迷，企业发展非常困难，马钢仍然投入巨资开展环保排放建设。中国宝武钢铁集团与马钢重组后，便从督查、问责、评价等多个维度对马钢的环保工作提出更高要求。马钢高层管理者指出，马钢要聚焦生态优先，积极践行“两山”理论，全面落实“长江大保护”战略，全力推进“三废”治理，成为行业内绿色转型的领先实践者。马钢以理念、定位、体系和模式的四个转变，快速融入中国宝武钢铁集团这一更大的发展平台，积极推进低碳发展，加速推进绿色制造，持续推进智慧制造升级，坚持创新驱动，推动产品升级；坚持“绿”“智”赋能，推动企业转型；坚持协同发展，共建高质量钢铁生态圈。

4.3.2.2 马钢绿色创新发展路径

作为钢铁制造企业，马钢一直坚持“绿色”与“创新”理念。根据国家对制造业发展质量和水平的重大战略部署，马钢遵循《中国制造2025》规划方向，坚持绿色、循环、低碳、可持续发展的总基调，实施绿色工艺创新与绿色产品创新的转型路径。

4.3.2.2.1 绿色工艺创新

——基础生产。(1)淘汰产量低、能耗高、污染大的落后设备。早在“九五”末，马钢就率先在全国冶金行业淘汰落后产能，全面关停燃煤小锅炉。马钢接连淘汰五座300立方米炼铁高炉，比国家钢铁产业发展政策计划的时间提前三年，加上之前淘汰的小电炉、小轧机等，累计淘汰炼铁能力350万吨。根据2013年修订的国家发展和改革委员会《产业结构调整指导目录(2011年)》淘汰类钢铁要求，马钢已不存在淘汰类高炉、转炉、轧钢设备等②。(2)主要生产设备大型化、高效化。淘汰落后产能设备，支持装备的大型化、现代化发展，为“绿色创造”

① Fergusson H, Langford D A, "Strategies for Managing Environmental Issues in Construction Organizations", *Engineering Construction & Architectural Management* (2006), 13(2): 171～185. Eiadat Yousef, Kelly Aidan, Roche Frank, et al, "Green and Competitive? An Empirical Test of the Mediating Role of Environmental Innovation Strategy", *Journal of World Business* (2007), 43(2): 131～145.

② 王晶东、纪凤芹：《马钢绿色工厂创建实践》，载《冶金动力》，2020年第2期，第75～78页。

产业的发展腾出了空间。依据《钢铁企业主要生产设备装备技术水平等级划分办法》中规定的等级分析，马钢已建成具有国内领先水平的全烧高炉煤气锅炉和300 吨转炉，该全烧高炉煤气锅炉的利用效率可达 92.13%；4000 立方米巨型高炉、3200 立方米大型高炉和 120 吨转炉处于国内先进水平；H 型钢，高速线、棒材，冷、热轧薄板，车轮、轮箍和冷镦钢等生产线均达到国内先进水平，被誉为钢铁产业的“绿色创造”。

——合作研发。(1)多元化合作。秉承“变革实现突破、合作实现共赢”的理念，马钢于 2000 年成立非钢产业领导小组，研究制定非钢产业的发展规划，迈向多元化发展进程。马钢凭借马鞍山优越的地理位置和良好的发展态势、企业固有的内部资源优势，以及多年发展积累的品牌效应和市场资源，紧密融入国家战略，通过资产资源重组、发展战略变革、合作平台共建等措施，形成以钢铁产业为主，以矿产资源、工程技术、废钢资源、贸易物流、信息技术板块、节能环保、金融投资、化工能源和新材料等产业为辅的多元化发展方式。(2)产学研合作。在实施科技强企战略中，马钢始终注重自主创新，把产学研合作作为推进技术创新、提升企业竞争力的重要环节和内容，先后与钢铁研究总院、铁道部科学院、解放军海军工程大学、北京科技大学、东北大学、安徽工业大学、同济大学、西安交通大学等国内多家高校和科研单位合作研发多项高水平、高质量的新技术、新产品，增强了马钢的研发实力，解决了相关资源供给不足的问题，降低了企业转型的风险性和不确定性，同时降低了研发成本，提升了生产效率，也在一定程度上帮助高校和科研机构实现了研发成果市场化。

——节能环保。马钢一直致力于节能环保事业的发展，大力推动能源项目建设及节能技术应用，并成立节能服务公司，以合同能源管理模式开展节能服务，统筹推进超低排放改造方案。

在能源利用方面，马钢推动多种能源项目建设，开发节能环保技术，用副产二次能源(余汽、余热等)替代一次性购入能源，循环利用能源，减少能源消耗和环境污染，实现负能炼钢，结合许石等人的相关研究[①]，得出马钢在能源利用方面的项目建设及节能技术的应用情况，具体如表 4-1 所示。

---

① 许石，曹曲泉，郭红玲：《马钢节能工作回顾与展望》，载《冶金动力》，2019 年第 10 期，第 1～6 页。

表 4-1 马钢在能源利用方面的项目建设及节能技术应用

项目名称	工作原理	项目效益
燃气蒸汽联合循环发电建设工程	混合煤气及压缩空气分别经湿式静电除尘器及空气过滤器处理，燃烧产生的烟气推动燃气轮机发电后，再经余热锅炉生产蒸汽，推动蒸汽轮机发电	年发电量可观，年节能折合标准煤超 10 万吨，减少烟尘和 SO_2 排放
烧结低温余热发电工程	烧结环冷机排放的烟气热能，经余热锅炉转化为蒸汽，推动汽轮机做功带动发电机发电	发电量达上亿千瓦时，节约标煤 5 万吨，减少 CO_2 排放
饱和蒸汽发电工程	利用余热烟气对水进行加热，形成低压饱和蒸汽，推动汽轮机做功带动发电机发电	缓解蒸汽富裕压力，减少资源浪费，实现能源的循环利用
转炉汽化蒸汽自循环高效利用技术	以转炉汽化蒸汽为主汽源，后加入低压蒸汽，采用补汽凝汽式汽轮发电机组进行发电	实现余热蒸汽就地循环利用，减少电厂抽汽量，有效避免能源浪费和环境污染
焦炉干熄焦工程	惰性气体吸收焦炭的显热，经余热锅炉冷却，在干熄焦系统内不断地循环利用，从而使焦炭不断地被冷却	提高焦炭质量，回收红焦热能，减少污染，降低钢铁生产总成本
转底炉含锌尘泥处理工程	通过敞焰煤基直接还原焙烧的方式，生产金属化球团作为高炉的优质原料	有效处理高锌含铁粉尘及污泥
高炉脱湿鼓风技术	降低湿空气的含水量降低，然后送入热风炉	减少能耗，降低焦比，产量提高，经济效益明显
焦化乏汽及蒸汽冷凝水、锅炉排污水回收再利用技术	系统采用合理的升压稳压技术、把原排放做过功的低品质乏汽、蒸汽冷凝水、污水回收用于生产	实现了能源梯级利用，锅炉能耗降低，锅炉给水质量提高
超大功率电机变频改造	对烧结机的主抽风机进行变频改造，并通过远程控制实现风机转速自动调节	年节电 4000 万千瓦时
加热炉富氧燃烧	采用激光分段燃烧分析系统，对加热炉空燃比进行合理控制	氧化烧损降低，燃耗降低
转炉烟气分析动态控制技术	通过对转炉烟气的在线分析，建立炼钢数学模型，动态控制炼钢操作，确保钢水达到既定标准	缩短冶炼周期，喷溅率明显降低，降低石灰消耗

此外，马钢还通过了能源管理中心建设，依托 EMS 管理系统，凭借优良的生产工艺和先进的设备对能源生产、管理和调度进行扁平式一体化管理，实现了节能降耗和生产安全，提高了劳动生产率和能源管理水平。并且，利用 DCS 控制改造系统，实现能源的有效转换，并对废弃物进行合理有效的消纳处理。

在排放物处理方面，马钢取得一系列的技术创新成果，以解决大气污染、水污染、固体废弃物综合利用等问题，具体技术成果如表4-2所示。马钢通过建立环保动态管控系统，实现环境在线实时监测、过程监控一体化管理，利用多维度、全覆盖的环保监控平台，能够对污染物排放视频AI分析识别，发现异常情况即时通知、及时处理。

表4-2 马钢在排放物治理方面的技术成果

排放物治理	技术名称
大气污染治理	除尘：高炉矿槽粉尘控制集成技术、高效防湿超净除尘技术、高效低阻袋式除尘技术、推焦水封除尘技术等；脱硫：SDA半干法脱硫技术、PO－SDA脱硫技术等；脱硝：SCR脱硝技术、SNCR脱硝技术等；监测：环境设施在线集中监控技术、VOCS净化系统等
水污染治理	焦化废水生化处理技术、地埋式一体化生活污水处理技术、冶金和城市污水治理技术、黑臭水体治理技术、焦炉煤气系统化学处理技术、煤焦化废水污染物减量化控制与深度处理集成技术等
固体废弃物综合利用	转炉炼钢污泥处理与综合利用技术、带钢酸洗废盐酸再生技术、脱硫副产物综合利用技术、冶金工业低含量含锌尘泥电炉法低成本短流程脱锌技术等

资料来源：安徽欣创节能环保科技股份有限公司官网。

——绿色运输。马钢在强力推进多元化发展的同时，对企业物流管理进行整合探索。2015年，马钢成立马钢集团物流有限公司（以下简称“马钢物流公司”），公司业务包括采购物流、生产物流和销售物流。次年，物流公司对汽运、仓储等四大板块多家经营单位进行资本整合，成为中国钢铁企业第一家整合汽运、航运、港口、仓储四大板块的现代化大型生态智能钢铁物流公司，跻身于国家5A级物流企业行列。为践行国家绿色环保运输理念，马钢物流公司借助于技术先进、装备精良、人才荟萃、供应链完整等优势，建立装运卸联动机制和核心运力体系，积极研发环保、安全、稳定的物流技术，对铁矿、煤炭和焦炭等产品采用绿色清洁方式运输，使用更加专业环保的车辆和无损耗、密封性强的集装箱。这不仅降低了运输成本，还实现了干熄焦长距离全程集装箱物流运输，攻克了超长H型钢铁路运输等难题。

4.3.2.2.2 绿色产品创新

马钢在产品开发过程中践行环境经营理念，坚持绿色产品设计，开展全生命周期评价，构建从设计到制造的全流程高品质加工制造与清洁化生产的协同研发机制。

——主要钢铁制品。(1)型材系列。H型钢是一种新型经济建筑用钢，与普通工字钢相比，具有截面模数大、重量轻、节省金属、使用寿命长、抗压能力强等优点，由于其特殊形状，可广泛应用于高层建筑、大型桥梁、电站码头、高速公路、铁路等，市场需求量大。马钢热轧H型钢始终是国内H型钢技术和市场的主导者、引领者，20多年的发展，马钢累计开发近100个牌号、600多个品种规格的热轧H型钢，主要产品包括高寒地区油气结构用钢、铁路车辆专用鹅颈热轧H型钢、正火轧制H型钢、T型钢产品等，填补了我国H型钢高端领域多个空白，改变了卢森堡Arcelormittat、美国Nucor-Yamata、英国Teesside、日本JEF在全球重型H型钢垄断的现状。(2)板带系列。马钢拥有世界先进的冷热轧薄板、彩涂板、镀锌板生产线，具备全系列低中高牌号及高效硅钢产品的批量化生产能力。目前，马钢已跻身汽车技术创新战略联盟，致力于开发节约型、功能型、轻量化的汽车用钢和新能源汽车驱动电机用硅钢，其汽车板通过了通用全球一级工程认证，成功跻身于国内汽车板第一梯队，出口到多个国家和地区。作为行业内领军品牌，马钢家电板一直以“引领家电用钢技术，提供用户技术解决方案”为目标，致力于绿色发展和智慧制造，已成为格力、美的、海尔、富士康等用户的核心供应商。例如，利用彩涂板制作的家电外壳具有良好的成型加工性、不仅漆膜耐腐蚀性和柔韧性，可以缩短工艺流程、提高生产效率，还可以有效减少环境污染。马钢开发的镀锌产品也大量供应于家电行业，其中相当一部分家电出口欧洲。(3)线棒系列。线棒由优质钢管经过表面处理后，带有塑料树脂涂层的焊接钢管，外表面采用热塑黏合特殊塑料层，内表面覆防腐层组合而成，具有耐磨、耐腐蚀、色泽光亮、防锈无污染等特点，可反复拆卸组装使用，能够完美替代不锈钢。马钢拥有世界先进水平的线材轧机装备和技术，产品品种、规格齐全，市场竞争力位于国内前列，广泛应用于民用建筑、工业、国防等各个领域。其建筑线棒产品受到多家建筑央企青睐，用于国内多项重点工程建设。经埃斯科特钢项目，马钢线棒产品向高端汽车和轨道交通行业进军，实现了“从一卷卷地卖到一根根地卖”的梦想。(4)特钢系列。马钢发挥装备优势，健全特钢终端产品体系，打造差异化、专业化竞争力，构建精品特钢产品体系，现已具备年产10万吨高速车轴钢生产线，目前国内市场份额已超过70%。马钢开发出的非调质冷镦钢产品，通过拉拔冷镦可直接生产9.8级以上等级的螺栓紧固件，免除了二次热处理，不仅降低了紧固件生产企业的制造成本，还减少了能源消耗，因此备受客户青睐。德国大众、美国通用等世界知名企业产品和我国神舟飞船及新一代核潜艇上都用上了马钢冷镦钢生产的紧固件。同时，马钢的特钢产品涵盖从铁路用轮轴到弹簧、传动齿轮、刹车盘、钩舌、钩尾框、铁路扣件，基本覆盖了铁路及车辆用关键零部件，成为国内轨道交通零部件用钢第一品牌。

——子公司研发产品。马钢集团拥有全资、控股、共同控制和参股性质的多家子公司，基于绿色产品理念和资料公开性、全面性，选取了马钢3家新三板上市公司，分别为安徽欣创节能环保科技股份有限公司(以下简称“欣创环保”)、飞马智科信息技术股份有限公司(以下简称“飞马智科”)和安徽马钢表面技术股份有限公司(以下简称“马钢表面”),这三家公司在绿色产品创新方面作出努力,致力于产品绿色化、智能化和差异化。(1)欣创环保。在废水处理方面,欣创环保开发了阻垢剂、清洗剂、缓蚀剂、杀菌剂及还原剂等环保型工业水处理药剂;在除尘方面,欣创环保研发出 XCCJ 系列高效低阻除尘器、XCWK 系列高效防湿超净除尘器、XCWDL 系列微动力除尘器和 HMC 型单机袋式除尘器,能够有效降低机器运行阻力,产品具备使用寿命长、运行维护成本低、安全节能等优点,可广泛应用于冶金、化工、建材、矿山、电力、煤炭等行业的粉尘治理。(2)飞马智科。公司致力于用新一代信息技术提供专业化服务,是国务院国资委“双百行动”企业。近年来,飞马智科紧密围绕“互联网+”、智慧制造等国家战略,致力于服务钢铁等行业的轧钢、炼铁、炼钢、烧结、制氧、水处理、矿山、信息系统、工业监控及通信等项目,提供云计算、自动化和信息化解决方案、行业大数据、机器人集成应用、咨询服务、智慧城市建设等专业服务,其产品与服务涵盖冶金、医疗、电子政务、卫生、交通、公安、水利等多个行业。(3)马钢表面。公司以新概念、绿色环保和差异化竞争为科技研发目标,经过多年的发展,已从传统的冶金机修企业转型为集机械产品、喷涂产品、环保电镀产品、特种堆焊产品四大类于一体的冶金装备备件制造及再制造企业。其研发的铜管铜板、电镀辊、超音速喷涂、喷焊堆焊、复合耐磨衬板、轧机导卫、连铸机扇形段和轧机轴承座等技术荣获多项专利,在助力马钢参与外部市场竞争力的同时,向其他钢铁企业提供功能完善的先进装备。在 2018 中国钢铁企业品牌活动中,马钢表面荣获“钢铁装备技术品牌供应商”称号。

4.3.2.2.3 马钢绿色创新发展效果

基于绿色工艺创新和绿色产品创新的转型升级之路,马钢实现了多元化、自动化和智能化发展,实现了节能与减排相结合的目标,在取得显著经济效益的同时,为环境效益和社会效益作出了卓越贡献。

——经济效益。马钢一系列的节能减排项目和技术,实现了负能炼钢,为企业节约了资源和生产成本。型钢、板带、线棒和特钢系列绿色产品,填补了国内多项空白,凭借成本低、寿命长、绿色环保及适用性广泛等优点,马钢占据了国内多个领域市场,产品远销国外市场,在市场竞争力提高的同时,大幅提升了经济收益。马钢 2010—2019 年的营业收入情况如表 4-3 所示,营业收入在 2013—2016 年处于负增长或增长幅度较低的状态,主要原因是钢铁市场供过于求,而在 2017 年后,马钢的营业收入大幅提升,尤其是 2018 年涨幅近半。2019 年中国宝武钢铁集团与马钢重组,助力马钢跃上 900 亿元大关,营业收入在 2020 年首次突破千亿元,成为安徽省第 3 家千亿元企业。

表 4-3 2010—2019 年马钢营业收入情况

年度	2010	2011	2012	2013	2014	2015	2016	2017	2018	2019
营业收入（亿元）	546.75	680.6	922.98	818.47	821.05	738.49	503.71	544.12	795.87	985.72
营业收入增速（%）	—	24.48	35.61	−11.32	0.32	−10.06	−31.79	8.02	46.27	23.85

数据来源：2010—2018 年《中国制造业 500 强》和中国宝武钢铁集团 2019 年年报。

——环境效益。马钢一直将环境经营视为企业经营战略的核心要素，把环境保护作为企业生产经营活动和运营管理的重要内容，马钢通过能源项目建设、节能及排放物治理技术应用，实现了绿色清洁生产、余热余能资源高效回收利用，并且具备较高的固体废弃物综合利用能力，水循环利用率超过 97%，大大改善了城市环境。以马鞍山市为例，近五年全市环境空气质量达标天数比例逐步增高，水环境质量总体状况保持良好。除此之外，马钢荣获“第五届中华宝钢环境优秀奖”，入选为国家首批“资源节约型、环境友好型”试点企业，还获得“中国钢铁行业清洁生产环境友好型企业”“安徽省环境信用评价最高等级——诚信企业”及国家第一批“绿色工厂”等称号。诸多荣誉，也充分证明马钢的绿色创新行为对生态环境保护作出了卓越贡献。

——社会效益。马钢通过国内外的扩张，新建了大量项目，为社会提供近 5 万个工作岗位，有效缓解了就业压力。马钢为马鞍山市获得首个全国文明城市、国家科技进步先进城市、综合实力百强城市、全国外贸百强城市、全国绿化模范城市、国家环境保护模范城市、优秀旅游城市等荣誉贡献力量。马钢为安徽省汽车制造业、家电制造业及建筑业提供钢铁，是安徽三大核心产业快速发展的基石，并且留住了省内几所高校培养的优秀毕业生，吸引全国优秀人才来安徽就业，从而提高了安徽省的整体竞争力。

4.4 案例二：安徽海螺集团有限责任公司的绿色创新实践探究

4.4.1 案例介绍

4.4.1.1 行业概况

水泥作为国家基础建设不可替代的原材料，与国民经济发展息息相关。水泥行业已有 100 多年的发展历史，在国家建设工程中占有重要地位。但由于前期大规模的生产，2012 年行业利润整体开始下跌，亏损额高达 81.83 亿元，很多中小型企业破产，且产能过剩、排放超标等问题愈发严重，导致水泥行业被划分至“两高一剩”行业，延续原有发展模式难以实现可持续发展。面对水泥行业严峻发展形势，国家对其调控也愈发严格频繁，我国于 2015 年正式提出绿色发展的理念，并将其提升到关系我国发展全局的战略高度，要求加快推进产业转型升级。在此背景下，水泥企业不得不作出改变，基于绿色创新驱动水泥企业的转型发展已经刻不容缓。

4.4.1.2 公司简介

安徽海螺集团有限责任公司（以下简称“海螺”）是我国最大的建材企业集团之一，也是国务院120家大型试点企业集团之一，控股经营A+H股上市的安徽海螺水泥股份有限公司（以下简称“海螺水泥”）和A股上市的芜湖海螺型材科技股份有限公司（以下简称“海螺型材”），下属的390多家子公司分布于25个省、自治区、直辖市和20个其他国家和地区，在岗员工5万余人，总部设在安徽省芜湖市，以水泥制造为主导产业，其他产业涉及化学建材、国际贸易、节能环保新材料、工程建设、现代服务业五大领域。

4.4.1.3 公司发展过程

海螺的前身是1978年成立的宁国水泥厂，主要依赖从日本引进的新型干法水泥生产线，发展至90年代中期，以收购、兼并、资产重组等方式实行扩张，完成了从工厂到集团的体制转变，并在芜湖市组建芜湖海螺塑料型材有限公司，迈出跨地区、跨行业发展的第一步。1996年，安徽省人民政府在芜湖召开的皖江开发开放工作会议上正式宣布以宁国水泥厂为核心企业，成立安徽海螺集团有限责任公司。次年，子公司海螺水泥赶在东南亚金融危机前一天，在香港联交所成功上市，成为国内第一家水泥类H股上市公司。2002年初，海螺水泥和海螺型材先后在国内增发A股，完成企业与国际、国内资本市场的成功对接，融资能力显著增强，实现加速发展。之后，海螺便以省外发展为主，搏击海外市场，实现新的跨越。“三大步跨越”发展，使得海螺从一个皖南山沟里的小工厂发展成面向国内外市场的综合性大型建材企业集团。通过不断地改革创新，坚实走中国特色工业企业发展之路，海螺开辟了我国水泥行业低投资、国产化的先河，成就了“世界水泥看中国，中国水泥看海螺”的美誉，引领中国水泥工业攀登上世界水泥行业的顶峰，连续16年跻身于中国企业500强行列，2020年海螺居中国制造业企业500强排名第30名、世界500强位列第367名。

4.4.2 案例分析

海螺的发展历程是我国改革开放40多年的缩影。自成立以来，海螺始终坚持创新驱动，践行绿色发展理念，全面推广数字化、智能化技术，重点培育新能源、新材料等，打造低排放、低能耗、高产出、高收益的绿色低碳工厂，紧随国家战略发展规划，抓住发展机遇，坚持走生态文明与企业发展共赢之路，加快推进绿色创新转型升级。

4.4.2.1 海螺绿色创新动因

——政策引导。水泥行业以煤炭为主要能源，其耗煤量占建材行业总使用量的一半以上，且在生产制造过程中向外排放的二氧化硫、烟粉尘等严重污染了大气环境，是对环境资源十分不友好的产业[①]。为实现可持续发展，水泥制造企业必须走绿色发展道路。党的十八大提出，我国要大力推进生态文明建设，实现绿色发展、循环发展、低碳发展。十八届五中全会强调，绿色发展的主体不仅仅是宏观环境，更是微观的企业。针对大气排放，《水泥工业大气污染物排放标准》将 NO_x 排放限值下调一半，《水泥行业打赢蓝天保卫战三年行动计划的实施方案》提出，要大幅减少主要大气污染物排放，《2019 年水泥行业大气污染防治攻坚战实施方案》通过优胜劣汰的结构调整实现总量减排等；针对能源消耗，《关于加强长江经济带工业绿色发展的指导意见》对企业实行最严格的环保、用水量、能耗、安全及质量等标准[②]，《“十三五”能源规划》强调，要统筹资源、全面推动新能源多元化利用、提高可再生能源使用率等。这些方案、标准等都要求海螺水泥必须优化产业结构，努力向中高端和高端发展转变，加快绿色创新转型，争创发展新优势，以实现生态环境保护和企业可持续发展的双赢。

——市场导向。以往的水泥企业一味追求高速增长的经济模式，带来了产能过剩、供过于求等问题，导致大批企业破产倒闭。目前，我国经济已由高速增长阶段向高质量增长阶段转变，经济发展速度放缓，市场需求发生改变，海螺面临着原材料价格上升、市场需求乏力等多重压力。原材料方面，虽然海螺拥有自己的矿山资源，但深受煤电等能源价格波动的影响，能源价格直接占据成本的一大半，这对海螺的长久发展造成威胁。因此，海螺必须通过科技创新和科学管理发展循环经济、绿色经济[③]。市场需求方面，不断激烈的市场竞争和不断进步的科技水平，导致市场需求不断向中高端、高端发展，要求更加高科技、节能环保、具有高性能的技术产品，海螺为赢得市场份额，必须实行多元化、智能化、绿色化发展。同时，国家的“十三五”规划和“一带一路”战略为海螺打通国内、国外两个市场创造机遇，有利于加强国内基础设施建设，提升海螺的品牌效应，从而更好地应对国际绿色贸易壁垒，将先进技术装备和绿色生产经营理念输出到国外。

——消除组织资源充裕。对于制造企业而言，组织内部的冗余资源会显著

---

① 郭林佩：《绿色发展背景下水泥行业升级路径及效果研究——以海螺水泥为例》，广州：暨南大学硕士学位论文，2020 年，第 1～5 页。

② 李琛：《长江经济带工业绿色发展产业政策助推水泥行业转型升级》，载《中国水泥》，2017 年第 10 期，第 14～15 页。

③ 郭林佩：《绿色发展背景下水泥行业升级路径及效果研究——以海螺水泥为例》，广州：暨南大学硕士学位论文，2020 年，第 1～5 页。

影响企业绿色创新,组织资源越富足,企业越愿意开展绿色创新活动①。海螺拥有 5 个千万吨级特大型熟料基地、3 条 12000 吨新型干法水泥熟料生产线、多台水泥磨合发电机组,生产设备和技术皆先进于其他企业;下属 390 家子公司,分布在 24 个省、自治区、直辖市和 20 个其他国家和地区,员工 5 万多人,具有世界顶尖的生产规模。海螺拥有国家级技术研发中心,培养具有工匠精神、创新精神的高技能人才队伍,且积极推进产学研合作项目,与浙江大学、华东理工大学、大连理工大学、清华大学、中国科学技术大学、合肥工业大学、安徽理工大学等多家知名高校联合,具有坚实的人才队伍。海螺集团的总资产和营业收入都超过 2000 亿元,资金实力雄厚;持续获得多家商业银行的大额授信,海螺融资能力显著增强。

——管理者环境关注。制造业的高质量发展首先是传统制造业高质量发展,水泥行业作为典型的传统制造业产业,必须以低消耗、低排放、低成本、高产出和高质量为目标。水泥厂时期,历届党政领导班子就始终把环境建设作为企业精神文明建设的重要组成部分,要求稳步推进环境管理工作②。绿色发展的理念贯穿海螺发展的全过程,深植于企业管理者的内心。作为中国最具影响力的 50 位商界领袖之一,集团董事长高登榜认为水泥企业最终都应成为绿色环保企业,工厂智能化、产业绿色化、管理信息化不仅是企业存在的价值,也是企业竞争力和效益的来源③,并表示海螺将坚持创新驱动,加大科技创新投入力度,推进节能减排工程,推动和引领水泥行业向资源节约型、环境友好型的绿色循环产业转变。集团总经理任勇强调,环保工作是企业科学发展的"生命线",要求各单位持续加大环保投入力度,加快推进噪音、粉尘治理等环保技改项目的实施进度④。全国人大代表、荻港海螺水泥股份有限公司总经理张来辉认为,加快传统产业转型升级步伐,可选择智能化、绿色化和国际化发展的三条路径,为传统制造企业成功转型升级献策。

4.4.2.2 海螺绿色创新发展路径

海螺始终以绿色发展为企业竞争力和立足之本,以创新发展为企业持续高质量发展的导向,通过在生产制造环节进行绿色工艺创新和绿色产品创新,成功

---

① 贯君:《制造企业绿色创新的影响机理及行为演化研究》,哈尔滨:哈尔滨工程大学博士学位论文,2017 年,第 83 页。

② 巴平安:《优化"海螺"环境 共享碧水蓝天——宁国水泥厂注重环境建设的主要做法》,载《新世纪水泥导报》,1997 年第 6 期,第 38～39 页。

③ 郭泽华:水泥生产的绿色化样板——海螺集团技术创新"变废为宝"[EB/OL]. 中国新闻网,2019-12-13。汪瑞华:海螺的"绿色"选择[EB/OL]. 人民网,2018-07-27。

④ 黄勇:《海螺集团:深植绿色理念 推进转型升级》,载《中国建材》,2017 年第 10 期,第 103～105页。

实现绿色发展转型升级。

4.4.2.2.1 绿色工艺创新

——技术改造。海螺集团拥有世界上先进的新型干法水泥生产技术，淘汰全部的湿法窑、立窑中的落后生产线。近年来，海螺又通过持续技术改造对各类生产设备和辅助工具进行优化（见表 4-4），各项技术指标均处于行业先进水平，运行效率显著提高，每年节约运行成本多达千万，标准煤耗、综合电耗明显降低，另外投资逾 13 亿元开展电收尘扩容、电改袋等技改，取得了良好的经济效益和节能成效。

表 4-4 海螺集团的部分技术改造项目

技术改造	具体措施	技改效果
水泥粉磨系统革新	在建德海螺建设 2 台 CK—490 水泥立磨系统	电耗降低 5 千瓦时/吨
水泥磨增加辊压机	对宁国水泥厂、怀宁海螺、海门海螺等 58 台水泥磨进行了辊压机技改	水泥台产提升 97%、电耗下降 6 千瓦时/吨
篦冷机升级技改	对白马厂、英德海螺、石门海螺等 21 条熟料生产线篦冷机改造	热回收效率大幅提升、煤耗下降 1.5 千克/吨
三风机改造	对两风机系统进行改造	电耗下降 1 千瓦时/吨
分解炉技改	对白马山水泥厂、英德海螺等子公司的 19 条熟料生产线实施了分解炉扩容技改	标准煤耗平均下降 5 千克/吨
助磨剂优化	不断优化调整助磨剂配方	电耗下降 2 千瓦时/吨、水泥后期强度增强
改进试用陶瓷球	将钢球研磨体改为陶瓷球研磨体	降低磨机负荷、减少粉磨电耗

资料来源：根据海螺集团官网相关资料整理得到。

——技术创新。作为建材行业的领军企业，海螺集团始终高度重视科技在实际生产中的运用，大力实施创新驱动战略，研发一批重要科技创新项目，严格执行《中国制造 2025》规划，开展智能制造与绿色制造。

第一，智能制造。水泥企业可以充分结合互联网等新技术实现升级，从根本上颠覆传统制造模式[①]。近年来，海螺与中国电信、华为公司等合作，加快推进信息化、智能化技术应用，在矿山开采、运输与生产各环节取得成效，被工信部授予“首批智能制造标杆企业”称号。2017 年进行的数字化智能矿山项目，主要包括数字化采矿、矿山三维可视化、矿车调度、跨带分析仪等五个系统，实现了矿山

① 杨洸：《探索水泥行业转型新路径》，载《中国建材报》，2021 年 4 月 23 日，第 1 版。

的数据采集和生产状态的在线检测、生产自动配矿、优化矿石搭配方案等，提高了设备利用率和矿山资源综合利用率，全面提高了矿山生产效率，降低了成本。2018年，海螺建成我国第一个全流程智能化水泥工厂——全椒海螺，实现了矿石在线监测、生产自动配矿、生产线的智能巡检等，工作人员无需奔赴现场，通过手机或者电脑就能对生产过程进行监控，通过预警系统提前调整异常参数，显著降低了员工的工作强度，减少了柴油煤电的消耗，产品合格率也得到了提升。海螺通过车联网应用，对车辆进行实时监控和追踪，直到指定区域完成自动交付，实现对水泥运输车的精确化管理和调度，不仅有效提升运输效率，还解决了水泥区域价监管难的问题。海螺计划在下属100多家水泥工厂推广建设智能制造系统，积极打造"海螺工业大脑"，对分散的水泥智能工厂进行高效的集中管控，建设具有海螺特色的水泥工业互联网平台。此外，海螺还通过机械手进行产品包装，减少粉尘等对工人的伤害；海螺设置无人值守称重系统规范发运流程，提升发运效率和质量；海螺对仓库、水源泵房等重点场所采取集中和局部视频监控，安装自动报警、自动门禁和自动灭火装置，提高管控能力和人员安全系数等。

第二，绿色制造。本着"资源化、减量化、再利用"的原则，海螺集团在清洁能源、降低排放和利用替代燃料等项目集中专业力量，取得多项创新技术成果，将环保工作抓到实处，抓出实效，倾力打造一流生态环保企业。

——发展节能减排项目。海螺集团始终坚持"绿色优先、超前谋划、外引内研"的原则，不断探索极具海螺特色的节能减排路线，近几年累计投入环保资金40多亿元，通过引进创新、合作创新和自主创新的方式，积极推进余热利用、废气处理和降低碳排放等项目[①]，具体见表4-5，在能源成本上升的背景下，探索出节能增效和现有资源的综合利用之路，有力支撑和引领水泥行业大气污染治理减排工作。

---

① 肖燕：《4000t/d生产线纯低温余热发电系统的建设与应用》，载《中国水泥》，2004年第3期，第33～35页。李斌：《国家科技项目水泥余热年发电量达132亿kWh》，载《电力需求侧管理》，2011年第13卷第6期，第53页。刘伟，徐东耀，陈佐会，等：《超声波雾化脱硫除尘一体化废气净化技术的研发与应用》，载《环境工程》，2018年第36卷第5期，第94～99页。席河，汪晓明：《海螺集团水泥窑脱硝技术路线》，载《中国建材》，2015年第9期，第114～119页。轩红钟，黄勇：《海螺集团自主研发国内首套国产化水泥窑高温高尘SCR脱硝项目成功投运》，载《中国建材》，2020年第7期，第53页。陈永波：《水泥行业首条烟气CO_2捕集纯化(CCS)技术的研究与应用》，载《新世纪水泥导报》，2019年第25卷第3期，第6～7、95页。

表 4-5 海螺集团主要节能减排项目一览表

项目	技术成果	研发类型	项目效益	实施规模
余热利用	纯低温余热发电综合利用技术	引进创新(1995年引进日本川崎余热发电技术)	降低了水泥生产成本,将能源利用率从60%提升至95%以上,减少了CO_2排放	在国内外建成余热发电机组208套
废气处理	超声波雾化脱硫除尘一体化废气净化技术	与中国矿业大学合作创新	显著提高脱硫效率(最高可达96%以上),除尘率可达80%,氮氧化物脱除率最高可达50%,还具有一定的脱硝效果	首套系统应用于阳春海螺水泥有限责任公司5500吨/天水泥生产线
	精细化操作+低氮燃烧+选择性非催化还原(SNCR)脱氮脱硝技术	自主创新	有效降低了氮氧化物排放,减少了氨水消耗和对设备系统的腐蚀	全部水泥熟料生产线都采用
	高温高尘(选择性催化还原法)SCR烟气脱硝系统	自主创新	脱硝效率高达95%以上,提高氨水利用率,降低了SCR脱硝系统的成本,预计年可降低氮氧化物减排约130万吨	首次应用于芜湖白马山水泥厂5000吨/天生产线,后在济宁海螺、中国水泥厂建设
降低碳排放	水泥窑烟气二氧化碳捕集纯化系统	与大连理工大学合作创新	显著降低了CO_2的排放	在芜湖白马山水泥厂试点

——研发“变废为宝”技术。为解决以往国内外水泥企业利用水泥窑衍生燃料(RDF)技术处理城市垃圾面临的困难,首创水泥窑协同处理垃圾技术,通过前处理及供料、垃圾气化、灰渣处理和有害物质去除四个系统的流程操作,实现垃圾处理的减量化、资源化、无害化、能源化。该项目无需分选垃圾,能够有效控制恶臭发散,处理过程产生的余热可以回收发电,成为中国水泥工业发展循环经济、打造绿色环保产业的一项先进技术。截至2019年,海螺已建成投运40个水泥窑协同处置项目,建成垃圾焚烧项目15个,处理城市生活垃圾、固废危废和污泥共400多万吨,有效解决了传统垃圾处理技术难以克服的难题,为自身带来经济效益的同时,为行业的节能环保和国家城市化建设作出了突出贡献。在“循环经济”和“绿色能源低碳化”理念的指引下,海螺积极开展替代燃料的研究,通过CFD模拟分析稻壳、秸秆及树皮等生物质燃烧参数,设计最佳技术方案,开发生

物质替代燃料系统[1]。该技术充分利用农作废弃物，降低煤炭资源的消耗，具有污染小、排放少的优点，燃烧后的灰质还能用于水泥生产，是加快实现能源结构绿色低碳化、促进资源高效综合利用的有效途径。2018 年，利用柬埔寨水稻规模种植的优势，在柬埔寨马德望海螺规划设计了首条生物质燃料系统，成功以稻壳替代煤炭作为燃料。2020 年 10 月，国内首个替代燃料项目建成投产，每年可消纳稻草、油菜秆及树皮总计 26 万吨，年节约标煤 7.5 万吨，年减排二氧化碳 20 万吨。预计该项技术在海螺集团全面推广应用，一年可节约标煤 1080 万吨左右，年减排二氧化碳约 2800 万吨，不仅能够缓解水泥企业对煤炭的依赖程度，还带动了区域内的生物质“废物”资源化产业发展，同时帮助周边农民创收。

4.4.2.2.2　绿色产品创新

为了推广自身绿色理念、迎合市场需求，海螺通过不断的技术创新开发各领域的多种绿色环保产品，品牌价值不断提升，海螺品牌荣获中国驰名商标和国家免检产品等称号，获得欧盟等多个地区和国家的进口许可。

——水泥系列产品。为进一步化解产能过剩，推进水泥产业的绿色发展，抗压强度低于 32.5R 的水泥生产受到限制，但该级别的水泥产品价格低廉，在销售市场占比 40%，停产会对水泥企业产生负面影响。为保证产品使用性能，海螺开始研究32. 5等级复合硅酸盐水泥的替代产品，研发出抗压强度、保水率和抗渗度都优于之前 32. 5 等级的复合硅酸盐水泥，并建立了水泥行业第一家国家一级混凝土试验室，专门研究和改进水泥产品使用性能，实现水泥产品的种类增加、质量提升。海螺水泥以“海螺牌”硅酸盐水泥熟料和“海螺牌”高等级水泥为主导产品，不仅生产抗压强度 62.5R、62.5、52.5R、52.5、42.5R、42.5 和 32.5 七个等级的通用水泥和各种针对性强的特性水泥，还生产符合美国 ASTM 标准的Ⅰ－Ⅱ型水泥、Ⅱ－Ⅴ型水泥和欧洲 EN－197 标准的 PⅠ－52.5N、PⅡ－42.5R、PⅡ－42.5N 水泥及国际 ISO 标准的硅酸盐系列水泥。通过不懈努力和开拓进取，海螺的水泥产品出口美国、欧洲、非洲、亚洲等 20 多个国家和地区，得到国内外广大客户的认同。海螺水泥系列主要产品、特点及适用范围如表 4－6 所示。

① 黄勇:《海螺集团:深植绿色理念 推进转型升级》，载《中国建材》，2017 年第 10 期，第 103～105页。任勇:《碳中和目标下海螺水泥减排二氧化碳的实践》，载《新世纪水泥导报》，2021 年第 27 卷第 2 期，第 6～8、68 页。

表 4-6　海螺水泥系列主要产品、特点及适用范围

类型	产品名称	特点	适用范围
通用水泥	硅酸盐水泥 P	早期强度较高，凝结硬化速度很快，水化热大，耐冻性差，耐热性较差，耐腐蚀及耐水性较差	适用于早期强度要求高的工程，预制和现浇的混凝土工程等
	普通硅酸盐水泥 PO	早期强度较高，凝结硬化速度快，耐磨性 、耐久性、外加剂适应性、抗冻性和抗渗性等性能较好	适用于桥梁、码头、高层建筑、商业混凝土及国家重点项目工程
	矿渣硅酸盐水泥 PS	耐热性好，水化热较低，耐硫酸盐类腐蚀，在潮湿环境中后期强度增长快	主要用于大面积混凝土、地下及水中各种混凝土工程，高抗渗要求及耐高温工程，一般工业与民用建筑
	复合硅酸盐水泥 PC	具有非常好的抗冻性；具有较好的强度，凝固的速度比较快；抗碳化能力强；具有良好的耐磨性；干缩性比较小，不会产生裂缝	一般工业与民用建筑
特性水泥	道路水泥	水泥水化热低；实物质量稳定，标号富裕多；抗冻性能好；耐侵蚀性能好；和易性能、外加剂适应性好	主要用于路面如高速公路、机场跑道和对耐磨性、抗干缩等要求较高的工程
	中低热水泥	抗耐磨性能好；抗干缩性能好；实物质量好，水泥本身色泽长期稳定一致；和易性能及与外加剂适用性能好	主要用于大坝、大体积混凝土等工程
	抗硫酸盐水泥	抗硫酸盐侵蚀性能好；水化热低；抗渗性能好；实物质量稳定，和易性能及与外加剂适应性好	主要用于海港、防浪堤、水利、地下、引水等基础工程
	油井水泥	适用范围广，可以根据用户的要求在不同部位使用，外加剂适应性好	主要用油井的施工
	无磁水泥	自身磁含量低，与外加剂适应性好，后期强度高	适用于精密仪器、导航定位系统及其它对电磁、地磁干扰要求较小的建筑工程
	核电站专用水泥	低热升温幅度极小，抗收缩变形极微，与外加剂适应性好；能配制高强度、高密度混凝土；可以配制高流动度混凝土	主要用于核电站的建设，防止核辐射
	白色水泥	白度高，色泽保持长期稳定；可以配制彩色水泥	用于建筑物的装饰和彩色水泥的配制

资料来源：根据安徽海螺水泥股份有限公司官网产品介绍整理得到。

——型材系列产品。海螺型材主要开发和生产塑料型材，包含门窗、模板、地板等系列的绿色生态家居产品，具备节能环保的特性，能够回收再加工循环使用，满足了人们对美好生活的需要，大受市场青睐，主要型材系列产品如表 4-7 所示。海螺型材率先实施安徽省“塑料型材无铅化”科技攻关项目，将海螺型材打造成为行业内第一家全面推行钙锌配方生产的型材企业。成本上，与其他钢材、铝合金等制品相比，海螺型材产品生产过程不仅能够节约大量的电耗，还不会形成废水、废气和粉尘等污染物；质量上，公司产品已通过 ISO9001 质量体系认证及 ISO14001 环境管理体系认证，产品性能指标均得到欧盟 CE 和美国 AMMA 等多项国际权威认证。目前，公司在国内已建成十三大生产基地，营销网络遍布全国，出口东南亚、中亚、南亚、非洲和南美等 40 多个国家和地区，产销规模连续 10 多年位居世界前列；服务上，海螺型材通过“线上旗舰店＋线下体验官”的方式，展示了零甲醛生态树脂门、木塑节能附框和高节能性能门窗等产品，让消费者更加直观地感受到海螺家居产品的绿色生态理念。

表 4-7　海螺型材主要绿色生态家居系列产品

系列	具体类别	技术基础	特点	奖项
地板	SPC 生态地板	引进德国、奥地利的先进技术和环保配方	零甲醛，超强耐磨，安装简便、装饰性强，易维护	通过了 CE、SGS、FloorScore 等国际认证
	石塑生态地板		防潮防水防火，耐磨耐腐蚀、防霉变、防虫蛀，无甲醛、无刺激气味，吸音降噪，运输方便	
系统窗	被动窗	采用型材八腔多点密封结构，高性能低导热增强材料进行内部增强	有效降低内部热量传递，提高成窗保温节能效果，满足被动房应用需求	ES90PLUS 门窗系统获得德国能源署 PHI 认证
	静音窗	搭配汽车级三元乙丙(EPDM)橡胶密封条	室内密封性好、降噪效果明显、保温隔热性强	
	耐火窗	攻克无铅绿色配方技术，加强型材阻燃技术攻关，并研发出适用于耐火窗使用的阻燃型材	耐火性能显著提高，降低炸裂坍塌风险	1 小时耐火窗满足国家《建筑防火设计规范》GB50016 耐火完整性的要求
模板	聚酯合金建筑模板	采用结皮发泡工艺技术	可塑性强、耐水性能好、可回收再利用、无毒无害、节约成本	企业获全国新型模架最具影响力企业称号
门	生态门	以 PVC 发泡板材为基材，采用热转印表面处理技术	零甲醛、防腐防潮、防火阻燃、保温节能、整板成型、材质轻便、易修复等	符合国家产业政策导向，是国家鼓励发展的绿色环保产品

资料来源：海螺集团官网和海螺型材官网。

——衍生产品。除了发展水泥主业之外，海螺集团还不断延伸绿色产业链，提高产品附加值和企业竞争力。(1)生产装备产品。与日本川崎共同投资成立安徽海螺川崎节能设备制造有限公司，专注于研发制造水泥生产线上各类耐磨件和耐热件、余热发电锅炉、收尘器及各类水泥窑协同处置等节能环保设备，也可以根据客户的需求定制铸件，服务海螺水泥、南方水泥、冀东水泥等多家国内大型水泥企业集团，助力水泥制造企业的绿色协同发展，其主机设备还出口至巴西、印尼等 80 多个国家和地区，年出口额达 20 亿元。(2)二氧化碳产品。针对二氧化碳排放治理这一国际难题，海螺集团首创水泥窑烟气二氧化碳捕集纯化项目，成功捕集到的液态二氧化碳纯度高达 99.97%，每年可生产 3 万吨食品级产品和 2 万吨工业级产品的二氧化碳，可广泛应用于焊接、医疗等多个领域。2020 年 3 月，海螺在白马山水泥厂建成年产 3000 吨干冰项目，为碳减排探索了一条崭新路径，为企业带来额外收入。(3)骨料业务产品。海螺水泥通过技术创新，大力推进产业链一体化的发展，其在 2013 年开展骨料业务，并在 2017 年通过引进正弦滚轴筛，生产出全封闭机制砂。目前，海螺水泥生产的骨料品种有碎石 30－80、碎石粉砂、碎石 30－50、碎石 10－30 和碎石超细石粉等多种产品。(4)脱销催化产品。海螺在 2020 年 9 月收购国内最早、规模最大的专业脱硝催化剂厂商之一——天河环境工程公司，使海螺型材正式步入脱硝催化剂研发制造领域，研发出选择性催化脱硝(SCR)蜂窝陶瓷和脱硝平板式催化剂产品，广泛应用于热电厂、玻璃、钢铁、水泥、垃圾焚烧厂等工业企业的烟气脱硝项目，以及柴油机动车尾气净化，产品具有脱硝率高、选择性好、成熟可靠等优点，产能 50000 余立方米，为传统工业生产线烟气脱氮、脱硝提供产品和服务①。

4.4.2.3 海螺绿色创新发展效果

海螺集团通过在生产制造环节实行绿色工艺创新和绿色产品创新，实现了各项技术的改造升级和创新应用，打造出多种绿色环保的绿色产品，提升了海螺集团的经济效益、环境效益和社会效益，推动海螺从传统单一的水泥制造企业发展成为掌握多种核心技术的大型多元化建材企业集团。

——经济效益。海螺坚定地以绿色创新厚植企业高质量发展优势，勇于探索发展新路径，产业特色逐步凸显，经济规模持续壮大，经营效益连年攀升，核心竞争力持续增强。海螺集团 2010 年全年营收 414 亿元，在中国制造企业 500 强排名第 68 位，2020 年全年营收达到 2343 亿元，位居中国制造企业 500 强第 30 名。根据图 4-3 所展示的 2010－2020 年海螺集团历年的营收情况可知，海螺在这 11 年中，营收总体呈上升趋势，且明显存在三个经济收入增速较快的阶段，第

① 唐靖：高质量发展的“海螺实践”[EB/OL]. 人民网，2021-02-09。

一阶段为2010—2012年，年均收入增长100多亿元，但相对于后几年稍有逊色；第二阶段为2013—2015年，这几年国内经济持续下行，但海螺在海外的生产销售活动进展顺利，同多国企业协定合作项目协议，并在国内并购了多家水泥企业，占据水泥行业近一半的市场；第三阶段为2016—2020年，“十三五”期间，海螺积极推进国际化，优化全国布局，全力加速水泥主业的智能化、绿色化和信息化发展，其他领域产业协同跟进，成功实现了“一强三冠”和两个“2000亿元”的目标。

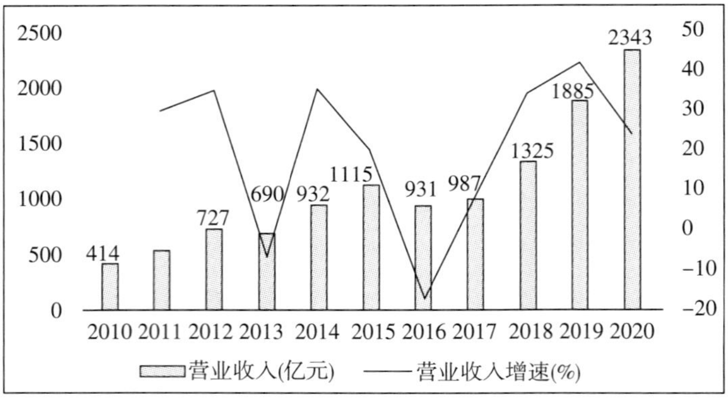

图4-3　2010—2020年海螺集团年度营业收入情况图

数据来源：2010—2020年《中国制造业500强》。

——环境效益。海螺集团作为中国建材行业领军企业，在积极发展核心业务创造经济价值的同时，秉承着为人类创造未来生活空间的经营理念，持续加大环保技改投入力度，将节能环保的绿色发展理念深植入每一个公司、每一个工厂、每一位员工。截至2019年末，海螺集团共有93家子公司通过ISO14001环境管理体系认证，94家子公司通过清洁生产审核，17家子公司获评国家和省市级“绿色工厂”，海螺水泥荣获世界水泥协会颁发的“绿色行动奖”。

海螺集团在节能减排方面的工作卓有成效，2019年海螺集团的节能效益指标如表4-8所示，集团通过多种节能技术来降低生产线能耗，取得了良好的节能效果。集团还注重矿山生态环境保护，最大限度修复矿山生态和保护矿山物种多样性。2019年集团主要污染物排放浓度情况如图4-4所示，从中可知，集团的氮氧化物、二氧化碳和颗粒物的排放浓度明显下降，且集团所有生活污水均采用A/O二级生化处理技术，确保全部实现回收利用或达标排放。

表 4-8 2019 年海螺集团节能环保情况一览表

项目类别	指标(单位)	数值
资源消耗	吨熟料实物煤耗同比下降(%)	0.98
	吨水泥综合电耗同比下降(%)	4.09
	吨水泥柴油消耗同比下降(%)	5.88
能源节约	节约电力能源(亿千瓦时)	8.50
	节约标煤(万吨)	15.28
	余热发电(亿千瓦时)	86.27
矿山治理	矿山资源综合利用率(%)	100
	全年矿山治理恢复投入(亿元)	2
	完成矿山恢复治理及绿化面积(万平方米)	400
	植树(万棵)	300

数据来源:海螺集团 2019 年社会责任报告。

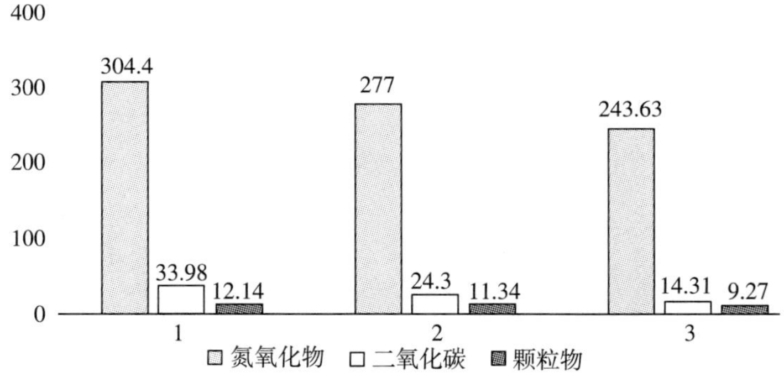

图 4-4 2017—2019 年主要排放口污染物排放浓度趋势图

数据来源:海螺集团 2019 年社会责任报告。

——社会效益。海螺自主研发的水泥窑烟气 CO_2 捕集纯化系统、纯低温余热发电技术、水泥窑协同处理系统、高温高尘 SCR 脱硝技术及塑钢无铅绿色配方技术等创新环保技术填补了世界和国内多项技术空白,并推广至整个建材行业,既引领着整个行业的高质量发展,又改善了人们的生活,能够有效地处理城市垃圾、提供绿色家居空间、为提供生物燃料的农民创收等。

多年以来,海螺通过捐赠资金、水泥和委派帮扶干部等助力地方的脱贫致富建设,积极投入公益事业,并以感恩之心回馈社会,与群众携手共建和谐社区和支援灾区重建工程等,积极践行大企业的社会责任,实现企业的社会价值。同时,海螺积极响应国家"一带一路"倡议,大力推进国际化战略,走出国门,彰显中国企业的责任担当。海螺为海外提供4100多个工作岗位，累计海外投资超110亿元；海螺支持当地教育事业，资助贫困学生完成学业，为优秀学子提供到中国留学的机会；海螺慰问关怀当地贫困群众，为他们提供生活物资和资金帮助；海螺第一时间参与当地重大事故救援工作，以实际行动服务社会，提升了我国企业的国际地位，有利于我国其他企业进军海外市场。

4.5 案例三：上海汽车集团股份有限公司的绿色创新实践探究

4.5.1 案例介绍

4.5.1.1 行业概况

汽车工业的发展程度是衡量一国工业发展水平的重要指标，能够推动许多相关工业部门的发展。中国汽车工业制造萌芽于1920年，先后历经了与苏联合作建设的以一汽为代表的“苏式体系移植模式”、以二汽等企业为代表的“苏式体系本土化模式”和中华人民共和国成立初期以上海汽车工业为代表的“本土渐进演化模式”的发展模式[①]，诞生了解放牌载货汽车、东风牌轿车、红旗牌高级轿车、军用越野汽车、凤凰牌（上海牌）轿车及SH130型载重卡车等多种产品，从大规模转移苏联技术到吸收再创新的本土化生产，逐步展现中国制造的魅力。自2001年以来，中国汽车工业总体上保持着良好的发展势头，迅速扩大汽车市场，加快国际合作步伐，通过自我开发、委托设计、联合开发等多种方式提高自主创新能力、加速培育自主品牌和完善市场服务体系建设以提高市场竞争力[②]。至今，我国汽车工业在企业数量、规模和研发能力等方面都发生了翻天覆地的变化。2009年上半年，中国汽车市场销售量便已跃居世界第一，自主创新能力建设初见成效，一批自主品牌产品陆续投放国内外市场。

同时，汽车工业的发展程度也决定着石油需求，会影响温室气体和有害气体的排放。如何解决汽车产业与经济发展及外部性制约三者的关系已成为我国汽车行业可持续发展的第一要务[③]。因此，除了革新技术之外，节能减排也是汽车产业长远发展的必由之路。我国多家汽车企业通过绿色转型与智能升级，开启发展新能源汽车的新赛道，以应对气候变化和推动企业绿色发展。另有蔚来汽车、小鹏汽车、理想汽车等多家智能汽车设计及制造公司成立，以纯电动汽车技

① 关云平：《中国汽车工业的早期发展（1920－1978年）》，武汉：华中师范大学博士学位论文，2014年，第1页。

② 师建华：《中国汽车工业发展回顾与分析》，载《时代汽车》，2008年第9期，第112～117页。

③ 陈志鑫：《汽车碳排放限值法规和上汽应对策略研究》，载《上海汽车》，2010年第9期，第3～11页。

术优势助推国产新能源汽车在电动车领域拔得头筹。根据工信部数据可知，我国新能源汽车产销量连续 6 年位居全球第一，累计推广超过 550 万辆。国产新能源汽车正踏着中国智造的产业升级阶梯不断前进，助推我国从汽车大国向汽车强国迈进。

4.5.1.2 公司简介

上海汽车集团股份有限公司(以下简称“上汽”)成立于 2004 年 11 月 29 日，于 1997 年 11 月在上海证券交易所挂牌上市，是国内 A 股市场最大的汽车上市公司，总部位于上海，主要业务涵盖整车、零部件、移动出行和服务、金融、国际经营五个业务板块，当前正积极推进新能源汽车核心零部件和智能产品系统的研发、生产、销售，推动互联网汽车的商业化，开展产业大数据和智能驾驶等技术的研究。上汽主要通过与美国通用、德国大众等著名汽车公司的战略合作，利用全球资源进行各项技术改进，全力推进合资品牌和自主品牌的共同发展，旗下整车板块子公司包括上海大众、上海通用、上海通用五菱、荣威汽车、汇众汽车、双龙汽车、智己汽车等。

4.5.1.3 公司发展过程

上汽的历史可以追溯到 20 世纪 40 年代，其前身是上海汽车制造厂。由一个小型落后分散的国企成长为整车销售量连续 15 年保持国内第一并将自主品牌推向全球市场的中国规模最大的汽车集团和世界 500 强企业，上汽的发展大致经历了以下三个阶段。

第一阶段:起步阶段(20 世纪 50 年代至 70 年代初)

1955 年 11 月，上海市内燃机配件制造公司成立，主管业务包括上海汽车零配件行业，上汽开始起步。之后不到 15 年的时间，上汽通过借鉴模仿和自主创新先后成功研制出轿车、公共汽车、载重汽车、摩托车和拖拉机等产品，实现了从修配业向整车制造业转折的历史性突破。到 1975 年，上汽已具备 5000 辆年生产能力①。

第二阶段:崛起阶段(20 世纪 70 年代至 21 世纪初)

1978 年以来，上汽抓住改革开放机遇，汽车项目由引进改为合资，先后与德国大众汽车集团、美国通用汽车集团签订合作协议，批量生产合资品牌汽车，并加速产品零部件国产化，结束了中国汽车工业“闭门造车”低水平徘徊的历史，率先与国际水平接轨，开辟了利用外资、引进技术、加快发展的道路。上汽在不断推进“引进来”发展战略的同时，规划和部署“走出去”的全球经营战略，实施一系列并购重组战略，不断做大做强:国内跨地发展，上汽相继在沈阳、青岛、南京、无

① 江诗松、龚丽敏、魏江:《转型经济中后发企业的创新能力追赶路径:国有企业和民营企业的双城故事》，载《管理世界》，2011 年第 12 期，第 96～115、188 页。

锡、宁波、武汉等地成立分公司,与五菱、上海通用、依维柯、重庆红岩、南汽等多家车企合作,并重组中汽成立上汽(北京)有限公司;境外跨国经营,上汽先后在德国、美国、日本、韩国等国设立公司,建立海外基地,入股通用大宇项目,并签约泰国正大集团合资项目,积极探索东盟市场,不断拓宽公司海外布局。

第三阶段:腾飞阶段(21 世纪初以来)

为应对入世挑战,上汽开始参与国际轿车的开发,拥有中国本土开发能力最强的轿车研发中心——泛亚汽车技术中心有限公司。同时,上汽依靠自身力量,以收购、合作、合资的生产方式,创建自主品牌。上汽通过与多家高校、企业的合作,超前研发燃料电池汽车及相关产品,努力把握发展趋势,加快创新转型,开启新能源汽车产业化发展之路,提前应对汽车行业技术创新的绿色战役。

4.5.2 案例分析

上汽能够成为国内最具竞争力和影响力的汽车企业,离不开其在行业内超前的绿色创新发展意识,上汽率先探索绿色工艺创新和绿色产品创新的道路,努力解决汽车行业能源消费不合理和污染环境的问题,继续深入推进"电动化、智能网联化、共享化、国际化"的"新四化"战略。上汽绿色创新发展取得成效,为行业内其他企业指明新的发展方向,为我国建设资源节约型、环境友好型社会贡献力量。

4.5.2.1 上汽绿色创新动因

——政策引导。国务院颁布的《关于鼓励发展节能环保型小排量汽车的意见》,积极鼓励低油耗、低排放、小型化、高动力性汽车的生产和投资,刺激了小排量汽车市场。《汽车产业调整和振兴规划》和《新能源汽车产业发展规划(2021—2035 年)》要求汽车行业加快组织结构优化调整、增强自主创新能力、着力培育自主品牌、积极发展节能环保的新能源汽车,推进我国汽车产业持续、健康、稳定发展。同时,政府实行减征乘用车购置税,给予农民购置微型客车的财政补贴,提高老旧汽车报废补贴标准,加快城市道路交通体系建设,资助各地区加快燃料电池汽车、新能源汽车等节能汽车的使用和相关设施的建设等。借助于这些相关政策和规划的春风,上汽绿色创新发展迅速,不仅可以实现企业核心技术转型,还可以扩大市场容量,实现二次飞跃。

——市场导向。经济全球化的发展,推动了全球汽车工业史无前例的高速发展,全球化竞争日益激烈[①]。全球汽车巨头如通用、大众、丰田、福特、宝马、本田等,都已成功打入中国市场,通过多种投资方式扩大在中国的生产规模,占据

① 李杰:《上汽集团自主品牌发展战略研究》,上海:上海工程技术大学硕士学位论文,2016 年,第 1 页。

了绝大部分的市场份额，激化了国内市场竞争[①]。并且随着居民消费水平和购买力不断提升，新增购车需求与换购需求进一步增加，极大地推动了国内汽车市场的发展。在此背景下，上汽坚持以市场为导向的发展使命，把握新能源汽车推广的大好优势，通过绿色创新技术，打造在性能、续航、安全、外观等方面优于传统燃油汽车的产品，继续推进荣威、MG等系列新能源汽车的研产：一方面，上汽依附国家对购置国产品牌给予的财政补贴，迎合国民支持国货的民族情怀，大举占据国内市场；另一方面，上汽以自主创新技术让世界看到"中国力量"，积极融入国际市场，以寻求更加长远的发展。

——组织冗余。上汽作为世界500强企业，拥有大量的资金供给和人才资源推动对转型升级路径的探索。资金方面，我国为扶持汽车产业投入了大量津贴补助[②]，近五年，上汽集团获政府补助合计165.86亿元，是国内获补贴金额最多的整车企业。同时，上汽在与通用集团、大众集团的合资合作过程中也积累了大量资金[③]。上汽拥有自己的金融服务公司，为全产业链上用户提供专业化、市场化、综合化金融服务的同时，为自己拓宽了发展资金的来源渠道。人才方面，上汽坚持"人才是科学发展第一资源"，聚焦经营管理人才、专业技术人才和专业技能人才三支队伍建设，与清华大学、同济大学、上海交通大学、重庆大学等国内高校合作，除了国内的上汽技术中心、上汽商用车技术中心和泛亚汽车技术中心之外，上汽还在美国硅谷、以色列特拉维夫和英国伦敦设立3个创新研发中心，把人才资源优势转化为科学发展优势。

——管理者环境关注。根据汽车产品的兴衰经验，巨额的研发成本和产品同质化是汽车企业走向市场与面向市场的难题。近年来，国民绿色环保理念不断加强、消费水平持续升级、产品市场愈发年轻化，上汽集团的管理者凭借敏锐的市场洞察力和超前的创新意识，基于企业丰富的组织资源，坚持"电动化、智能网联化、共享化、国际化"新四化创新转型方式，在业内率先启动"绿动未来"发展战略，全面定制发展绿色产品、打造绿色体系、承揽绿色责任的中长期规划，不断创新突破新能源及绿色节能技术，大力发展"更性能、更节能、更智能、更环保"的绿色产品，为用户带来全新的绿色智能移动出行体验，并充分发挥行业龙头作用，带动上下游共创绿色产业生态系统，以实际行动支持国家能源、环境可持续

---

① 柳旭辰：《上汽集团发展战略分析》，上海：上海交通大学硕士学位论文，2009年，第25～34页。

② 朱一溟：《上汽集团新能源汽车发展战略分析》，成都：西南交通大学硕士学位论文，2016年，第6页。

③ 吕薇、李伟、马名杰编：《中国制造业创新与升级：路径、机制与政策》，北京：中国发展出版社，2013年，第208页。

发展,努力实现与行业、生态、社会的和谐共赢[①]。

4.5.2.2 上汽绿色创新发展路径

与其他汽车企业专注于产品服务的优化相比,上汽更倾向于在研发生产环节下功夫,主要采取基于技术创新的绿色工艺创新和体现品牌价值的绿色产品创新的转型升级路径。

4.5.2.2.1 绿色工艺创新

——三电核心技术。上汽是国内为数不多全面覆盖混合动力、纯电动、燃料电池三条技术路线的汽车企业,率先在新能源和智能网联创新技术领域发力,坚持自主研发和合作创新"两条腿走路"的思路,先与国内外有经验的企业合作,然后形成自主研发能力,现已掌控国内领先、国际一流的"电池、电驱动、电控"三电核心技术。

第一,电池方面。作为国内最早开展燃料电池技术研发的汽车企业,上汽于2001年就启动了凤凰一号燃料电池汽车项目。"十五"期间,上汽联合同济大学成功研发出"超越系列"燃料电池轿车,率先采用"车载氢"的方式,直接在车上储存气态氢,免去了当时燃料电池车"车载制氢"方案中的制氢环节,该系列轿车百公里耗氢1.04升,折合百公里耗油约3.59升,且唯一排放物为水,实现了真正的零排放。2018年,上汽与宁德时代、英飞凌分别在电池电芯、电池系统、IGBT模块等核心部件上开展合资合作。至今,上汽在新能源汽车领域深耕细作了近20年,已获得511份燃料电池领域相关专利,实现了对新能源汽车电池系统核心技术的完全自主掌握,可比肩全球领先水平。2020年,上汽与宝武钢铁集团、上海机场集团、上海化工区和华谊集团等伙伴开展"氢"战略合作,共建共享燃料电池汽车产业生态。上汽旗下捷氢科技推出的PROME P390燃料电池系统,功率、功率密度和低温启动等各项技术指标,比肩以丰田、现代为代表的全球顶尖水平;燃料电池系统核心部件PROME M3H电堆实现完全自主设计开发,58个一级零部件全部国产化,自主化程度和国产化率均达到了100%。继2017年上汽大通发布的国内首款燃料电池宽体、全球首款高端氢燃料电池MPV上汽大通MAXUS EUNIQ 7于2020年问世,其搭载着83.5千瓦大功率燃料电池系统与国内首款70兆帕储氢系统,与国内普遍使用的35兆帕氢瓶相比,容量更大、质量更轻,并且NEDC续航里程高达605公里,燃料加注仅需3～5分钟,百公里耗氢1.18千克,凭借电堆余热取暖技术,即使是在零下30摄氏度环境下也能

① 潘涛:《福田汽车绿色工艺创新路径研究》,哈尔滨:哈尔滨理工大学硕士学位论文,2017年,第23～43页。

正常启动[①]。纯电动车的电池应用，主要有零热失控风险、实现超级快充、零衰减体验、低厚度电池包的液态锂电池，高安全性、高能量密度、面向商业应用的固态锂电池，以及能量密度达到194瓦时/千克，能量转换效率达到79%左右，满足超长匀速续航和超级快速充电的高能量三元锂电池等。

第二，电驱动方面。绝缘门极型晶体管（以下简称“IGBT”）具有输入阻抗高、速度快、频率高、热稳定性好、电压驱动等优点，是新能源汽车和工业应用领域（航空航天、轨道交通、船舶运输等）的核心器件。英飞凌是全球排名第一的IGBT供应商，与上汽进行合资合作后，为上汽的新能源汽车制造提供IGBT电驱动产品，通过控制IGBT的开通和关断时间改变电压，从而改变输出电流，改变汽车电机扭矩。上汽集团旗下的华域汽车股份有限公司也与全球首屈一指的汽车零部件供应商麦格纳成立合资公司，为上汽带来高度集成的电驱动技术，提供现代化电驱动系统的所有核心部件：电机、变速箱、逆变器和控制软件。上汽通用的电机核心电驱动技术采用高性能双驱动电机，拥有业界最优的功率密度和扭矩承载能力，以及更好的散热性和稳定性，在任何驾驶状况下，双电机都能高效介入，大大减轻了发动机的负载，产生最为平顺的动力输出。

第三，电控方面。电控一般是指电机的逆变器和电池的电源管理系统，上汽的三电技术平台从最基础的E0演进到具备最先进技术水平的E2。其中，采用的电机技术如表4-9所示。

表4-9 上汽三电技术平台所含电机介绍

电机技术（单位）	E0	E1	E2
峰值功率（kW）	85～137	120～150	150～250
功率密度（kW/kg）	1.10	1.97	2.61～2.82
最高效率（%）	92	94	>94
最高转速（rpm）	10000	15000	16000～16500
Hair－pin电机绕组层数（层）	4	8	8

数据来源：上汽官方发布。

由表4-9可知，E0的电机相比，E1和E2的功率显著提高，且E2电机在电控逻辑与电机冷却方面进行了技术突破，从而实现更高的功率密度；且8层Hair-pin电机绕组技术通过更多的绕组层数，减小了趋肤效应（导体在通交变流电时，内部的电流向导体表面聚集的现象）对电机性能的影响，从而提升电机效

① 虞展：《深化氢能产业链布局——上汽大通氢燃料电池技术助力国家能源转型》，载《汽车与新动力》，2019年第2卷第6期，第10～13页。

率、功率密度与扭矩密度。因此,在相同电池容量的情况下,E1 和 E2 能够带来更长的续航里程。在电池管理方面,上汽最先在国内依靠完全自主开发,搭载并运用核心软件 BMS(电池管理系统)。该电池管理系统能够提高电池的利用率,防止电池出现过度充电和过度放电,延长电池的使用寿命,监控电池系统状态,为电池系统的正常使用及安全防护提供保障。

——智能发展战略。上汽集团的新四化战略提出,智能化、网联化是企业未来重要的发展路径。在智能网联战略推进方面,上汽通用汽车是国内车联网探索的先行者之一,始终坚持跨界整合优势资源,加速技术创新。早在 2006 年,上汽集团就成立了联创汽车电子有限公司,主攻智能网联汽车 4i 核心技术,即智能驾驶计算平台(iECU)、智能制动系统(iBS)、智能转向系统(iEPS)和车联网智能终端(iBOX),致力于突破智能驾驶控制层,打破技术产品垄断。之后,上汽又通过合资合作和入股合作等开展一系列智能化、网联化、数字化项目,具体如表 4-10 所示。

表 4-10　上汽智能化战略项目

项目	内容
斑马智行 VENUS 系统	既可以在车内语音控制家中电器,也可以在家中通过天猫精灵查询车辆状态,远程启动车内功能
智驾“4i 核心技术”	域控制器 iECU、5G 智能网关 iBOX、智驾底盘 iEPS 和 iBS
中海庭高精电子地图	完成全国近 30 万公里高速公路高精地图数据采集
EVness 电气化驾乘体验	兼顾节油环保、驾控乐趣及安全舒适三方面性能,在新能源产品理念上领先其他对手
智驾数据工厂启动建设	智联网络安全能力持续加强,已实现远场、近场、车载及车内四大类安全检测场景的产品化
5G 智慧交通示范区	国内目前唯一向公众开放的自动驾驶体验园区,开放测试道路总计 53.6 公里,为公众提供零距离的 5G 自动驾驶、V2X 智慧交通及 5G 视频互动分享等创新体验
“云管端”一体化的智能终端安全防护体系	解决终端自身安全、“端一端”通信安全、“云一端”协同安全三大问题
数字化工厂建设	加快推进上汽大众 MEB 工厂、上汽通用凯迪拉克工厂、乘用车分公司临港工厂等首批数字化工厂的建设
SOA 软件平台	为用户提供全生命周期可定制化的软件服务

续表

项目	内容
“5G＋L4”智能重卡项目	打通从电控底盘、发动机到智能驾驶系统的完整控制闭环，实现 L4 级自动驾驶、精准定位停车、与自动化设备交互等
Start/Stop 数字智能启停节能系统	是上汽自主品牌的杀手锏，使消费者在享受前沿科技的同时，有效降低油耗和碳排放量

资料来源：上汽官网新闻资讯。

——节能环保。“节能降耗、绿色生产”是上汽集团建设节能低碳型汽车生产企业的长期工作内容，上汽一直致力于新能源的探索、能源管控的科学化、智能化管理和环境保护工程。

第一，能源开发。上汽集团下属子公司上海汽车资产经营有限公司投资了55兆瓦光伏建筑一体化（BIPV）项目，包括在上汽大众宁波生产基地历时半年于2015年12月竣工的一期工程和位于杭州湾新区于2020年9月开工的二期工程，该项目采用自发自用、余电上网、就近消纳、电网调节的运营模式，被评为目前世界上最大的建筑一体化光伏发电站，建成后每年可生产绿色电力6000余万千瓦/时，节约标煤1.8万吨，减排二氧化碳等温室气体5.4万吨。同时，其将光伏发电与车棚结合，建成集发电、防晒、防雹、防风、防雨等多种功能于一身的光伏车棚，可有效保护车辆不受极端天气损伤且低碳环保[①]。其研发的第二代产品——智能化太阳能光伏车棚，除上述功能外还具备可调、储能、充电、远程监控等诸多功能，由计算机控制，实现大尾度范围内同步追踪太阳，力求最高的发电效率，比前一代车棚可多发电15%左右，预计全部建成最多可容纳2万多辆商品车[②]。

第二，能源管理。在当前智能制造和“互联网＋”的大背景下，上汽集团子公司上海安悦节能技术有限公司（以下简称“安悦节能”）凭附“互联网＋”思维，合理利用新技术、新模式，打造出“悦服”系列产品，分为“能源效益管理”“基础设施管理”和“生产设备管理”三大模块，依托工业物联网、大数据分析和云管理平台，为生产型企业提供能效的统计和分析、设备的智能运维和资产的动态管理。真正实现“人”与“能源”“设备”的互联互通，做到生产过程的“数字化”“智能化”和“精益化”，可助力传统制造业的智能制造转型升级。此外，安悦节能还在水资源利用和余热回收上为上汽及其他制造企业提供技术支持，具体如表4-11所示。

① 安悦：《可发电的车棚——光伏车棚在沪诞生》，载《上海节能》，2015年第4期，第215页。

② 文伯：《上汽集团创全球最大光伏建筑一体化电站吉尼斯世界纪录》，载《上海企业》，2015年第4期，第80页。

表 4-11 上海安悦节能技术有限公司部分节能项目

项目名称	内容	效果	实施
高效节能型水蓄冷系统	利用夜间谷电将冷量以4℃冷水或冰的形式储存起来，白天电力高峰时段放出冷量	节约30%运行费用、减少二氧化碳排放量及CFC_5的用量	上汽生产制造基地、上海飞机制造中心
余热回收技术项目	冷水机组全热回收三管并网改造	节约1320吨标煤/年	纳铁福
	空压机热回收	每年可节约上百吨标煤，投资回报快	纳铁福、皮尔博格、圣德曼
	烟气热回收、冷冻机热回收	节约标煤600吨	宏力半导体
	冷冻机热回收	供应客房洗浴	蓝宫大饭店
	熔铝炉热回收	换热效率高	博众、皮尔博格

资料来源:安悦常用节能技术及案例介绍。

表 4-12 上汽主要污染物治理内容

名称	主要内容	具体内容
污染物类别	废水、废气、噪音、固体废弃物	
主要污染物	化学需氧量(COD)、氨氮(NH_3-N)、氮氧化物(NO_x)、二氧化硫(SO_2)	
污染治理方法	废水治理	每年委托有资质的监测公司对废水进行监测，实施雨污分离，涉重金属企业水污染物排放实施在线监测
	废气治理	每年委托有资质的监测公司对废气进行监测，严控无组织排放，整车涂装车间等重要大气排放口安装了大气污染物排放在线监测装置
	噪音治理	每年委托有资质的监测公司对噪音等进行监测，开展工业噪声污染治理工作
	固体废弃物治理	严格分类和妥善处理处置固体废物，委托有资质的单位对危险废物进行合法处置，实行危险废物减量化处理

资料来源:上汽集团年度报告。

第三，环境保护。上汽集团高度重视环境保护工作，注重车辆环保涂层的应用，率先采用水溶性漆环保工艺，该工艺在环保方面达到世界一流水平，使企业在清洁生产和安全生产上再上一个台阶，并在涂装工艺前处理环节采用锆系薄膜前处理工艺，与传统磷化工艺相比，免去了磷化所需的表调、水洗和钝化工艺，减少了水资源和化学品的消耗，整个过程中无磷无镍生成，既节约能源又绿色环保[①]。同时，上汽专门成立环境保护领导小组和工作小组，全面推进环境保护体系建设，严格执行各项环保政策。上汽及所属重要子公司的污染物类别涉及废水、废气、噪音和固体废弃物，主要污染物包括化学需氧量、氨氮、氮氧化物、二氧化硫等。主要污染物排放浓度均按照环保法律法规达标排放（见表4-12），无超标排放情况。另外，对于污染环境的废弃物如售后服务产生的废机油、废铅酸电池、废旧动力蓄电池等，上汽同别克、雪佛兰、凯迪拉克三大品牌全国经销商启动“售后循环经济体系”，对这些废弃物实行100%回收处置[②]。针对“运营类快换”和“私人非快换”两类用户的需求，上汽还设计不同的“车电分离商业模式”，通过“电池银行”的租赁方式，降低用户的购置成本，促进电池资产的梯度利用。

4.5.2.2.2 绿色产品创新

上汽把握产业发展趋势，加快创新转型，同时推进合资品牌和自主品牌的创新发展，纯电动、插电混动、燃料电池三条技术路线全面推进，用创新不断打造差异化竞争优势，加快绿色创新产品落地，努力抢占有利地位，向为消费者提供全方位汽车产品和出行服务的综合供应商发展。

在“三电”关键系统及核心部件的开发应用方面，上汽旗下捷氢科技研发了多款燃料电池电堆和系统的产品，功率等级涵盖30解到100相比级以上。其中，新一代燃料电池电堆产品PROME M3的一级零部件已全部实现国产化，并搭载在上汽大通EUNIQ7上实现了批量上市；上汽英飞凌的第七代IGBT顺利量产，产品性能世界领先；同时，上汽与宁德时代、QuantumScape、SolidEnergy、清陶等企业开展战略合作，加快了新一代锂电池、固态电池的国内外布局。加快提升“三电”系统的自主核心能力，上汽第二代EDU电驱变速箱成功批产上市等。

在整车产品研发设计制造方面，上汽坚持纯电动、插电混动、燃料电池三种新能源技术同步发展，技术实力国内领先、国际一流，产出了一系列产品成果：

2007年，上汽在荣威750平台上自主开发上海牌燃料电池轿车，达到国内领先水平。

2008年，上海大众开发的领驭燃料电池轿车，成为北京奥运会用车；上海通

---

① Kuhm P,“Chemical Pretreatment of Continuous Galvanized Steel Sheet in the Automotive Industry ”, *Metallurgia Italiana* (2012), 104(7):41～43. 张晓春、叶紫平、曹军，等：《传统磷化转锆系薄膜前处理的前期工艺试验》，载《涂料工业》，2018年第48卷第1期，第70～74页。

② 潘涛：《福田汽车绿色工艺创新路径研究》，哈尔滨：哈尔滨理工大学硕士学位论文，2017年，第28页。

用开发出上汽第一款量产中高级混合动力轿车别克君越 ECO-Hybrid，排放达到欧Ⅳ标准，燃油经济性改善率在15%以上。

2010 年，上汽自主研发出集光电转换、风电转换和二氧化碳吸附转换等自然能源转换技术概念于一身的“叶子”概念车全球首发；上汽自主开发国内第一辆采用 Plug-in 技术、装载加压燃料电池堆和实现燃料电池发动机进前舱的新一代燃料电池轿车，成为上海世博会 VIP 用车；上海申沃研发的清洁、环保的低地板超级电容大客车成为上海世博会主要公交车。

2011 年，荣威新 750Hybrid 混合动力轿车上市；上汽荣威新 750Hybrid 混合动力轿车、荣威 E50 纯电动轿车、上海牌燃料电池轿车、申沃世博纯电动城市客车和申沃新一代纯电动城市客车等 5 款新能源汽车在 2011 中国国际工业博览会上展出。

2012 年，专为纯电驱动而全新打造的纯电动汽车荣威 E50 新能源车上市，以当时性能最为安全的磷酸铁锂电池系统作为动力源，真正做到零污染、零排放。

2013 年，荣威品牌新车质量指数(IQS)不仅优于行业内平均水平，还超越了众多合资主流品牌，引领国内自主品牌的崛起。新能源汽车领域，插电强混轿车荣威 550 与混合动力轿车荣威 750、纯电动轿车荣威 E50 一齐上市。其中，荣威 750 实现了整车节油 20%的目标，而荣威 550 应用了全新自主研发的混合动力系统，与传统汽油车相比，综合节油率超过 70%。

2014 年，MG 品牌迎来新的发展，凭借上汽的双轮驱动策略，借助于 inkaNet 智能行车系统和动力操控性能，使用了上汽自主研发的双离合自动变速器，MG5 和 MG6 两款产品的动力操控性能和智能化程度不亚于同级对手，市场表现也越来越好。

2015 年，“蓝芯”战略车型荣威 360 和名爵锐腾在动力、油耗、配置等多方面均具备足以抗衡合资竞品的实力，彰显了上汽自主品牌原创设计的强大实力；“绿芯”战略车型荣威 e550 在新能源领域，市场表现同样抢眼。

2016 年，新能源车型 e950、大通 EG10 上市，基于 LTE－V 的 V2V 功能的第一代互联网汽车 RX5 上市，向打造面向未来的自主品牌互联网汽车及其生态圈迈出了坚实的一步；燃料电池汽车完成了 200B 电堆在荣威 750、950 上的国家创新示范工程项目。

2017 年，上汽乘用车的两大品牌荣威和名爵分别推出了荣威 RX3、名爵 ZS、全新名爵 6 等多款新车型，销量表现呈持续高增长态势。

2018 年，全球首款量产智能汽车荣威 MARVEL X 成功上市，该车搭载了全新一代互联网汽车智能系统——基于 AliOS 的斑马智行解决方案，应用了 AR 增强现实技术和 AI PILOT 驾驶辅助系统等，并实现了纯电动四驱、500 公里超长续航里程、超级快充等;高能互联网紧凑型车荣威 i5 发布,集成了全新斑马智行 VENUS 系统,提供车联网功能以及语音控制等。

2019 年,最高续航里程达 420 公里、百公里电耗仅 13.2 千瓦时的荣威 Ei5 推出后,上汽大众帕萨特 PHEV 和途观 LPHEV 快速跻身插电混动市场;上汽通用五菱宝骏微型电动车稳居国内微型电动车销量第一;上汽大通推出了智能宽体轻客 V90 和搭载了"上汽 π"发动机的国际基准划时代皮卡 T70,为全球用户带来更智能、更专业的产品体验。

2020 年,依托新能源产品的强力支撑,上汽在全球汽车工业吹响了"中国智造"的冲锋号。全球首款氢燃料电池 MPV——上汽大通 MAXUS EUNIQ 7 正式上市,功率、功率密度和低温启动等各项技术指标,比肩全球顶尖水平。同时,搭载着斑马智行 VENUS 系统的荣威 RX5 PLUS 也深受市场喜爱。上汽通用五菱发行的五菱 MINI EV 在纯电动车全年销量排名榜中仅次于特斯拉的 Model 3,售价不超五万元但采用了安全性高、循环寿命更长的磷酸铁锂电池,每公里仅需五分钱,成为人们公认的城市代步车。最值得关注的是,上汽发布了全球首款整舱交互 5G 的量产车型荣威 MARVEL－R,搭载着最新的智能网联系统,接入了 R 标专属创新服务网络,率先采用华为 5G T－Box,并首次实现智能唤车、弯道智能减速、交叉路口冲突避免等功能在内的 L3 级别自动驾驶,实现 V2X 智慧出行,演绎了中国汽车品牌的未来设计方向。

4.5.2.3 上汽绿色创新发展效果

2020 年,上汽整车销售达到 560 万辆。其中,新能源汽车销量为 32 万辆,整车出口海外市场 39 万辆,并以上一年度 1220.714 亿美元的合并营业收入名列世界 500 强第 52 位,排名上榜的全球汽车企业第 7 位,彰显了我国自主创新力量。上汽已由一个小型落后分散的国企成长为上海最大的企业集团、中国销量最多的汽车集团和世界 500 强企业,现正向着成为具有全球竞争力和影响力的世界一流汽车企业的目标大步迈进。

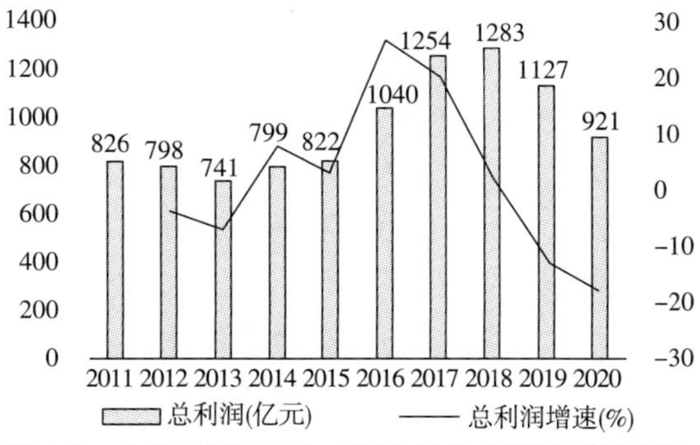

图 4-5 上汽集团 2011－2020 年总利润及增长情况

数据来源:上汽集团年报。

——经济效益。与市场上很多自主品牌的发展路径不同,上汽一直拒绝“抄袭”、拒绝“逆向开发”,坚持创新驱动,不断增加研发投入,建立属于自己的完整研发体系。通过25年与大众、通用的合资合作经验,在消化吸收海外先进平台技术的基础上,上汽研发核心能力已然青出于蓝。依据上汽集团近十年公开的年报数据图4-5可知,上汽的总利润整体呈上升趋势,2020年的下滑主要是受新冠疫情的影响,但依旧保持着国内汽车行业销售龙头的地位,详见图4-6。

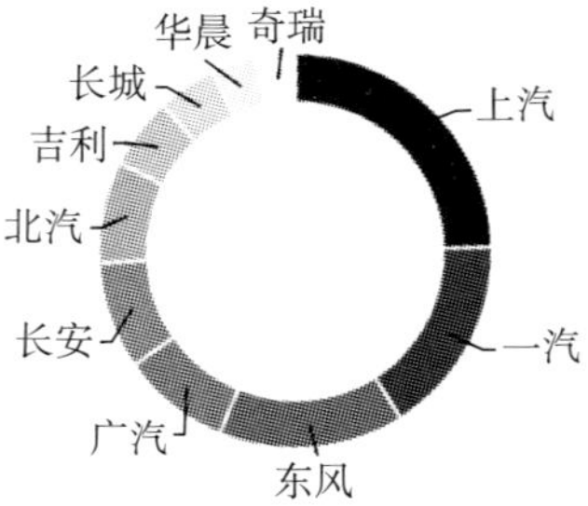

图4-6　2020年前十位企业集团销量

数据来源:根据中国汽车工业协会相关数据整理得到。

——环境效益。上汽在提升发展质量的同时,还将可持续发展目标融入整个集团生态链,把绿色环保打造成为企业核心竞争力的关键要素,不断寻求社会环境与企业发展的共同价值。当国内汽车行业的发展受到石油资源供应的制约时,上汽率先迈进新能源发展领域,吸收消纳合作伙伴的先进技术,发展自己的自主研发能力。在生产端,上汽通过智能制造积极推进绿色生产,实现厂房集约化、原料无害化、生产洁净化、能源低碳化等目标,不断提升节能管理水平,高效利用资源,减少生产过程中的碳排放;在研发端,上汽持续加大新节能减排技术的研发投入力度,在不断优化传统动力汽车能耗水平的基础上,加快电动化技术、燃料电池技术、智能网联技术、轻量化技术在汽车产品上的应用,通过技术创新降低汽车能耗水平,推出更多数字化、零排放、低排放的汽车产品,致力于实现高效便捷、低碳环保的汽车出行目标。

正是由于积极倡导绿色发展理念,上汽也获得多项荣誉:集团被《财经》杂志授予“长青奖——可持续发展绿色奖”;上汽大众被生态环境部环境发展中心授予“中国环境标志优秀企业奖”;上汽通用五菱被新华网、中国环境科学学会授予“2019最具影响力绿色发展企业品牌”;上汽大通成为世界经济论坛全球范围内唯一入选4.0“灯塔工厂”的中国整车企业;上汽乘用车郑州基地、上汽通用五菱柳州基地、上汽变速器公司均获得国家级“绿色工厂”荣誉称号。这些荣誉奖项及称号均体现出上汽在生态环境保护方面的成就,未来也会继续保持并推广绿色制造。

——社会效益。上汽集团已历经70余年，牢牢把握汽车行业每个阶段的未来发展趋势，坚持合作创新、自主创新，深入部署推进创新链建设，引领国内汽车工业的高质量发展，将“中国制造”和“中国智造”带向全世界。上汽在整车和零部件设计、研发和制造环节的多项技术和产品填补了国内空白，也加速了行业内其他企业新产品的制造。另外，上汽55兆瓦光伏项目的启动，第一时间响应了国家能源发展的“十二五”规划，推动了我国光伏产业的发展；上汽与中国宝武钢铁集团、华谊集团、上海化工区等联合，扩大示范运营规模，推进国家“氢走廊”建设；上汽还积极参与智慧城市建设，加快充电站、加氢站等新能源汽车配套设施布局，并着眼绿色出行，开展新能源汽车分时租赁业务服务等。

为了给企业注入创新活力，上汽不断在全国各地与海外成立合资公司、研发基地和制造工厂，集团规模持续扩大，就业岗位不断增加，缓解了社会就业压力。上汽注重人才的职业发展和成长，借助于自主品牌、国际项目、种子基金、创新之家等各类平台，集聚公司内外技术优势整合经验和资源，促进人才的可持续发展。目前，上汽集团旗下多家企业被全球杰出雇主调研机构(Top Employers Institute)评为中国杰出雇主。

在履行企业社会责任方面，上汽集团及下属公司坚持为贫困地区提供医疗援助，助力贫困村脱贫建设；关注青少年教育事业，成立多个教育基金会，资助希望小学建设；积极投身于抗疫斗争，捐赠现金、口罩及运输车辆等，获得多项社会责任荣誉，如社会责任公益慈善奖、中国企业社会责任榜责任典范奖、中国汽车行业年度最佳责任企业、金骏马奖——最具社会责任之公益先锋奖等，并获第四届上海上市公司企业社会责任峰会授予的杰出企业称号。

4.6 案例四：雅戈尔集团股份有限公司的绿色创新实践探究

4.6.1 案例介绍

4.6.1.1 行业概况

中国自古就是丝纺织、棉纺织大国，纺织产业在国民经济生产中占有重要地位。在工业技术发展和市场需求扩容的强劲推动下，我国成为世界上最大的纺织品生产和出口国，在全球纺织业中占据龙头地位。然而，纺织业在发展过程中存在诸多事关成败的问题，如国内外原料价格差、同质化竞争、资源配置不合理、严重污染环境等[1]，不能契合中国新经济常态下的高质量发展要求，以创新求突破，以绿色谋发展，逐渐成为纺织行业企业的发展方向[2]。因此，绿色创新发展成为我国纺织行业谋求高质量发展的必由之路。

4.6.1.2　公司简介

雅戈尔集团股份有限公司（以下简称“雅戈尔”）是以品牌发展为核心，多元并进、专业化发展的综合性国际化企业集团，涉及时尚、房地产、投资、康养、文旅和国贸六大产业，下属100余家分公司，拥有一家A股上市公司，总部位于我国纺织业重要集聚区、纺织大省的服装名城——浙江省宁波市。在“互联网＋”“文化＋”“智能＋”的推动下，雅戈尔以标准化、自动化、信息化、智能化、数字化、平台化“六化合一”的建设理念，全面打造拥有花园式生产环境、人性化管理、智能化流水线、信息透明化的中国智能制造精品工厂，始终把打造国际品牌作为企业发展的根基，围绕转型升级、科技创新，砥砺前行，确立了全国纺织服装行业的龙头地位。

4.6.1.3　公司发展历程

雅戈尔成立于改革开放初期，前身为1979年创建的青春服装厂，主要是为一些国有服装厂缝制边角料。80年代初，雅戈尔依靠横向联营起步，通过与上海开开服装厂合作，学习大企业的经营思路和管理方法，掌握了一些先进制造工艺，并创立第一个品牌“北仑港”，企业得到迅速发展；90年代，雅戈尔通过引进国外的先进技术开启中外合资之路：1990年，雅戈尔与石矸镇工业总公司及澳门南光国际贸易有限公司，组建中外合资企业“雅戈尔制衣有限公司”，投入数百万元资金引进300多套国际先进设备；1996年，雅戈尔花费2000多万元从日本引进HP免熨工艺。之后，雅戈尔又从美国引进VP免熨衬衫工艺，专注于研发制造雅戈尔衬衫，打造国内自主衬衫品牌[3][4]。同时，凭借1998年公司股票在上海证券交易所的成功上市，雅戈尔迈向与国际接轨的新阶段。进入21世纪以来，雅戈尔加快向国际品牌转轨的步伐，创建纺织城、国际服装城、线上线下旗舰

---

① 费文涛、陈希、蔡小文，等：《中国纺织业转型与升级的思考》，载《浙江纺织服装职业技术学院学报》，2015年第14卷第3期，第19～20、30页。李成钢：《新型城镇化中纺织企业转型的案例研究——新澳由传统到时尚的华丽转身》，载《对外经贸》，2015年第11期，第67～68页。

② 张义婷、韩俊超、吴英：《绍兴纺织业绿色转型升级路径探索》，载《现代商贸工业》，2018年第39卷第32期，第13～14页。

③ 史增辉：《脱实入虚与坚持主业孰优孰劣——以雅戈尔与海澜之家为例》，郑州：河南财经政法大学硕士学位论文，2017年，第19～24页。

④ 易芳：《雅戈尔的40年：从戏台下的小作坊奔向世界级时尚集团》，载《中国纺织》，2019年第12期，第122～123页。

店,强化整合纺织服装上下游产业链;并购美国 KELLWOOD 公司旗下的香港新马集团,整合国内外资源实现协同效应;细分 YOUNGOR、HANP(汉麻世家)、MAYOR、Hart Schaffner Marx 与 YOUNGOR LADY 五个品牌,满足不同消费群体的产品需求。以品牌服装产业为主,以房地产、金融等产业为翼,历经40余年的发展,雅戈尔从乡镇小作坊发展成为特大型跨国企业集团。截至2020年,雅戈尔实现千亿元营收,居中国民营企业500强第47位、2020年浙江省民营企业100强第7位,品牌价值位列纺织服装领域榜首。

4.6.2 案例分析

走新型工业化道路的首要任务是加快传统制造业的转型升级,传统制造业转型升级要求企业树立创新发展与绿色发展的理念,依靠科技进步和技术创新,实现自动化、智能化,加快推进清洁生产和低碳发展模式[①]。纺织产业是我国基础性、民生性、战略性的优势传统产业,发展中存在诸多事关成败的问题,转型升级对我国纺织产业求生存、谋发展、力提升来说具有紧迫性[②]。雅戈尔作为国内纺织领域的龙头企业,根据时代发展与时俱进,对企业进行全流程的改造升级,加快了向更富创新、更具智能、更加环保的转型步伐。

4.6.2.1 雅戈尔绿色创新动因

——政策引导。自2001年起,浙江省纺织产业的规模和整体效益一直保持全国领先地位,但到了2008年下半年,受国外市场需求疲软、国内市场产品同类化严重、资源要素环境制约凸显等影响,浙江省纺织业进入了前所未有的“寒冬期”,国家及地方政府当即审议并通过一系列推动纺织工业实施转型升级的政策。工信部发布《纺织工业“十二五”发展规划》,要求纺织工业发展新型材料、研发高端和高性能的产品并提高棉麻等资源利用水平等。雅戈尔总部所在的宁波市也出台了《宁波市加快推进产业升级行动纲要(2011—2015)》,表示将以品牌提升为引领,以培育优势骨干企业为重点,推进纺织服装产业升级发展。基于政策环境,雅戈尔通过与收购的美国新马不断整合运行,实现了自身产业链的完善,掌握了新马的核心技术,还获得更多国际资源。同时,雅戈尔完成汉麻纤维的研发和产业化,打造了汉麻世家这一健康理念的服饰品牌。“十二五”期间,纺织服装行业获得稳步发展,但产业转型发展方兴未艾。“十三五”时期是中国由纺织大国向纺织强国转变的决胜阶段,为贯彻落实《中华人民共和国国民经济和社会发展第十三个五年规划纲要》和《中国制造2025》,工信部印发了《纺织工业

---

① 金洪生:《坚定推进传统制造业向现代制造业转型》,载《金华日报》,2014年1月6日,第A11版。

② 于斌斌、陆瑶:《中国纺织产业转型升级的思考》,载《纺织科技进展》,2013年第4期,第1~7页。

发展规划（2016－2020年）》，以增品种、提品质、创品牌的"三品"战略为重点，增强产业创新能力，优化产业结构，推进智能制造和绿色制造，促进纺织工业转型升级，创造竞争新优势。2016年8月，宁波市成为"中国制造2025"的首批试点示范城市，雅戈尔作为宁波市第一个智能制造2025试点企业，一直将标准化、自动化、信息化、智能化"四化合一"换代摆在转型工作的重要位置[①]。

——市场导向。基于需求视角，纺织服装产品存在着"永恒需求"，并不断增长。同时，纺织产业也是高度依赖劳动力资源和出口贸易的产业。我国纺织行业"百家争鸣"，国内竞争愈加激烈，且国际市场占有率、贸易竞争力指数等指标均排在世界首位[②]。雅戈尔的转型发展受到市场导向的驱动，从国际市场来看，受金融危机影响，国际市场需求低迷，中国的纺织成品出口面临着全球市场萎缩的困境[③]，部分高端纺织原料的进口受阻。但危机并未使雅戈尔受挫，反而给其带来了很多调整的机会。凭借并购美国新马和SMART，雅戈尔在国际市场抓住了主动权，当时法国、美国、日本的部分奢侈品品牌经受不住冲击，纷纷找雅戈尔并购。雅戈尔现已进入日本、美国、欧洲和澳大利亚市场，加快海外市场扩张步伐的同时，分散了投资风险。从国内市场来看，本土品牌的崛起和外国品牌的进军使得国内服装行业竞争激烈，替代品进入壁垒较低，导致市场上产品同质化严重，且纺织原材料和劳动力成本不断上升。在此形势下，雅戈尔改变多元扩张态势，将主要精力放到运营服装品牌上，针对不同人群细分品牌，并投巨资完善市场渠道建设；雅戈尔在经营思路、科技研发、人才培养等方面都进行大胆创新，推动生产企业向高端制造发展，打造新品牌；雅戈尔关闭了东部一些成本较高的工厂，在西部重新建立新的工厂，在响应西部大开发战略的同时，充分利用当地人力、原料等资源优势，增加了低成本竞争力。随着国内外信息化、数字化发展加快，雅戈尔通过与中国服装股份有限公司旗下百纷网强强联合，依靠智能制造、智慧营销和生态科技来进军服装行业网络市场。

——组织冗余。雅戈尔的多元化战略分散了公司的运营风险，也扩宽了企业的收益渠道，更容易获得融资和各类优质资本[④]。资金方面，雅戈尔在90年代初期就开始尝试房地产开发业务和各类金融投资项目，积累的大量资产助力集团主营业务的转型发展。据统计，从1999年到2020年这22年间，雅戈尔利

---

① 吕杨：《雅戈尔：坚持服装主业不放松》，载《纺织服装周刊》，2018第28期，第37页。

② 于斌斌、陆瑶：《中国纺织产业转型升级的思考》，载《纺织科技进展》，2013年第4期，第1～7页。

③ 陆杨、黄天罡：《后金融危机时代 纺织行业的破冰之路》，载《时尚北京》，2011年第1期，第74～75页。

④ 李玲：《雅戈尔集团的多元化发展》，载《智富时代》，2016年第8期，第53～54页。

润总额达580亿元左右。其中,股票等投资收益贡献占比约七成。

另外,雅戈尔还通过证券市场募资和海外并购获得收益,与现有的服装产业形成互通互补,充分发挥雅戈尔的产业链优势。人力方面,2010年雅戈尔博士后科研工作站建立,以国家认定企业技术中心完备的纺织服装全产业链人才、技术、设施等协同优势为依托,招收全球纺织服装新材料、新功能研发方向的博士后,并引进国内外国知名专家、教授、博士生导师等高层次人才,强力打造产、学、研、用联合开发的高层次技术人才引进培养平台。2018年,雅戈尔成立了纺织材料研究院,下设纺织品服饰检测中心、功能纺织面料开发中心、成衣后整理技术研究中心和科技项目管理中心。之后,为了紧跟全球汉麻产业发展趋势,雅戈尔又筹建成立汉麻产业研究院。各类高层次人才为雅戈尔的技术创新和产业转型升级提供强有力的人才保障和智力支持。物料方面,2005年雅戈尔成立新疆雅戈尔棉纺织有限公司,以种植优质棉花、生产棉纱线与棉纺织品为主要业务。目前,雅戈尔在疆内喀什、喀什泽普、库尔勒等地建立生产基地,大面积投资棉田和棉花加工厂;雅戈尔携手解放军总后研发汉麻纤维,建设西双版纳种植基地和武汉制造基地,除了满足自身面料研发和生产需求之外,还销往国内外各大纺织企业,保证了企业生产成本的控制,也提供了较为充足的利润空间。

——管理者关注。雅戈尔集团创始人李如成坚信与时俱进才是服装行业得以发展百年的生存之道。正因如此,他总会定期出国参观和考察一些名牌企业,学习和借鉴他们的经营管理方法和产业布局方式,思考雅戈尔的后续发展,故雅戈尔从建立之初就走上了一条不断转型的道路①。现阶段,雅戈尔将"四化合一"摆在了转型工作中的重要位置,主要包含标准化、自动化、信息化、智能化,即规范技术标准和工作标准、完成技术装备的自动化使用、打通集团各部门的信息传递渠道、实现营销渠道的智能化改造②。早在20世纪90年代,雅戈尔就已逐步引入了智能化设备。雅戈尔常务副总裁胡纲高表示,智能制造对于服装行业的非凡意义,雅戈尔在工厂建设、生产制造、营销终端都运用了互联网技术,实现各环智能制造的互联互通。除了提高企业科技水平之外,雅戈尔也在不断增强绿色发展理念。随着绿色壁垒在纺织品服装贸易中的地位日渐凸显,非绿色产品的国际竞争力越来越小,其发展也受到限制。在服装原料和新产品的开发上,李如成对汉麻情有独钟,一直专注于汉麻产业化的实施,他认为汉麻是21世纪最具发展潜力的绿色低碳天然材料,雅戈尔发展汉麻产业,不仅能助力企业自身

---

① 李如成:《雅戈尔走在转型中》,载《中外管理》,2003年第9期,第10~12页。

② 易芳、梁莉萍:《五年再造:雅戈尔的坚守与突围》,载《中国纺织》,2017年第10期,第118页。

的可持续发展、展现中国原创能力，还能体现出对人与自然和谐发展的追求[①]。已有研究表明，2009 年雅戈尔的绿色竞争力便在国内 40 家纺织服装上市企业中脱颖而出[②]。

4.6.2.2 雅戈尔绿色创新发展路径

从美国的“工业互联网”、德国的“工业 4.0”到中国的“中国制造 2025”，全球的制造业都处于转型升级的关键时刻[③]。我国传统服装行业经过几十年的粗放发展，存在着产业集中度不高、同质化竞争激烈、产能过剩加大、环境污染严重等问题，由绿色创新驱动的服装行业转型成为推动服装业可持续发展的主旋律。雅戈尔以科技创新为原动力，以标准化、自动化、信息化、智能化、绿色化思维推动企业绿色创新转型，巩固了服装行业的龙头地位，为业界其他企业树立了典范。根据新微笑曲线理论，基于提高生产研发环节的技术创新水平分析，雅戈尔的绿色创新转型路径可以分为绿色工艺创新和绿色产品创新两条路径。

4.6.2.2.1 绿色工艺创新

——技术革新。为了迎合消费者的产品需求，衬衫免烫技术得以发展。原先国内的免烫技术采用的是 SSP 面料免烫技术，但其免烫效果不佳且不便于缝制成衣。自 1996 年起，雅戈尔从国外引进免烫技术、设备和纳米技术，率先将世界上先进的免烫后整理工艺引进国内，填补了国内空白[④]。作为中国纺织行业的领军企业，雅戈尔深知技术革新对产品销售甚至企业发展有着决定性的作用，采用先引进再创新的策略，经过不断创新和突破，雅戈尔自主研发出更先进、更具科技水平的免熨技术[⑤]，免烫等级均达到 4 级，远远高于国家免烫标准，并开拓了衬衫制衣技术的新领域，研发的多款免烫衬衫获多个“国家重点新产品”奖项，成为我国服装业自主创新的典范之作。雅戈尔的衬衫免烫技术如表 4-13 所示，随着技术的不断深入和突破，雅戈尔原创的 DP 免烫工艺不仅适用于纯棉面料，也适用于麻、天丝、棉、羊毛等多种材料。2009 年，全国服装标准化技术委员

---

① 艾可：《雅戈尔：引领汉麻与人类共发展》，载《中国纺织》，2018 年第 11 期，第 112 页。王虹：《我国汉麻产业取得突破性进展：雅戈尔掀起绿色纤维新革命》，载《中国纤检》，2018 年第 11 期，第 124～126 页。

② 刘东胜、王文斌：《企业绿色竞争力与纺织服装企业效益关系的研究》，载《中国市场》，2011 年第 23 期，第 63～67 页。

③ 刘志峰、殷云尧：《智能制造发展热潮下的冷思考与应对策略》，载《中国培训》，2017 年第 22 期，第 26～28 页。

④ 郭燕：《雅戈尔自主创新技术引领传统衬衫产品升级的实证研究》，载《纺织导报》，2009 年第 1 期，第 22～25 页。

⑤ 刘秀枝：《从 HP 到 DP——探究免熨衬衫技术升级之路》，载《中国制衣》，2006 年第 10 期，第 83～84 页。

会衬衫分技术委员会在雅戈尔集团成立，这意味着雅戈尔已从衬衫生产制造者变身成为国家衬衫行业标准的制定者。

表 4-13　雅戈尔衬衫免烫技术一览表

名称	方式	内容	免烫等级	特点	产业化
HP 免烫技术	日本引进	用以树脂为主的免烫药剂浸泡制成的成衣，洗涤后高温定型	3 级左右	有一定效果，但面料强度受损较重，平整度降低，甲醛含量偏高	1996 年
VP 免烫技术	美国 ATP 公司引进	利用喷雾和高压蒸汽使化学助剂全面渗透面料，再用蒸汽清洗去除残留	3.5 级	形态保持长久，处理均匀平整度无差异，利用电脑控制，自动化程度高，适用于大批量生产	1999 年
纳米 VP 免烫技术	美国引进助剂、自主创新技术	利用纳米助剂研制的拒水、拒油面料制成成衣后，结合 VP 免熨工工艺，利用喷雾和高压熏蒸使织物纤维发生质的变化和定型记忆	4 级	抗皱能力强，能够完美保持成衣形状，还具备去油、去污和一定的防水功能	2004 年
全棉衬衫 DP 免熨技术	自主创新	处理过程中添加了棉纤维的柔软助剂，通过特定的压烫机对成衣进行免熨压烫处理	外观≥4 级，接缝处≥3.5 级	特级免烫抗皱能力，柔软性好，舒适透气，光泽度、防缩性能和环保性能均优于原有产品	2006 年

资料来源：根据雅戈尔集团官网产品介绍整理得到。

——智能制造。为贯彻落实"中国制造 2025"战略，推动云计算、大数据、物联网、人工智能和区块链等新技术和实体经济深度融合，推进制造业高质量发展，浙江省制定了《浙江省加快推进智能制造发展行动方案（2015－2017 年）》和有针对性的《服装制造业改造提升实施方案（2017－2020 年）》，要求服装制造企业要以发展智能制造为主攻方向，促进产业转型升级。雅戈尔作为服装行业的领军企业，快速把握此次转型机会。李如成表示，智能制造不是简单地以机械取代员工，而是要让"智能化"融入从接受产品订单一直到售后服务的每一个环节，要将精细化、定制化的高端成衣与大规模、智能化的工业生产完美结合，其核心在于提高效率和品质。

第一，建设智能门店。单一的实体店已不再适合未来年轻消费者的需求，2014 年，雅戈尔首次在宁波银泰门店试点 O2O，即通过线上营销将更多的消费者引流到实体店，同时强化门店量体定制、绣制签名等个性化服务。体验馆搭建于电商平台之上的营销模式产生了巨大的优势，既满足了消费者对产品感官认识的需要，又将自身的品牌理念和产品品质以更直接的方式传达给消费者，是单纯的平面电商无法企及的[①]。2018 年初，雅戈尔又依附新零售发展趋势，以大范围建设智能门店促转型。在引进德国 Human Solutions 公司 3D 人体扫描试衣系统的基础上，雅戈尔携手北京三体高创科技有限公司，借助于其核心的 3D 扫描数字化技术共同研发人体扫描设备，应用于线下旗舰店[②]。该设备搭载了 3D 量体技术、VR 虚拟仿真技术和“一人一版”智能生产技术，顾客能够在 10 秒内完成精确量体，并根据个人偏好挑选面料和款式，自行设计定制服装，实时查看 3D 穿着效果，然后确认订单，直接发送到生产端，实现顾客到工厂(C2M)的直接对接，在带给客人现实与虚拟交互购物体验的同时，保证订单的快速高品质生产，避免大量库存积压的问题。VIP 客户还能在系统模拟的 3D 场景秀中虚拟试衣，无需前往门店，只要登录手机 APP 或雅戈尔官方微信下单就能完成上述的 C2M 定制服务，订单由线上或线下距离较近的门店完成配送。2019 年，雅戈尔与中国移动签订战略合作协议，共同推进智慧门店等项目实施。目前，雅戈尔已在宁波、深圳、上海、福州开设了 4 家体验馆，推出了 5G＋AR 试衣镜、5G＋智能导购机器人、智能工厂 5G＋VR 实景直播和 5G＋工业机器人精准控制等体验项目，以有趣和充满科技感的方式共同营造“5G＋VR/AR”的沉浸式购物体验，既能实现门店数字化、消费需求场景化，又能实现客流智能分析、远程智能管控、要客智能管理等。

第二，打造智能工厂。浙江省服装制造业智能改造方案中的一环就是加快示范“智能工厂”建设。2017 年起，雅戈尔以 3 万平方米的精品西服车间为试点，推动智能工厂建设，2018 年正式上线。该工厂生产车间采用品依科技建立的以智能生产执行系统 MES 为核心的数字化生产平台，自动接收产品订单，实现单工位设备运转、工艺、生产数据的完整采集，将人、设备、系统之间形成有效的数字链接；雅戈尔使用瑞洲科技的智能单裁设备，运用激光投影仪和电子设备进行合理化排版和剪裁；雅戈尔采用集成了先进的自主移动导航技术的 AGV 智能小车运送材料；雅戈尔通过全吊挂自动操作系统，将剪裁后的面料吊挂在内含芯片的吊架上，赋予专属“身份证”，不仅可以针对不同缝制部位自动分配工作，而且只需输入有问题的产品序号，就能追溯其制作过程的每个环节和负责

---

① 赖松、贾立伟：《雅戈尔试点 O2O 体验店》，载《纺织服装周刊》，2014 年第 35 期，第 74 页。
② 兰兰：《雅戈尔再出发》，载《中国服饰》，2018 年第 9 期，第 66 页。

人，还能自动回收进行修改[①]。整套智能化制作流程应用大数据手段逐步完成生产要素间的全域连接，单件个性化剪裁时间缩短三分之一，大规模定制生产能力也由原先总量的10%增加至30%以上，成为国内服装行业的首例。雅戈尔为了完成产业的重新布局，建设智能工厂将高端产业继续留在宁波。李如成表示，结合宁波市“中国制造 2025”试点示范城市建设，雅戈尔计划未来 5 年投入 100 亿元用于实施创新战略、平台战略和智能化战略。2020 年 3 月 11 日，雅戈尔携手中国联通打造宁波首个 5G 制衣智能制造示范平台项目，进一步提升在大货、团购和高级定制混流柔性化方面的生产能力，协同多个厂区之间的供应链环节，从而实现成本降低和产能共享目标[②]。

——节能环保。我国纺织业能耗高、污染严重，其中废水排放量居工业行业第 4 位[③]。作为纺织业大国，我国纺织服装企业不断扩大的加工制造对生态环境造成了巨大压力。2011 年，国际环保组织绿色和平发布的《时尚之毒——全球服装品牌的中国水污染调查》称，上市公司雅戈尔等纺织品供应商长期污染水源，虽然报告结果存在争议，但为雅戈尔等服装品牌增强绿色环保理念敲响了警钟[④]。纺织服装企业要把握发展清洁生产的契机，争取抓住绿色转型的机遇。宁波市清洁生产的标杆企业雅戈尔自建立以来，不断采用高科技改造企业设备，采用绿色能源和节能设备，实现污染物的安全排放和循环利用[⑤]，在节能、环保两个方面采取的具体措施如表 4-14 所示。

---

① 杨芝：《借力“5G＋工业互联网”雅戈尔实现智能制造再升级》，载《宁波通讯》，2020 年第 12 期，第 21～23 页。刘晓颖：《投了一个亿改造一条生产线 雅戈尔想干吗》，载《第一财经日报》，2018 年 7 月 30 日，第 A7 版 。云飞、易山：《雅戈尔：引领浙江制造营销模式新变革》，载《信息化建设》，2019 年第 12 期，第 34 页。

② 鞏楚：《2020 智能制造、工业 4.0 案例 TOP30》，载《互联网周刊》，2020 年第 12 期，第 42～47 页。

③ 张云峰、顾庆良：《中国纺织业的“绿色供应链”与“清洁产业链”》，载《江苏纺织》，2009 年第 9 期，第 12～15、5 页。庞庆华、向敏、蔡钟瑶：《最严格生态红线视角下我国工业废水排放影响效应研究》，载《江西理工大学学报》，2021 年第 42 卷第 2 期，第 35～43 页。

④ 王建平：《对绿色和平组织“时尚之毒”报告的思考》，载《印染》，2011 年第 37 卷第 20 期，第 36～42 页。

⑤ 张云峰、顾庆良：《中国纺织业的“绿色供应链”与“清洁产业链”》，载《江苏纺织》，2009 年第 9 期，第 12～15、5 页。

表 4-14　雅戈尔在节能环保方面的措施

措施	项目	内容	执行效果
节能	清洁能源的使用	用水煤浆替代重油	每年可节省近 1500 万元，燃净率提高，炉渣含碳量降低，减少二氧化硫排放量 40%
	冷却冷冻水泵改造	将原冷却冷冻水泵改造成小功率高效节能泵	每年可节约用电 60 万千瓦时
	废热水、冷却水回收利用	染色废热水余热回收优化，染纱、染整冷却水回收优化及空压机冷却水改造等	节能效果十分显著
	照明灯改造	对各生产车间的照明灯进行改造	降低能耗 30%
环保	生产污水处理	斥资 300 万元从日本引进一套污水处理系统	实现安全排放和水资源的循环利用
	印染助剂的选用	选用国际知名化工公司的绿色印染助剂	减少织物残留的有害物质，将环境污染减小到最低限度
	印染废水回收	研发高效膜分离技术中水回用印染废水处理新技术	预计回收率达 60%～65%
	印染废水处理	12000 立方米/天印染废水处理工程	处理效果稳定高效，运行费用低，能够确保废水经处理后各项指标能稳定达到排放标准
	液氨回收	引进后整理关键装备液氨丝光机	液氨回收率超过 99%
	废碱处理	采用无水工艺	实现废碱零排放，减少污染

资料来源：根据中国新闻网的相关资料整理得到。

4.6.2.2.2　绿色产品创新

为了保护生态环境和保证产品质量，部分国家建立了严格的技术性贸易壁垒（TBT），对纺织品的生态要求和绿色门槛越来越高。对此，我国纺织服装企业要不断生产绿色产品，引导绿色生产和绿色消费，确保中国的纺织产品可以顺利参与国际市场竞争①。雅戈尔一直走在技术革命的前沿，搭建了从物料种植、纺纱织造、成衣设计、制造加工、终端零售的全产业链，形成了独有的贯穿产业链联动的技术创新模式，践行着智能制造、智慧营销和生态科技“三位一体”模式，在

① 党雅妮：《TBT 对中国纺织服装行业的影响及对策》，载《科技经济导刊》，2021 年第 29 卷第 13 期，第 20～21 页。

以人为本的企业理念指导下，从 2001 年 2 月开始实行 ISO14000 环保认证，致力于研发绿色环保产品，培育高端国际品牌。

纤维是纺织产业链的源头，只有纤维研发技术不断进步并投入应用，才能提高下游产业产品的附加值，从源头提升整体产业链价值，促进纺织产业加快转型升级[①]。纤维主要包括天然纤维和化学纤维，其中天然纤维包括动物纤维、植物纤维和矿物纤维，化学纤维分为人造纤维、合成纤维和无机纤维。雅戈尔竭力打造高端品牌服饰，对服装采用的面料十分讲究，主要有以羊毛、兔毛、骆驼毛等各种动物毛及毛型化纤为主要原料制成的毛型织物，以棉纱或棉与棉型化纤混纺纱线织成的棉型织物、麻纤维纯纺织物及其混纺的麻型织物，蚕丝、柞蚕丝、人造丝等丝型织物，以及纯化纤纺织而成的面料等。2005 年雅戈尔在新疆喀什成立新疆雅戈尔棉纺织有限公司，开始大面积种植长绒棉，开设多个生产基地和面料加工厂。长绒棉的细度、强度和柔软度均优于普通棉花，其制成的面料具备抗皱耐磨、不易起球、悬垂感好、光滑透气、色牢度高和久洗不褪色的特性。利用这种长绒棉，雅戈尔相继开发出与意大利国际顶级面料相媲美的新昊棉、阿瓦提棉、液体棉、水柔棉等高支面料，并与 DP 免熨技术契合，不断革新面料和优质成衣。另外，更值得一提的是，雅戈尔自主研发的绿色环保材料——汉麻，被誉为“21 世纪最有发展前景的绿色纤维”。

汉麻是一种绿色环保植物，从种植到综合利用都无需化学品处理，具备良好的生态效益，其纤维具有抗菌除臭、防紫外线、吸湿透气、绿色环保、耐热耐晒、凉爽宜人等特性，除了用于纺织之外，还能替代石油、煤等矿物原料[②]。国际上很多国家都在研究汉麻纤维开发技术，但由于产业萎缩转移，付诸产业化的实施十分艰难，而中国纺织行业实力厚，拥有完整产业链的雅戈尔看好汉麻产业的发展，主动接过国家汉麻产业化实施的接力棒[③]。雅戈尔于 2005 年联合解放军总后勤部军需装备研究所拨资 3 亿元进军汉麻产业，历经汉麻脱毒改良、培育、纤维提取、纤维优化及应用等环节，成功突破了制约汉麻产业发展的多项技术瓶颈，自主研发出全套生产设备，掌握多项核心技术，并首创麻纤维棉性化，研制出高品质的汉麻混纺纱线，拓宽了更广泛的应用市场，满足消费升级的需求[④]。雅戈尔汉麻产业发展历程中的重要事件见表 4-15。经过十几年的不断探索发展，雅戈尔培育了新兴服装品牌——汉麻世家，拓展家居家装和文旅用品等多个领

① 齐元勋：《文化进化论》，载《中国服饰》，2019 年第 9 期，第 50～54 页。

② 龚飞：《汉麻纤维及其应用》，载《山东纺织科技》，2010 年第 51 卷第 3 期，第 48～50 页。

③ 王元：《雅戈尔 创想绿色新主张》，载《时尚北京》，2018 年第 12 期，第 94 页。

④ 吕杨、郁俏峰：《雅戈尔全面发力汉麻应用市场》，载《纺织服装周刊》，2018 年第 42 期，第 27 页。赵颖：《绿色纤维认证开启新篇章》，载《纺织科学研究》，2021 年第 4 期，第 46～47 页。

域的应用，大力推广汉麻产品，宣传汉麻文化，凭借完备的产业链优势成功建成全球唯一的汉麻全产业链，实现年产汉麻纤维100万吨，有效缓解中国纤维紧缺的现状，改变纺织行业的原料结构，极大提升了我国纺织工业产品的竞争力。

表4-15　雅戈尔汉麻产业发展中的重要事件

年份	主要事件
2005	联合解放军总后勤部军需装备研究所继续攻克汉麻研究，掌握了汉麻脱胶、蒸煮、漂洗、液氨整理和纤维分级梳理等核心技术，并首次实现麻纤维棉性化
2006	在云南西双版纳设立汉麻生态农业基地
2007	携手总后军需研究所、宜科科技在云南组建汉麻产业投资控股有限公司，共同开展麻种植和汉麻纤维加工、汉麻综合利用等项目
2008	以汉麻纤维为原料，成功研发出军用袜子、内衣、毛巾、作战服等供应部队，并将少量汉麻服饰品投放市场
2009	投资建成世界上第一条汉麻纤维加工生产线，并与解放军总后勤部汉麻研究中心创建“汉麻世家”品牌，实现汉麻纤维研发和产业化，使得中国成为第三个掌握该技术的国家
2010	四分之三的汉麻用于服装生产，剩余的出口日本、法国、美国等国家和地区
2012	建成近50家汉麻生活馆，推广汉麻文化
2017	汉麻相关产品销售额达5亿元
2018	销往欧美1000吨汉麻纱线，“iHEMP”汉麻家居软装品牌上线
2019	凭借完备的产业链优势，成功建成全球唯一的汉麻全产业链，拓展在食品、化妆品、医疗、能源等方面的应用
2020	实现1000万亩的汉麻种植，年产汉麻纤维100万吨

除了潜心开发新面料、培育新品牌之外，雅戈尔也在想办法引进国外品质高的面料打造高端量体定制品牌。2016年，雅戈尔携手意大利的杰尼亚(ZEGNA)、诺悠翩雅(LORO PIANA)、切瑞蒂1881(CERRUTI 1881)、阿尔贝尼(ALBINI)和瑞士的阿鲁莫(ALUMO)欧洲五大顶级面料供应商，发布建设全球时尚生态圈倡议，共同突破新面料研发、获取渠道等源头问题，全面推动MAYOR这一定制品牌由工业化走向时尚个性化[①]，五个面料供应商的基本情况见表4-16。

① 陈博翔：《基于价值链的战略成本管理探讨——以雅戈尔为例》，南昌：江西财经大学硕士学位论文，2018年，第19～24页。

表 4-16 雅戈尔高端面料合作供应商基本情况介绍

供应商	品牌特色	主要原料	面料系列
ZEGNA	成立于 1910 年，是世界闻名的意大利男装品牌	澳大利亚美利奴羊毛、南非安哥拉山羊毛（马海毛）、中国内蒙古高原绒山羊绒、秘鲁和智利高原羊驼毛、秘鲁安第斯山脉骆马毛、中国江浙丝绸	15 Milmil 15、Trofeo、Trofeo 600、Cool Effect、Traveller、Heritage、Silk Skin、High Peformance、Cashco、Shetlair 等
LORO PIANA	成立于 1924 年，是六代相传的意大利顶级奢侈品牌	澳大利亚美利奴羊、中国鄂尔多斯和蒙古国的羊绒、毛秘鲁安第斯山脉骆马毛	Zelander、Wish、Zibelin、Blazer、Tasmanian、Silk Air、Gabardream、Lightest 等
GERRUTI 1881	成立于 1881 年，专业生产西服面料，拥有世界闻名的顶级精纺羊毛面料	澳大利亚昆士兰地区羊毛、蒙古羊绒、秘鲁苏瑞羊驼毛、秘鲁安第斯山脉骆马毛、中国丝绸	Prestige 860、Nobility 851、Alpaca 877、Turbo 180、Iparty 862、Preziosi 840、Silklight、Oxygen、Cashmere 等
ALBINI	成立于 1876 年，是意大利最大的衬衫面料生产厂	埃及 GIZA45 特级长绒棉、美国苏皮玛棉、英国经特殊加工处理的棉	Milanium Sta、Goldline、Golden Jubilee 等
ALUMD	成立于 1970 年，是全世界最有名的顶级质量衬衫面料厂	精梳超细埃及长绒棉、西印度群岛的海岛棉	Supraluxe、Soyella、Soyella Duecento、Plisse、Lanella Junior、Cashmerello 等

资料来源：通过搜索各品牌面料与原料选取介绍整理得到。

雅戈尔通过实施“一带一路”战略引进高端面料，制成成衣后再开拓东南亚、中亚、西亚、欧洲等海外市场，李如成表示通过实施“高端面料、本地制造”战略，获取低成本竞争优势，与国外的成套定制服饰相比，MAYOR 的定价不到其三分之一，凭借高性价比逐步取代在国内销售正在快速下滑的欧美奢侈品品牌，立足国内市场，打造世界品牌。同时，雅戈尔通过“朋友圈”学习高端品牌商高质量发展的理念：在创新工艺方面，他们均以制作顶级质量面料为目标，直接在世界最好原料的原产地挑选材料，巧妙地将现代的先进技术与精致的传统手工艺相结合，不断追求面料产品的革新；在绿色生产方面，他们将工厂建设在靠近山谷的地方，远离居民住宅区，严格控制厂房卫生，保障工人健康的同时保证原料纯净度，并不断升级污染物处理设备，永远对大自然保持着敬畏之心①。

4.6.2.3 雅戈尔绿色创新发展效果

创新发展是纺织行业实现转型升级的根本动力，绿色发展是实现纺织强国的重要内容，开放发展则是纺织强国建设的基本保障和追求目标。作为中国最大的服装生产企业，雅戈尔不断用高新技术和先进设备提升产业基础，以数字化、网络化、智能化驱动产业链重塑，不断通过收购、兼并、资产重组、品牌联盟等形式整合全球资源、完善市场网络、加快国际化经营步伐，努力成为我国传统制造业转型的先行者和模范生。

——经济效益。雅戈尔在抉择转型升级路径时，把握住人工智能、绿色环保、高端产品、信息数字这四大工业产业未来发展的基本趋势②。尽管是在经济下行压力下，一些国际大牌的年利润逐步下降，而雅戈尔的利润依然保持增长势头。根据 2021 年(第 29 届)中国市场商品销售统计结果发布会的统计结果，雅戈尔男衬衫连续 24 年获得市场综合占有率第一，男西服连续 21 年获得市场综合占有率第一，展现出强劲的市场竞争力。2020 年雅戈尔的品牌价值达到了 295.29 亿元，排在国内纺织服装鞋帽类首位，品牌建设取得初步成效。表 4-17 是雅戈尔 2010—2019 年营业收入情况，从表 4-17 可知，雅戈尔近 10 年的营业收入基本呈上升趋势，该时段中只在 2016 年出现了业绩下滑，究其原因，主要是该年春节前后收入降幅较大，其次是门店大范围扩展带来的一定影响。随着近几年的转型进程加快，企业营收得到了明显的提升，到 2019 年突破千亿元大关。

表 4-17 2010—2019 年雅戈尔营业收入情况

年份	2010	2011	2012	2013	2014	2015	2016	2017	2018	2019
营业收入(亿元)	334.81	360.31	444.42	532.5	589.8	623.64	563.34	665.4	879.26	1116.14
营收增速(%)	—	7.62	23.34	19.82	10.76	5.74	−9.67	18.12	32.14	26.94

数据来源：2011—2020 年《中国民营企业 500 强》。

——环境效益。通过科学技术和产品创新等应用，雅戈尔集团取得的环境效益同样突出。历经 10 余年的深耕细作，雅戈尔成功实现了汉麻纤维的开发和产业化。汉麻从种植到加工利用都具有良好的生态效益，无需化肥、农药和化学

① 《Ermenegildo Zegna 百年传奇杰尼亚》，载《上海经济》，2010 年第 7 期，第 48～51 页。《杰尼亚对大自然的深远热情传承了几代人》，载《董事会》，2012 年第 10 期，第 96～99 页。张汀：《国外是如何培养"工匠精神"的？》，载《时代报告》，2017 年第 5 期，第 58～59 页。

② 傅力群、骆旭升、徐虹，等：《科技创新促进传统制造业转型升级研究——以杭州市实业投资集团有限公司为例》，载《杭州研究》，2015 年第 3 期，第 210～224 页。

药剂的辅助，就碳排放和碳吸收而言，每吨汉麻排出的二氧化碳不到棉花的三分之一，而碳汇量却远高于棉花；加工过程中，汉麻释放的二氧化碳也远远小于其吸收的量。除此之外，汉麻还能够代替石油、煤等矿物能源，减轻能源消耗对环境造成的污染，是一种取之不尽、用之不竭的“负碳”能源。雅戈尔始终坚持绿色环保理念，积极开发环保服饰，充分合理地利用各种资源和能源，致力于控制和消除对周围生态环境的污染。厂区建有1000吨污水处理设备，并采用生化处理加物化处理技术，2019年，污水中的PH、SS、CODCr、BOD5、氨氮检测值均达到GB8978－1996《污水综合排放标准》二级标准；厂界噪声执行GB12348－2008《工业企业厂界环境噪声排放标准》，厂界噪音（昼间）控制在65分贝内；各类固体废弃物实现100％分类收集管理，危险固体废弃物则交予有资质的单位处理。

——社会效益。(1)心系振兴宏图。雅戈尔的发展符合振兴中华民族纺织服装产业的需要，雅戈尔永不自我满足、故步自封，经营所得全部用于学习、吸收国内外先进技术、知识和管理经验，采用收购、兼并及合作等方式扩大规模，打造全球服装界罕见的垂直产业链，完善全球市场销售网络，在国际市场赢得口碑。雅戈尔先后获得联合国粮农组织的“天然纤维种植、开发、应用特殊贡献奖”“中国服装高新技术成果交流推广大会应用奖”“中国服装智能制造技术创新战略联盟成员单位”“智能制造示范企业”等多项国际级和国家级荣誉，攻克了一系列国际技术难题，填补了国内多项技术空白，提高了国产面料的自给率，提升了中国服装品牌的国际知名度，引领中国服装业由“制造大国”走向“品牌强国”。(2)切实造福桑梓。企业发展与社会责任共存，雅戈尔明确共创是实现共同富裕的首要之义，由最初的资金帮扶逐渐向精准化、产业化转变，1000万亩的汉麻种植，解决100万农村劳动力的就业问题，在帮扶地区建立纺纱企业、服装产业园区等带动当地经济发展。集团捐建希望小学、中学，在多所大学创立奖学金和人才培育基金等，助力基础教育事业发展，培养具有创新、超越和变革精神的未来商业人才。自成立以来，集团连续多次上榜胡润企业社会责任50强，多次被评为“全国精神文明建设先进单位”，并获得慈善总会“中华慈善事业突出贡献奖”等社会公益类荣誉。

本章以精心选取的马鞍山钢铁集团有限公司、安徽海螺集团有限责任公司、上海汽车集团股份有限公司和雅戈尔集团股份有限公司作为研究对象进行案例研究，这四家典型传统制造企业的发展初期均是以能耗大、污染严重的业务为主，在发展过程中四家企业都不断思考和探索更加清洁化、智能化、自动化、高效化的发展道路，顺利实现了绿色创新驱动的转型发展，不仅在业界树立了自己的企业形象，还让世界看到了“中国制造”走向“中国创造”“中国智造”的发展历程，提升了中国企业的国际形象。

通过对四家传统制造企业的深度剖析可知，驱动传统制造企业绿色创新发展的因素分析大致分为政府、市场和企业三个层面。其中，政府主要起政策引导作用，对企业管理者的决策判断和行业市场竞争程度有一定的影响。作为市场主体的企业必然会参与市场竞争，因此市场导向会持续对企业的绿色创新发展方向产生影响，传统制造企业原有的生产技术和产品已经与人们环保理念的共识相悖，只有通过绿色创新驱动的转型升级，获得耗能低、污染小且具有高技术水平的新产品，才能被市场认可，从而占据更大的市场份额。管理者的意识决定了传统制造企业实施绿色转型发展战略的时机和方向，而组织的冗余资源决定了传统制造企业现阶段是否有足够的动力执行转型战略。对传统制造企业绿色创新驱动转型升级路径的思考，则是基于新微笑曲线理论，分析企业如何通过在生产制造环节提升绿色创新水平与进行绿色工艺创新，从而生产出有竞争力的绿色新产品。企业实施绿色创新发展后的效益，可分为经济效益、环境效益和社会效益，主要体现在企业自身经济实力、创新能力、品牌价值提升的同时推进了国家和产业的高质量发展，以及企业更有能力支持城市建设和社会公益事业。

第5章 传统制造企业绿色创新驱动机理的实证分析

5.1 实证分析一：传统制造企业绿色创新的驱动机理研究——以安徽省为例

传统制造企业的绿色升级是我国走经济和环境全面协调发展之路的重要举措，是我国实现“中国智造”的必然要求。传统制造企业作为我国工业经济中的重要一环，正面临着因国内外市场上绿色壁垒、碳关税壁垒和技术壁垒，以及国内因消费升级而出现的严重供给过剩问题，亟须顺应政府进行供给侧结构性改革的号召，改善产品供给结构，提高产品质量进行转型升级，开展传统制造企业绿色创新的相关研究已迫在眉睫。同时，因为当下缺乏我国本土化传统制造企业层面系统整合绿色创新前因后果的研究，所以关于传统制造企业绿色创新的驱动因素及绩效影响的研究具有重要的理论与实践意义。

5.1.1 理论基础

因为企业绿色创新在本质上其实也是企业创新的一种，所以对绿色创新驱动因素进行分析同样需要一般创新理论的支持。目前，关于分析企业绿色创新影响因素的详细研究框架尚未形成，这使得对传统制造企业绿色创新的驱动因素研究更离不开一般创新理论的相关研究成果。此外，由于绿色创新具有一定的正外部性，许多企业在选择是否实施绿色创新时缺乏一定的动力。而生态现代化理论主要强调市场主体占据越来越重要的地位，认为经济主体可以基于市场导向去推动或者拉动环境保护，从而使经济发展与环境保护不再处于对立位置，但推动传统制造企业生产经营的绿色创新除了要依靠市场和技术这两个一般创新的主要驱动力之外，还需要作为主要创新主体的企业自身因素的驱动。已有研究表明，企业是否进行绿色创新还会取决于企业的资源禀赋，因为资源基础观认为，企业资源是一切企业活动的基础，所以企业的冗余资源会对企业是否进行绿色创新具有重要意义。最后，管理者注意力理论认为，企业高层管理者在企业决策中起决定性作用，其注意力是影响企业相关决策行为的一个关键因素。因此，管理者对环境的关切与关注在驱动企业进行绿色创新方面具有重要影响。

5.1.1.1 创新理论

第一个提出创新概念的学者是经济学家熊彼特，他在1912年出版的《经济发展理论》中指出，企业对超额利润的追求和企业家精神是创新的原动力。自此他的创新理论应运而生，在该创新理论中熊彼特认为，创新不局限于某个特定领域，它与技术也不一定直接相关，它可以包括产品、工艺、市场和组织等方面的创新。基于这个角度可以看出，对企业绿色创新的研究与创新理论的相关内容是分不开的。而一般创新理论表明，创造新利润是创新的基本目标，认为创新的本质是企业家把一种生产要素或生产条件重新组合，然后引入企业的生产体系中用以获取市场上的潜在利润，具有人本和系统两个特性，是以人为核心，市场、技术、政治、社会经济、生态环境等诸多因素相互作用的动态过程。而创新的人本特性决定了创新的核心动力是企业家创新精神和利益驱动，系统特性决定了创新的实现有赖于多个因素的共同作用。由此，创新理论表明创新是由多要素共同作用的结果，影响创新的因素既包括市场、政府政策规制和技术等组织外部因素，也包含组织资源、企业家特质、企业能力和员工素养等内部驱动因素。

企业绿色创新虽然与企业的一般创新不尽相同，但也不完全迥异，它仍是企业创新的一种，一般创新理论可为绿色创新的驱动机理研究提供基本依据及相关启示。企业绿色创新活动也是多因素耦合的结果，其同样会受到企业外部的市场、技术、政府规制等因素的影响，以及企业内部的组织资源、企业家精神、企业能力等企业自身因素的影响。

5.1.1.2 生态现代化理论

生态现代化理论由德国学者马丁·耶内克和约瑟夫·胡伯在20世纪80年代率先提出。它既是一种现代化理论，也是一种环境政策规划，这种有关环境变革进程的社会发展理论是可持续发展的升华和具体体现①。当人类必须向前发展却又陷入环境困境时，生态现代化理论自然地联系环境和发展问题，尝试用兼顾协调的方式全面调节二者之间存在的矛盾，以达到避免发生激烈的社会结构变迁的目的。生态现代化理论的内容包括以下几点：(1)经济和市场动力能够激发工业进行创新和对环境进行绿色变革，从而促进保护环境的实现。(2)环境问题也是发展的机遇，降污减排和绿色生产，塑造环境友好形象，能提升一定的经济竞争力。(3)转变单纯末端治理的思路，减少用于发展经济的总体成本，优化生产消费结构。(4)优化管理策略，形成有一定实践价值的环境管理模式，以有效化解经济增长和保护环境二者的矛盾。(5)构建绿色持续的环境友好型社会，以顺应可持续发展战略的实施。生态现代化理论给我国经济发展带来了新的经济增长模式。由于生态现代化理论追求的经济增长是在创造就业和改进社会福利的同时能尽可能做到减少资源耗费和避免产生废弃物，它不仅要求为今后经济的发展创造可持续的资源条件，还特别强调环境保护以提升我们生存环境的质量。

生态现代化理论还特别强调市场因素在绿化社会环境过程中的决定性作用，认为市场其实远比政府政策更能帮助有效解决环境污染和资源匮乏的问题。因为政府主导的计划过程也势必最终要传递给市场，通过市场进行理性化运作，所以市场上的竞争和资本投入对绿色经济发展更有效。因此，本书在考虑绿色创新外部影响因素时主要考虑了市场导向因素，未对政策因素进行探究，又因为目前传统制造业的技术水平普遍不高，且发展也较为缓慢，所以对影响企业绿色创新的技术因素也并未考虑。此外，生态现代化理论还认为，企业通过实施绿色环境创新，可以实现经济和环境的双重效益，这些都为本书构建理论模型提供了重要的参考依据。

5.1.1.3 资源基础观

资源基础观源于管理学界对企业竞争优势源泉取自哪里的解释。它主要认为，企业是由一系列资源构成的，企业绩效会产生差异的根本原因就在于有些企业拥有一些不能完全被模仿和复制、不可取代且比较稀缺的资源，而不在于所处的产业环境不同。这些资源可以是企业的有形资产，也可以是无形资产，比如财务资源、生产物资、员工、组织文化、技术资源等。资源基础理论有以下两点作为

① James P, "The Sustainability Cycle: A New Tool for Product Development and Design", *The Journal of Sustainable Product Design* (1997), 2(2): 52～57. 郇庆治、马丁·耶内克：《生态现代化理论：回顾与展望》，载《马克思主义与现实》，2010 年第 1 期，第 175～179 页。李慧明：《生态现代化理论的内涵与核心观点》，载《鄱阳湖学刊》，2013 年第 2 期，第 61～72 页。

假设的前提：一是企业拥有的资源是具有差异性的；二是企业拥有的资源在组织之间不是完全流动的。目前，学界把资源基础观定义为一种把组织的资源作为分析单元，认为提升企业绩效和企业长期竞争优势的源泉是组织拥有的异质资源的理论。该理论指出，企业是一个资源集合体，拥有的资源和能力是帮助其生存和发展的重要基础。因此，当企业在资源和能力上占有一定优势时，就会比其他企业更倾向于选择创新。

资源基础观还认为，企业的优越异质资源和特有能力能获得一定竞争优势的原因不仅在于他们拥有更好的稀缺资源，而且在于他们懂得更好地使用这些资源。因此，绿色创新作为企业创新的一种，同样离不开企业资源的支撑。同时，企业进行绿色创新还利于提升企业的社会合法性和树立企业环保形象，进而形成企业新的异质和优越能力。从这个角度看，企业的资源和能力也是其能够顺利进行绿色创新的基础和前提，而绿色创新行为也有助于企业获得更多具有差异化的竞争优势，提高其行业竞争力，协助其更好地生存下去和发展壮大。鉴于此，资源基础观是考察组织冗余资源会影响企业是否实施绿色创新的重要理论依据。

5.1.1.4 管理者注意力理论

近来，作为管理学中一个重要概念的注意力受到了大量学者的关注。有学者提出，企业管理者作出决策的优劣较大程度地取决于他们能否科学有效地去配置自身的注意力[①]。也有学者认为，管理者能通过如何配置自己的注意力去影响企业的重大经营行为[②]。相关研究已表明，创新作为企业行为的一个主要内容也必然会受到管理者注意力的影响。虽然管理者注意力在管理学理论研究和企业实践活动中占有重要地位，但是因为学科背景和研究问题的不同会使得研究者选择的注意力定义不同，所以目前关于注意力的界定并没有统一。

管理者注意力理论是西蒙管理决策者注意力观点的延伸，是考察以注意力为核心的组织行为和组织适应性的元理论，其会重点关注企业高层管理者的注意力怎样去影响组织适应性。威廉・奥卡西奥认为，由于企业管理者对企业经营行为的影响最大而使得高层管理者注意力的研究最有意义。本书主要采纳威廉・奥卡西奥的观点，认为决策者的判断是由他决策时关注的焦点决定的，但影响管理者注意力的因素有很多。其中，不仅包括决策者自身的个人特征，所处的

---

① March J G, *Primer on Decision Making*, (New York: Simon & Schuster Ltd, 1994).

② Ocasio William, "Towards an Attention-based View of the Firm", *Strategic Management Journal* (1997), 18(S1): 187～206.

环境也会对其注意力产生不同程度的影响[①]。因此，管理者注意力理论是管理者因关注的焦点不同和所处环境的变化不一样而引起的注意力对管理者的决策及企业行为有重大影响。而随着环境和资源危机导致的整个宏观环境的巨大变化，管理者的注意力开始从单纯追求经济效益向兼顾环境效益转变，这种注意力转变势必也会对企业行为的改变产生重要影响，会促使管理者作出与绿色创新相关的决策，进而推动企业实施绿色创新。因此，管理者注意力也是解释企业是否会选择绿色创新的一个重要理论依据。

5.1.2 概念模型的构建

通过对所需理论的概述和对相关研究文献的回顾与综述，依据一般创新理论、资源基础观、管理者注意力理论和生态现代化理论，借鉴已有企业绿色创新驱动机理的研究成果，结合第 3 章、第 4 章的研究结果，分别从市场、组织资源和管理者环境关注等方面深入探究其对传统制造企业绿色创新的影响，以及绿色创新与企业绩效的关系。

5.1.2.1 相关概念的界定

——市场导向。自 1965 年 Hise 首次提出市场导向概念以来，虽然关于市场导向的相关研究已较为丰富，但是关于市场导向的定义还并没有形成统一[②]。目前得到学界认可的相关观点有以下 3 种：(1)有学者从哲学或策略角度，定义市场导向的文化观[③]。(2)有学者基于行动视角，对市场导向进行定义的行为观[④]。(3)也有学者从市场导向的内涵及活动范围进行界定的整体市场导向观[⑤]。本章主要采用市场导向的文化观，认为市场导向是一种能最有效为顾客创造价值、为企业带来良好绩效的组织文化，有顾客导向、竞争者导向和部门间协调三个方面的内容[⑥]。顾客导向是指企业为充分了解目标顾客并能因此持续

① Ocasio William,"Towards an Attention-based View of the Firm",*Strategic Management Journal*(1997),18(S1):187～206.

② Hise R T,"Have Manufacturing Firms Adopted the Marketing Concept?",*Journal of Marketing*(1965),29(3):9～12.

③ Narver J C, Slater Stanley F,"The Effect of a Market Orientation on Business Profitability",*Journal of Marketing*(1990),54(4):20～35.

④ Kohli A K, Jaworski Bernard J,"Market Orientation: The Construct, Research Propositions, and Managerial Implications",*Journal of Marketing*(1990),54(2):1～18.

⑤ Narver J C, Slater Stanley F, Maclachlan Douglas L.,"Responsive and Proactive Market Orientation and New-product Success",*Journal of Product Innovation Management*(2004),21(5):334～347.

⑥ Narver J C, Slater Stanley F,"The Effect of a Market Orientation on Business Profitability",*Journal of Marketing*(1990),54(4):20～35.

为企业创造价值。竞争者导向是指企业需要掌握现在和以后可能出现的主要竞争对手的优劣势、竞争能力和企业战略等信息，以此通过创造差异化新产品、采取不同于竞争对手的营销计划以赢得机会，抢占市场先机。部门间协调是指企业为顾客创造价值要协调使用企业的组织资源，主要可以用来反映组织内部的相互作用及组织部门和成员之间交流的程度。

——组织冗余。组织冗余的概念最早是由西蒙等于 1958 年正式提出。之后有学者指出，组织冗余是指组织资源中多出实际需求的资源，且往往是被组织内部的个人或某些组织所掌握并控制的①。不同的学者因研究内容与角度不同，故对组织冗余的概念及其所起作用的观点不太一致。本书主要采纳 Singh 对组织冗余的定义。他认为组织冗余有已吸收冗余和未吸收冗余两个部分，已吸收冗余是在组织中已被占用而不容易被调配的资源；未吸收冗余是组织中目前尚未被支配且有更大的自由分配权的资源，是能够被用于任何地方的资源②。我国研究学者李剑力通过实证研究发现，组织中已吸收冗余和未吸收冗余都能强化探索性创新和开发性创新对企业绩效的促进作用。并且未吸收冗余资源因还没有被投入和使用，会较容易被识别和合理分配到其他地方利用，故更容易用到创新投入中③。

——管理者环境关注。管理者的环境关注通过在外文数据库和中文数据库进行检索，结果发现仅有较少的文献有涉及这个变量。但我国学者目前主要采用李巧华基于其他学者相关研究中管理者对环境关注的测量题项，提出管理者环境关注的定义④。本书采纳他们对管理者环境关注的界定，认为管理者的环境关注是指企业管理者对自然环境重要性的关注和对制定及实施环境战略重要性的认知程度。

---

① Cyert R M, March James G, *A Behavioral Theory of the Firm*, (Englewood Cliffs: Prentice-Hall, 1963), pp. 93～107.

② Singh J V, "Performance, Slack, and Risk Taking in Organizational Decision Making", *Academy of Management Journal* (1986), 29(3): 562～585.

③ 李剑力：《探索性创新、开发性创新与企业绩效关系研究——基于冗余资源调节效应的实证分析》，载《科学学研究》，2009 年第 27 卷第 9 期，第 1418～1427 页。

④ 李巧华：《生产型企业绿色创新：影响因素及绩效相关》，成都：西南财经大学博士学位论文，2014 年，第 52 页。Eiadat Yousef, Kelly Aidan, Roche Frank, et al., "Green and Competitive? An Empirical Test of the Mediating Role of Environmental Innovation Strategy", *Journal of World Business* (2008), 43(2): 131～145. Ar Ilker Murat, "The Impact of Green Product Innovation on Firm Performance and Competitive Capability: The Moderating Role of Managerial Environmental Concern", *Procedia-Social and Behavioral Sciences* (2012), 62(1): 854～864.

——绿色创新。绿色创新是由欧内斯特·布劳恩和戴维·韦尔德最先提出的①。本章根据研究需要主要采用彭雪蓉等对绿色创新的定义，认为绿色创新主要包括绿色产品创新和绿色工艺创新两个方面，是指企业通过开发或采用一种旨在显著降低产品或服务整个生命周期的环境风险、污染、资源（能源）利用的负面影响的新的产品、服务、工艺、流程、管理和经营方式等行为②。其中，绿色产品创新主要是指企业旨在为降低对环境损害和提高资源利用率而对产品研发、生产和包装整个过程进行的创新行为；绿色工艺创新是强调对生产工艺方面进行的技术改进或精简步骤以达到显著降低产品或服务整个生命周期的环境风险、污染，以及资源利用负面影响目的的行为。

——企业绩效。关于企业绩效的定义，现有研究中虽有不少从不同角度和方法对企业的绩效进行定义，但是总的来说企业绩效始终是用来衡量企业达成目标的情况或者实现目标的程度，很多学者之所以对企业绩效看法的差别是因为他们对企业目标的分解程度或分解方法不同导致的。从管理学角度看企业绩效是企业活动业绩和效率的统称，可以认为是实现组织战略目标的程度。随着社会对环境保护的日益重视，环保逐渐被纳入企业的社会责任中，企业绩效的衡量就增加了环境绩效和社会绩效两个维度。而本章出于研究内容的考量，对企业绩效的测量主要选取了与绿色创新紧密相关的经济绩效和环境绩效两个方面。企业环境绩效主要是把企业环保行为作为企业经营活动的出发点，侧重考虑企业行为对环境产生的影响，而不仅仅考虑企业的经济目标。

5.1.2.2 研究假设提出

——市场导向与绿色创新的关系假设。市场导向被认为是一种能最有效地为顾客创造优越价值、给企业创造良好绩效的组织文化，能帮助企业与顾客保持紧密联系，清楚消费者的需求变动，进而驱使企业有意识地进行创新。伴随着绿色观念进入市场竞争体系，消费者、供应商和同行竞争企业等各方利益相关者均开始陆续注重绿色市场，而企业为了能够更好地参与市场竞争、适应市场需求变动和获得更大的利润空间，必定积极开发满足客户绿色消费需求的绿色产品，如果在产品生产的各个环节都要更好地贯彻绿色环保健康的理念，就必须进行创新。因此，市场通常是企业绿色产品创新最主要的动因。在工艺方面，为比竞争对手更快赢得竞争优势和顺应绿色市场发展潮流，市场导向也会使得企业在进

① Braun E, Wield D, "Regulation as a Means for the Social Control of Technology", *Technology Analysis & Strategic Management*(1994), 6(3): 259～272.

② 彭雪蓉、刘洋、赵立龙：《企业生态创新的研究脉络、内涵澄清与测量》，载《生态学报》，2014年第34卷第22期，第6440～6449页。

行绿色产品创新的同时引发企业的绿色工艺创新。并且不少实证研究已经表明，市场导向可以驱动企业创新，它的顾客需求和市场竞争等因子是企业环保创新行为的重要驱动因素。有学者指出，顾客需求是企业环保创新的一个重要动因①。有学者认为，消费者的环保意识会使企业实施绿色创新战略②。也有学者认为，市场导向必然会使企业主动选择绿色创新，以提高企业的创新性和新产品的绩效③。张婧和段艳玲实证研究制造型出口企业发现，市场导向中的部门间协调和顾客导向两个维度会促进企业对产品进行创新④。也有学者通过对汽车产业的实证研究发现，顾客需求与企业绿色创新有着显著的正相关关系⑤。据此，本书提出以下假设：

假设 1-1：市场导向会正向驱动企业的绿色产品创新。

假设 1-2：市场导向会正向驱动企业的绿色工艺创新。

——管理者环境关注与绿色创新的关系假设。由于企业的经营行为往往取决于管理层的决策，企业进行创新行为也必然离不开管理者的引导。因此，当企业的管理者对环境问题比其他企业的高层管理者更加关注和重视时，其进行绿色创新的可能性就会增加。因为传统制造企业的排污行为在众多行业中几乎是最多的，所占的自然资源量也是相对较大的，所以其提高资源利用率和减少污染物排放的需求会更迫切。而对这个问题有较强敏锐性的管理者会偏向于主动进行绿色创新，以减少企业的环境成本。相关研究表明，企业主动型环境战略的实施在很大程度上是由于高层管理者对环境资源的承诺⑥。因为高层管理者作为

---

① del Brío Jesús Ángel, Fernández Esteban, Junquera Beatriz, et al., "Environmental Managers and Departments as Driving Forces of TQEM in Spanish Industrial Companies", *International Journal of Quality & Reliability Management*(2001),18(5): 495～511.

② Harrison Rob, Newholm Terry, Shaw Deirdre, *The Ethical Consumer*(London: SAGE, 2005).

③ Darnall Nicole, Henriques Irene, Sadorsky Perry, "Adopting Proactive Environmental Strategy: The Influence of Stakeholders and Firm Size", *Journal of Management Studies* (2010),47(6):1072～1094.

④ 张婧、段艳玲：《市场导向对创新类型和产品创新绩效的影响》，载《科研管理》，2011 年第 32 卷第 5 期，第 68～77 页。

⑤ Weng Ming-Horng, Lin Chieh-Yu, "Determinants of Green Innovation Adoption for Small and Medium-size Enterprises (SMEs)", *African Journal of Business Management* (2011),5(22):9154－9163.

⑥ del Brío Jesús Ángel, Fernández Esteban, Junquera Beatriz, et al., "Environmental Managersand Departments as Driving Forces of TQEM in Spanish Industrial Companies", *International Journal of Quality & Reliability Management*(2001),18(5):495～511.

实施绿色创新行为的决策者，主导着企业进行绿色创新的投入活动，所以其环保意识就会对企业绿色创新行为的产生有重要影响。弗格森等人的研究指出，如果企业经理高度关注环境保护，那么该企业采取环境创新的可能性就会更大①。有学者基于实证研究认为，管理者对环境的关注可能是促使企业采取环境创新战略的最强驱动力②。有学者基于我国建筑行业的实证研究，佐证了管理者对环境的关注是影响企业是否进行绿色实践的关键因素这一观点③。综上所述可知，管理者对环境的关注可以视为企业绿色创新行为实施的启动器，当企业高层管理者对环境关注度增加时，会重视环境保护和注意资源的高效利用，进而增强他们指引企业进行绿色创新的意愿。据此，本书提出以下假设：

假设 1-3：管理者环境关注会正向驱动企业的绿色产品创新。

假设 1-4：管理者环境关注会正向驱动企业的绿色工艺创新。

——组织冗余与绿色创新的关系假设。有学者根据资源基础观理论，认为企业绩效的差异性主要受企业资源禀赋上存在差异的影响，企业绩效绝大部分依赖组织资源和企业能力去获得竞争优势④。但是同一行业内，能使企业获得持久竞争优势的资源往往只有少数企业拥有，也很不容易在不同企业间自由流动。因此，有学者认为，企业能否在激烈的市场竞争中生存下来并能够保持连续持久竞争优势取决于企业是否拥有一定稀缺且不可替代的关键资源⑤。而组织冗余作为一种可以随意使用的多余资源，能对企业外部环境的变化、风险承担、执行团队的政治行为，以及企业的创新行为产生一定的缓冲作用。因此，早期就有学者通过实证研究证明，企业拥有充裕的资源会有利于企业对环境问题的关

① Fergusson H, Langford D A, "Strategies for Managing Environmental Issues in Construction Organizations", *Engineering Construction & Architectural Management* (2006), 13(2): 171～185.

② Eiadat Yousef, Kelly Aidan, Roche Frank, et al., "Green and Competitive? An Empirical Test of the Mediating Role of Environmental Innovation Strategy", *Journal of World Business* (2008), 43(2): 131～145.

③ Qi G Y, Shen L Y, Zeng S X, et al, "The Drivers for Contractors' Green Innovation: An Industry Perspective", *Journal of Cleaner Production* (2010), 18(14): 1358～1365.

④ Barney Jay, "Firm Resource and Sustained Competitive Advantage", *Journal of Management* (1991), 17(1): 99～120.

⑤ Moliterno T P, Wiersema M F, "Rent Appropriation and Behavioral Antecedents of Strategic Resource Divestment", *Academy of Management Annual Meeting Proceedings* (2005), (1): 1-6.

注，进而会在制定企业战略时把环境影响考虑在内[①]。之后，相关学者的研究也表明，企业对环保的选择会较大程度地受到企业多余可供自由支配资源的影响，并且具有充裕资源的大企业实施环保行为的可能性更大[②]。我国学者方润生和李雄诒也指出，组织冗余能增加企业购买绿色创新技术高投资的可能性，从而推动企业绿色创新行为的产生[③]。也有学者基于企业环境战略视角研究发现，企业环境战略的制定和实施在一定程度上需要取决于企业的资源禀赋，且企业资源类型中冗余资源最有利于推动企业实施环境战略[④]。综上可知，企业组织冗余可以用来购入符合环保标准以降低碳排放及其他污染物和燃料优化的设备，也能用于开发及推广符合市场要求的绿色产品，或者试验出更环保的生产流程给企业的绿色创新行为提供资源基础。因此，本书认为基于这个角度考虑企业组织冗余可以促进企业进行绿色创新，并帮助维持好企业发展与环境治理之间的平衡关系，从而使其获得可持续的核心竞争力。据此，本书提出以下假设：

假设 1-5：组织冗余对企业绿色产品创新有积极影响。

假设 1-6：组织冗余对企业绿色工艺创新有积极影响。

——绿色创新与企业绩效的关系假设。虽然绿色创新与企业经济绩效之间的关系尚未有完全统一的结论，但是认为它们之间是正相关关系得到了大多数学者的认同。这些学者认为，绿色创新既遵循环境目标，又具有一定的组织合法性，能帮助企业获得更多竞争优势，树立良好形象，提高经济收益。也有少数学者认为，企业进行绿色创新会提高生产和营运成本，进而降低企业盈利，削弱企业竞争力，不利于提高经济绩效。本书考虑到全球对环保问题愈发重视的趋势和我国可持续发展理念的推行，认为传统制造企业的绿色升级势在必行，其绿色创新也是应有之义，而且绿色发展理念将会更有利于企业绩效的提升，给企业带来更多的发展优势，帮助其健康地发展壮大，企业选择绿色创新会催发企业绩效

① Judge W Q, Douglas T J, "Performance Implications of Incorporating Natural Environmental Issues into the Strategic Planning Process: An Empirical Assessment", *Journal of Management Studies*(1998), 35(2):241～262.

② Sharma Arun, "Does the Salesperson Like Customers? A Conceptual and Empirical Examination of the Persuasive Effect of Perceptions of the Salesperson's Affect toward Customers", *Psychology & Marketing*(1999), 16(2):141～162.

③ 方润生、李雄诒：《组织冗余的利用对中国企业创新产出的影响》，载《管理工程学报》，2005 年第 19 卷第 3 期，第 15～20 页。

④ Bowen F E, Rostami M, Steel P, "Timing is Everything: A Meta-Analysis of the Relationships between Organizational Performance and Innovation", *Journal of Business Research*(2010), 63(11):1179～1185.

的产生和增加。另外,已有不少研究也证实了这个结论,如张海燕等学者认为,由于绿色产品创新能鼓励企业充分有效地利用原材料,减少浪费,这反而会降低原材料成本,并可能引导企业思考新的发展思路,寻找变废为宝带来额外收入的新方法,从而增加盈利,提升经济绩效①。绿色工艺创新主要考虑为降低环境污染和减少废物排放而进行改进工艺,这样可以使企业获得技术补偿,降低营运成本,提升市场绩效。有学者认为,绿色产品创新和绿色工艺创新都能在一定程度上让企业获得竞争优势,通过加大对绿色创新的投资力度可以帮助企业获得持续发展②。有学者研究发现,绿色产品创新对提升企业的财务绩效和竞争力具有重要作用③。据此,本书提出如下假设:

假设 2-1:企业绿色产品创新对经济绩效有积极影响。

假设 2-2:企业绿色工艺创新对经济绩效有积极影响。

企业环境绩效主要包括企业对水、物料等资源利用效率的提高,"三废"等污染物排放的减少和环境污染治理经费支出的降低。而绿色创新的目的就是降低产品或服务整个生命周期对环境和资源利用的负面影响,从这个意义来说,企业进行绿色创新能够带来一定的环境绩效。也有学者对这个问题进行了研究,并得到了肯定的答案。如有学者研究表明,环境创新和环境效益间的正向关系显著④。李怡娜和叶飞研究发现,企业的绿色环保实践与环境绩效显著正相关⑤。徐建中和曲小瑜研究指出,FDI 能够通过提升区域的绿色创新能力去提高其环境绩效⑥。本书认为,随着生态文明建设的推进和新环保法的颁布与实施,我国对相关污染的处罚标准变得更为严格。尤其是对传统制造业企业来说,为了适应日渐严格的政府规制,企业会增加进行产品或工艺研发的潜在成本,这对企业

---

① 张海燕、邵云飞、王冰洁:《考虑内外驱动的企业环境技术创新实证研究》,载《系统工程理论与实践》,2017 年第 37 卷第 6 期,第 1581～1592 页。

② Chen Yu-Shan, Lai Shyh-Bao, Wen Chao-Tung, "The Influence of Green Innovation Performance on Corporate Advantage in Taiwan", *Journal of Business Ethics*(2006),67(4):331～339.

③ Lin Ru-Jen, Tan Kim-Hua, Geng Yong, "Market Demand, Green Product Innovation, and Firm Performance: Evidence from Vietnam Motorcycle Industry", *Journal of Cleaner Production*(2013),40(3):101～107.

④ Carrión-Flores C E, Innes R, "Environmental Innovation and Environmental Performance", *Journal of Environmental Economics & Management*(2010),59(1):27～42.

⑤ 李怡娜、叶飞:《制度压力、绿色环保创新实践与企业绩效关系——基于新制度主义理论和生态现代化理论视角》,载《科学学研究》,2011 年第 29 卷第 12 期,第 1884～1894 页。

⑥ 徐建中、曲小瑜:《装备制造业环境技术创新效率及其影响因素研究——基于 DEA-Malmquist 和 Tobit 的实证分析》,载《运筹与管理》,2015 年第 24 卷第 1 期,第 246～254 页。

取得效益不利，进而就会迫使企业必须进行产品或生产工艺方面的绿色创新来相对减少或避免这部分的成本，从而获得一定的环境效益。据此，本书提出以下假设：

假设 2-3：企业绿色产品创新对环境绩效有积极影响。

假设 2-4：企业绿色工艺创新对环境绩效有积极影响。

5.1.2.3 概念模型

根据已有研究文献和相关研究成果，选取对企业绿色创新具有系统或整体影响的市场导向作为外部影响因素，又因为每个企业所拥有的资源、能力和管理者的不同会造成企业绿色创新的较大差异性，所以把组织冗余和管理者环境关注作为主要研究的组织内部影响因素。同时，为了更好地推动企业进行绿色创新，帮助高层管理者树立正确的绿色创新意识，验证现有关于企业绿色创新带来的环境绩效挤出经济绩效观点的正误，本书认为有必要考虑研究企业经济绩效和环境绩效与绿色创新之间的关系。综上所述，本书构建的概念模型具体见图 5-1。

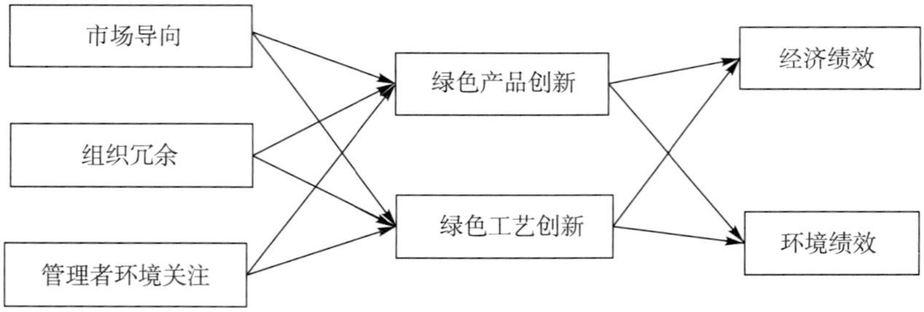

图 5-1 概念模型图

5.1.3 实证分析——以安徽省传统制造企业为例

5.1.3.1 数据收集

——研究对象的确定。本书主要探究企业的绿色创新行为，为了研究内容有更好的研究针对性，选择将样本企业限定为传统制造企业。这主要基于如下考量：(1)制造业是我国国民经济的主体，是国民经济增长的主要源泉，是强国的基础。并且由于制造业的转型升级和跨越发展是实现我国打造制造强国战略的必要选择，而传统制造业始终是制造业转型升级的一个瓶颈，亟须寻找发展和创新突破点。(2)与现代制造企业相比，传统制造企业的绿色创新更能体现对环境和资源的影响。(3)不同行业类型的企业在响应绿色创新要求时，进行创新的侧重点会有所不同，如果对所有企业不加以区分地任意选择作为调查对象就会严重影响研究结论的科学性和准确性。因此，本书将研究对象选定为传统制造企业。另外，本章根据研究需要，参考和借鉴制造业内基本达成共识的一些看法，认为传统制造业是一种以劳动密集或资本密集为主要特征、以传统或通用技术为主要生产手段的制造加工行业。又出于对研究目的的考虑，对于定义的传统制造业主要选取包括农副食品加工业、纺织业、金属制品业、工艺品及其他制造业、木材加工及木、竹、藤、棕、草制品业 、黑色金属冶炼及压延加工业、有色金属冶炼及压延加工业和石油、煤炭及其他燃料加工业等几个与能耗和环境息息相关的行业。

——调查问卷内容的设计。本章的数据是采用制定量表，发放调查问卷的方式收集的。调查问卷主要共分为 4 个部分：传统制造企业的基本信息、绿色创新的驱动因素、绿色创新和企业绩效的调查，其具体内容可见附录。(1)传统制造企业基本信息的调查。有关传统制造企业的基本信息调查包括企业的名称、成立年数、企业所属行业、企业规模类型、企业性质和企业所在地等问题。并且为了保证样本的有效性还设计了填写人员职位的问题，这样有利于筛选出研究需要的目标受访对象。(2)传统制造企业绿色创新驱动因素的调查。该部分问题基于一定的实地调研和相关的文献研究，主要从市场导向、组织冗余资源和管理者环境关注三个驱动因素进行调查，具体内容设计参考了纳维和斯赖特、李剑力、伊尔克·穆拉特·阿尔和李巧华研究中的测量量表，分别有 12 个、7 个和 4 个测量题项[①]。测量题项主要采用 5 级 Likert 分量制。(3)传统制造企业绿色创新的调查。参考相关研究中的测量量表并结合传统制造企业的特点设计问题，主要从绿色产品创新和绿色工艺创新等 8 个测量题项对传统制造企业绿色创新进行调查[②]。同样采用 5 级 Likert 分量制。(4)企业绩效的调查. 调查问卷的最后一部分是对传统制造企业绩效的调查，该部分包括经济绩效和环境绩效两个方面共 7 个测量题项，采用 5 级 Likert 分量制测量。

——问卷的发放与回收。发放及回收问卷的主要方式有：(1)在校给 MBA 学员和工程硕士学员留置问卷，并当天收回。(2)利用在线问卷调研平台——问卷星邮寄电子版问卷或发送问卷网址给相关企业管理层人员填写并实时跟进收

---

① Narver J C, Slater S F,"The Effect of a Market Orientation on Business Profitability ", *Journal of Marketing*(1990),54(4):20～35. 李剑力:《探索性创新、开发性创新与企业绩效关系研究——基于冗余资源调节效应的实证分析》,载《科学学研究》,2009 年第 27 卷第 9 期,第 1418～1427 页。Ar Ilker Murat,"The Impact of Green Product Innovation on Firm Performance and Competitive Capability: The Moderating Role of Managerial Environmental Concern",*Procedia-Social and Behavioral Sciences*(2012),62(1):854～864. 李巧华:《生产型企业绿色创新:影响因素及绩效相关》,成都:西南财经大学博士学位论文,2014 年,第 75～76。

② Cheng C C, Shiu E C,"Validation of a Proposed Instrument for Measuring Eco-Innovation: An Implementation Perspective",*Technovation*(2012),32(6):329～344.

回。(3)通过老师、亲戚、同学和朋友相互推荐方式,采取线上与线下结合去发放和回收问卷。自 2017 年 6 月起,调查问卷正式发布至 2017 年 10 月底,历时 4 个月,共发放问卷 415 份,收回问卷 389 份,回收率为 93.7%。删除填写不完整和有明显矛盾、有歧义或重复的无效问卷后,获得有效问卷 366 份,有效率为 88.2%。对企业的绿色创新和绩效情况,企业的管理者比普通的员工把握得更加准确。因此,调查问卷内容尽量由被调查传统制造企业的中高级管理者填写。

5.1.3.2 样本描述

本书样本描述性统计分析主要从企业成立年数、企业规模、企业性质和企业所在行业分布进行描述,具体分析结果如表 5-1 所示。

表 5-1 企业特征的描述性统计

企业特征	分类	总样本(N=366)	
		频数	比例
企业成立年数	3 年以下	39	10.6%
	3～5 年	30	8.2%
	5～10 年	69	18.9%
	10～15 年	75	20.5%
	15～20 年	41	11.2%
	20 年以上	112	30.6%
企业规模大小	微型	29	7.9%
	小型	88	24.0%
	中型	127	34.7%
	大型	122	33.3%
企业性质	国有及国有控股	110	30.1%
	集体	23	6.3%
	民营	194	53%
	中外合资	24	6.6%
	外商独资	15	4.1%

续表

企业特征	分类	总样本(N=366)	
		频数	比例
所属行业	农副食品加工业	27	7.4%
	纺织业	41	11.2%
	金属制品业	62	17.0%
	工艺品及其他制造业	51	13.9%
	木材加工及木、竹、藤、棕、草制品业	10	2.7%
	黑色金属冶炼及压延加工业	24	6.6%
	有色金属冶炼及压延加工业	30	8.2%
	石油、煤炭及其他燃料加工业	58	15.8%
	其他	63	17.2%

数据来源:笔者根据调研数据整理得到。

从样本的统计特征来看,此次抽样调查的样本结构还是比较合理的,如从传统制造企业的性质来看,大多数企业为民营企业,国有企业约占三分之一,样本显示具有一定的代表性。另外,被调查企业在企业成立年数、企业规模和企业性质方面的分布也相对科学合理,有效避免了样本的单一化,从而保证传统制造企业绿色创新驱动机理相关研究结论的普遍性。

5.1.3.3 变量的选取及测量

本书结合国内外大量关于市场导向、组织冗余资源、管理者环境关注、绿色创新及企业绩效研究中采用的成熟量表,再根据研究目的,从企业层面对市场导向、组织冗余资源、管理者环境关注、绿色产品创新、绿色工艺创新、经济绩效和环境绩效 7 个潜变量涉及的观测变量指标进行设定。具体的 7 个潜在变量测量及相关参考文献如表 5-2 所示。

表 5-2　变量测量及相关参考文献

变量	代码	测量题项	参考文献
市场导向	A1	会收集顾客绿色需求信息	Narver & Slater①
		可以很好地处理顾客投诉	
		视顾客为合作伙伴经常咨询以提高服务质量	
		会研究怎样可以为顾客提供更多的价值	
	A2	知道竞争对手是否关注顾客对绿色创新产品的偏好	
		知道竞争对手有没有进行绿色创新	
		知道竞争对手怎样吸引顾客购买绿色创新产品	
		知道竞争对手向顾客提供的绿色产品性能	
	A3	各部门能够为了满足顾客的需求而密切合作	
		各部门能够协调针对顾客的活动	
		各部门都意识到顾客关系的重要性	
		各部门会共同做出影响顾客关系的决定	
组织冗余资源	D11	组织内部有充足的可用于自由支配财务资源	李剑力②
	D12	留存收益足以支持市场扩张	
	D13	拥有较多的潜在关系资源可以利用	
	D14	能在需要时获得银行贷款或其他金融机构资助	
	D15	已引入的先进工艺设备或技术没有被充分利用	
	D16	拥有相对较多科研人才还有一定的发掘潜力	
	D17	目前的生产能力有富余	
	H22	“三废”等环境污染物的排放有明显减少	
	H23	环境污染治理效果有明显改善	

① Narver J C, Slater S F,“The Effect of a Market Orientation on Business Profitability ”, *Journal of Marketing*(1990),54(4):20～35.

② 李剑力:《探索性创新、开发性创新与企业绩效关系研究——基于冗余资源调节效应的实证分析》,载《科学学研究》,2009 年第 27 卷第 9 期,第 1418～1427 页。

续表

变量	代码	测量题项	参考文献
管理者环境关注	E1	绿色创新对贵企业而言有必要做到很高水平	Ar①、李巧华②
	E2	绿色创新是贵企业制定企业战略应考虑的重要因素	
	E3	对贵企业可持续发展而言绿色创新是有价值且值得做	
	E4	绿色创新是贵企业一种有效的企业策略	
绿色产品创新	G11	会经常开发结构包装简化的新产品	Cheng& Shiu③
	G12	会经常开发容易回收再利用的新产品	
	G13	会经常开发原材料容易降解的新产品	
	G14	会经常开发能耗较低的新产品	
绿色工艺创新	G21	会经常改进生产工艺或精简生产步骤以降低环境污染	
	G22	会经常改进生产工艺或精简生产步骤以遵守环保法规	
	G23	会经常引进新的节能环保技术进行生产制造	
	G24	会经常改进生产工艺或精简生产步骤以减少资源浪费	
经济绩效	H11	销售额增长了很多	Said & Hassabelnaby④
	H12	市场占有率提高了很多	
	H13	盈利增长了很多	
	H14	顾客满意度提高了很多	
环境绩效	H21	对物料、能源或水等资源的利用效率有明显提高	孙凌宇⑤
	H22	"三废"等环境污染物的排放有明显减少	
	H23	环境污染治理效果有明显改善	

① Ar Ilker Murat, "The Impact of Green Product Innovation on Firm Performance and Competitive Capability: The Moderating Role of Managerial Environmental Concern", *Procedia-Social and Behavioral Sciences*(2012),62(1):854～864.

② 李巧华:《生产型企业绿色创新:影响因素及绩效相关》,成都:西南财经大学博士学位论文,2014年,第75～76页。

③ Cheng C C, Shiu E C, "Validation of a Proposed Instrument for Measuring Eco-innovation: An Implementation Perspective", *Technovation*(2012),32(6):329～344.

④ Said A A, Hassabelnaby HassabElnaby R, Wier B, "An Empirical Investigation of the Performance Consequences of Nonfinancial Measures", *Journal of Management Accounting Research*(2003),15(1): 193～223.

⑤ 孙凌宇:《资源型企业绿色转型成长研究》,长沙:中南大学博士学位论文,2012年,第138～140页。

5.1.3.4 信度与效度分析

在实证研究中，测量工具的可靠性与有效性对实证分析至关重要，良好的信度和效度是能否继续进行下一步研究的前提和基础。因此，在进行假设检验之前，我们需要首先对问卷的信度和效度进行分析。

5.1.3.4.1 信度分析

信度分析即可靠性分析，是用来检验量表工具所测得结果的稳定性和一致性的一种统计分析方法，是衡量数据质量优劣的重要指标之一。在实证研究中，学者们普遍选择用内部一致性系数 Cronbach's α 值对数据的信度水平进行测量。Cronbach's α 值越大，表明利用问卷收集的各题目回答结果的一致性和稳定性越高。一般情况下，当 Cronbach's α 值达到 0.7 时，就可表明被调查者回答的一致性较好，Cronbach's α 系数的判定标准见表 5-3。

表 5-3 Cronbach's α 系数判定表

Cronbach's α	量表信度
<0.50	非常不理想，舍弃不用
0.50～0.60	不理想，重新编制或修订量表
0.60～0.70	尚可
0.70～0.80	信度高，可接受
0.80～0.90	理想，信度很高
≥0.90	非常理想，信度非常好

在检验数据的 Cronbach's α 系数的同时，还应该检验数据的"当前题项得分与去掉当前题项问卷总分的相关系数"，即 CITC 值，其主要用来表示剔除这一题项后整体的 Cronbach's α 值。当 CITC 值<0.5 时，表明其具有较差的收敛效度，应加以剔除，不能再将其用到下一步的模型分析中。

——绿色创新驱动因素的信度分析。使用 SPSS17.0 软件对传统制造企业绿色创新驱动因素的数据进行信度分析，结果如表 5-4 所示。

表 5-4 绿色创新驱动因素的信度分析结果

变量	题项	CITC	项已删除的 Cronbach's α 值	整体 Cronbach's α 值
市场导向(A)	A1	0.745	0.664	0.814
	A2	0.586	0.833	
	A3	0.677	0.736	

表 5-4　绿色创新驱动因素的信度分析结果

变量	题项	CITC	项已删除的 Cronbach's α 值	整体 Cronbach's α 值
组织冗余资源(D)	D11	0.549	0.749	0.784
	D12	0.643	0.731	
	D13	0.647	0.731	
	D14	0.543	0.750	
	D15	0.291	0.810	
	D16	0.542	0.751	
	D17	0.436	0.770	
管理者环境关注(E)	E1	0.697	0.760	0.826
	E2	0.652	0.781	
	E3	0.598	0.804	
	E4	0.663	0.776	

由表 5-4 可知，市场导向、组织冗余资源和管理者环境关注题项的整体信度的 Cronbach's α 值分别为 0.814，0.784 和 0.826，依照前面相关判定表的标准可此次收集的 366 份问卷回答的一致性较高，数据整体信度较高，质量较好，可初步认为该数据能够进行下一步的实证分析。但进一步观察每个题项的 CITC 值发现绝大部分均在 0.5 以上，而关于组织冗余资源的 D15 和 D17 这两个题项的 CITC 值小于 0.5，且这两个题项的“项已删除系数”分别为 0.810 和 0.770，均大于其他题项系数的 α 值，表明如果删除这两个题项，组织冗余资源的信度就会上升。因此，根据信度检验标准，应剔除 D15 和 D17 这两个题项，不将其放入 SEM 模型中进行分析。

——关于绿色创新的信度分析。运用 SPSS17.0 软件对绿色产品创新和绿色工艺创新进行数据的可靠性分析，具体计算结果如表 5-5 所示。

表 5-5 绿色创新的信度分析结果

变量	维度	题项	CITC	项已删除的 Cronbach's α 值	整体 Cronbach's α 值
绿色产品创新(G1)		G11	0.577	0.866	0.775
		G12	0.617	0.861	
		G13	0.635	0.860	
		G14	0.657	0.857	

续表

变量	维度	题项	CITC	项已删除的 Cronbach's α 值	整体 Cronbach's α 值
	绿色工艺创新(G2)	G21	0.651	0.858	0.801
		G22	0.633	0.860	
		G23	0.678	0.855	
		G24	0.623	0.861	

从表 5-5 可以看出，绿色产品创新和绿色工艺创新的题项信度均较高，Cronbach's α 值分别为 0.775 和 0.801，每个题项的 CITC 值均大于 0.5，说明收集的问卷回答一致性较高，数据的可信度较高，适宜用作下一步分析。

——企业绩效的信度分析。使用 SPSS17.0 软件对企业经济绩效和环境绩效的数据进行信度分析，结果如表 5-6 所示。

表 5-6 企业绩效的信度分析结果

变量	题项	CITC	项已删除的 Cronbach's α 值	整体 Cronbach's α 值
经济绩效(H1)	H11	0.628	0.842	0.818
	H12	0.666	0.837	
	H13	0.597	0.847	
	H14	0.679	0.836	
环境绩效(H2)	H21	0.636	0.841	0.776
	H22	0.611	0.844	
	H23	0.601	0.846	

表 5-6 显示企业经济绩效和环境绩效题项的整体信度 Cronbach's α 值分别为 0.818 和 0.776，每个题项的 CITC 值均大于 0.5，说明本书收集的有关企业经济绩效和环境绩效的问卷回答一致性很高，整体数据收集的可信度较高，数据质量达到了进一步分析的要求。

5.1.3.4.2 效度分析

经过上述信度分析可知，问卷测量题项均具有较好的稳定性，但仍需进一步分析测量题项的效度。效度分析测量的是问卷的有效性和可靠性，表示运用量表得到的相关结果达到期望目标的程度。通常效度测量结果越高，说明测量工具测量得越准确。本章所用量表的结构效度采用探索性因子分析进行检验。

因子分析因使量表题项变得较少且彼此相关性较大而被广泛应用于测量工

具建构效度的评价中。在对变量进行因子分析前，需要进行 KMO 检验和 Bartlett 球形检验，看其是否适合进行探索性因子分析，KMO 检验的判别标准具体见表 5-7；如果 Bartlett 球形检验结果达到 0.05 的显著水平，就可以进行因子分析。

表 5-7 KMO 值判别标准

KMO 统计量值	判别说明
KMO≥0.90	极适合做因子分析
KMO≥0.80	合适做因子分析
KMO≥0.70	尚可做因子分析
KMO≥0.60	勉强可做因子分析
KMO≤0.50	不适合做因子分析

本书中 Bartlett 球形检验和 KMO 检验的结果见表 5-8，可知 KMO 值为 0.953，Bartlett 球形检验统计值的显著性为 0.000，这说明所收集的数据相关性很高，结合表 5-7 给出的判断标准可知变量适合进行因子分析。

表 5-8 KMO 和 Bartlett 检验结果

KMO 检验统计量		0.953
Bartlett 的球形度检验	近似卡方	6776.698
	df	630
	显著性 P 值	0.000

表 5-9 探索性因子分析结果

变量	题项	因子构成						
		A	D	E	G1	G2	H1	H2
A	A1	0.836						
	A2	0.691						
	A3	0.741						
D	D11		0.721					
	D12		0.811					
	D13		0.748					
	D14		0.697					
	D16		0.505					

续表

变量	题项	因子构成						
		A	D	E	G1	G2	H1	H2
E	E1			0.812				
	E2			0.717				
	E3			0.643				
	E4			0.783				
G1	G11				0.667			
	G12				0.740			
	G13				0.668			
	G14				0.543			
G2	G21					0.629		
	G22					0.735		
	G23					0.544		
	G24					0.618		
H1	H11						0.805	
	H12						0.678	
	H13						0.856	
	H14						0.508	
H2	H21							0.665
	H22							0.662
	H23							0.734
特征值		2.151	2.913	2.935	2.699	1.193	2.772	3.344
解释变异量(%)		7.969	10.789	10.870	9.995	4.417	10.266	12.385
累积解释变异量%		7.969	18.758	29.628	39.623	44.040	54.306	66.691

本书用标准化载荷值、平均方差提取量(AVE)与组合信度(CR)指标来表示聚合效度的检验结果，具体计算结果如表5-10所示。由表5-10可知，各个潜变量的标准化载荷值都大于0.5，CR值均大于0.7，AVE值也基本达到大于0.5的标准，说明各变量具有良好的聚合效度。总体而言，量表具有良好的聚合效度。

表 5-10 验证因子分析结果

变量	题项	标准化载荷值	AVE	CR
市场导向(A)	A1	0.840	0.610	0.823
	A2	0.673		
	A3	0.819		
组织冗余资源(D)	D11	0.709	0.472	0.815
	D12	0.782		
	D13	0.714		
	D14	0.624		
	D16	0.587		
管理者环境关注(E)	E1	0.758	0.543	0.826
	E2	0.744		
	E3	0.714		
	E4	0.730		
绿色产品创新(G1)	G11	0.611	0.452	0.766
	G12	0.632		
	G13	0.704		
	G14	0.733		
绿色工艺创新(G2)	G15	0.727	0.509	0.805
	G22	0.694		
	G23	0.768		
	G24	0.660		
经济绩效(H1)	H11	0.727	0.526	0.816
	H12	0.762		
	H13	0.675		
	H14	0.733		
环境绩效(H2)	H21	0.662	0.534	0.774
	H22	0.770		
	H23	0.755		

本书采用平均方差提取量(AVE)作为区别效度检验的评判标准。如果各

个潜在变量AVE值的平方根比各个潜变量之间的相关系数都大，说明使用量表区别效度良好。表5-11的结果表明，我们研究采用的量表区别效度较好。

表 5-11 区别效度检验结果

变量	均值	标准差	A	D	E	G1	G2	H1	H2
A	4.124	0.593	0.781						
D	3.927	0.685	0.578**	0.687					
E	3.984	0.714	0.646**	0.552**	0.737				
G1	3.889	0.691	0.625**	0.577**	0.573**	0.672			
G2	4.063	0.688	0.641**	0.582**	0.601**	0.606**	0.713		
H1	3.833	0.702	0.486**	0.561**	0.503**	0.585**	0.526**	0.725	
H2	3.988	0.728	0.556**	0.548**	0.584**	0.663**	0.707**	0.635**	0.731

注：* 表示 $p<0.05$，** 表示 $p<0.01$，*** 表示 $p<0.001$。对角线上的数值是AVE值的平方根。

5.1.3.5 结构方程模型分析

由于结构方程模型中测量模型的信度和效度检验均已通过，剔除了部分影响较小的变量，最终保留下来的变量能够进行SEM分析。运用AMOS21.0软件，采用最大似然估计法检验所提出的结构方程模型，分析不同重要因子之间的关系。

5.1.3.5.1 结构方程模型拟合结果分析

——基本拟合结果分析。基本拟合结果如表5-12所示，达到了SEM模型的基本拟合标准。

表 5-12 SEM 模型基本拟合结果

变量		因子载荷	误差项
市场导向(A)	A1	0.841	0.135***
	A2	0.672	0.299***
	A3	0.820	0.143***
组织冗余(D)	D11	0.709	0.432***
	D12	0.781	0.313***
	D13	0.714	0.393***
	D14	0.623	0.523***
	D16	0.588	0.503***

续表

变量		因子载荷	误差项
管理者环境关注(E)	E1	0.758	0.323***
	E2	0.743	0.392***
	E3	0.714	0.380***
	E4	0.730	0.319***
绿色产品创新(G1)	G11	0.611	0.497***
	G12	0.629	0.462***
	G13	0.705	0.403***
	G14	0.735	0.385***
绿色工艺创新(G2)	G21	0.726	0.372***
	G22	0.693	0.370***
	G23	0.768	0.298***
	G24	0.660	0.447***
经济绩效(H1)	H11	0.657	0.143***
	H12	0.742	0.441***
	H13	0.597	0.329***
	H14	0.769	0.570***
环境绩效(H2)	H21	0.661	0.411***
	H22	0.770	0.306***
	H23	0.755	0.338***

注：*** 表示 $p<0.001$。

——整体拟合结果分析。利用 SEM 模型的适配度指标确定假设路径分析模型与采集数据之间的匹配度，从而评价模型的整体拟合结果。常用评价拟合程度的适配度指标见表 5-13①。

① 吴明隆：《结构方程模型——AMOS 的操作与应用(第 2 版)》，重庆：重庆大学出版社，2010 年，第 52～53 页。李铖斐：《小微企业财务关系对其财务绩效的影响研究》，哈尔滨：东北农业大学硕士学位论文，2016 年，第 37 页。

表 5-13　SEM 模型常用适配度指标及其适配标准

常用拟合检验量		适配标准和临界值
绝对适配度指标	CMIN/DF 值	卡方自由度比值：是假设模型的协方差矩阵和观察数据的适配度，该值小于 1 表示模型过度适配，大于 3 表示模型适配度不佳，介于 1—3 表示模型适配良好
	GFI 值	适配度指数：是假设模型的整体适配程度，该值应介于 0—1 之间，且越靠近 1 模型适配度越好
	AGFI 值	调整后适配度指标：AGFI 越大越好，该值应介于 0—1 之间，一般大于 0.9 为适配度很好
	RMR 值	残差均方和平方根：RMR 值愈小，表示模型的适配度愈佳，一般而言该值在 0.05 以下表示模型是可以接受的适配模型
	RMSEA	近似残差均方根：其值越小表示模型的适配度愈佳，小于 0.08 表示适配合适；小于 0.05 表示适配良好
增值适配度指标	NFI 值	规准适配指标：该值应介于 0—1 之间，越靠近 1 越好，一般要大于 0.9，也可放宽到 0.8
	IFI 值	增值适配指数：该值应介于 0—1 之间，一般要大于 0.9，越靠近 1 越好，若模型复杂，也可将标准放宽到 0.8
	CFI 值	比较适配指数：该值应介于 0—1 之间，越靠近 1 越好，一般要大于 0.9，也可放宽到 0.8。
简约适配度指标	AIC 值	Akaike 讯息效标：该值的主要功能是用于数个模型之间的比较，数值越小表示模型的适配度越佳
	PNFI 值	简约调整后的标准适配指标：该值大于 0.5 时，表示模型适配度通过
	PGFI 值	简约适配度指数：该值应介于 0—1 之间，越靠近 1 越好，一般大于 0.5 即为模型可接受的范围
	CN 值	临界样本数：该值表示要得到一个理论模型适配的程度，所需最低样本的数量，通常的建议值是 CN 值大于 200

本书采用 CMIN/DF、GFI、AGFI、IFI、TLI、CFI、RMSEA 这 7 个拟合指标共同评价研究模型。且由表 5-14 的拟合结果可知，传统制造企业绿色创新驱动机理结构方程模型的拟合指数的拟合度较好，所采用的适配度指标值都可接受。因此，该假设模型可以用来研究传统制造企业绿色创新驱动因素及其对企业绩效的影响，为传统制造企业的转型升级提供有效建议，以期达到兼顾传统制造企业经济效益和环境效益的目的。

表 5-14 模型拟合指标结果

拟合指数	CMIN/DF	GFI	AGFI	IFI	TLI	CFI	RMSEA
输出结果	2.021	0.888	0.863	0.935	0.926	0.934	0.053

5.1.3.5.2 结构方程模型路径分析

——结构方程模型的路径图标规则。结构方程模型中常用的图标及其含义说明整理如表 5-15 所示。

表 5-15 结构方程模型常用图标与含义

图标	含义
	潜在变量
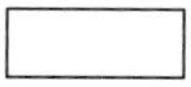	观测变量
	单向影响
	相关
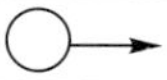	误差项

——路径结果分析。根据 SEM 模型的路径图标规则,将之前的理论假设转化为结构方程模型的路径图,并使用 AMOS 21.0 软件绘制,经过计算输出的结果如图 5-2 所示。如果假设模型运行中没有出现模型错误或不识别的情况,就表示假设模型初步可以接受,模型设定具有合理性。当显著性 P 值小于 0.05 时,表示该路径系数显著,＊＊＊表示 P 值小于 0.001,说明该变量对所指变量具有显著的影响,影响系数均为标准化估计值。从表 5-16 中可以看出,市场导向、组织冗余资源和管理者环境关注对企业绿色产品创新均有显著正向影响,影响系数分别为 0.32、0.35 和 0.30,也说明这 3 个驱动因素对绿色产品创新的驱动效果几乎相同,作用是同等重要的;市场导向、组织冗余资源和管理者环境关注对企业绿色工艺创新均有显著正向影响,影响系数分别 0.38、0.26 和 0.31,表明市场导向对企业绿色工艺创新的驱动效果最强,组织冗余资源对绿色工艺创新的驱动影响相对较弱;绿色产品创新对企业经济绩效和环境绩效的影响都是正向显著的,影响系数分别为 0.76 和 0.50,表示绿色产品创新对企业经济绩效的影响更大;而绿色工艺创新对企业经济绩效的正向影响不显著,对环境绩效有显著正向影响,影响系数为 0.48。

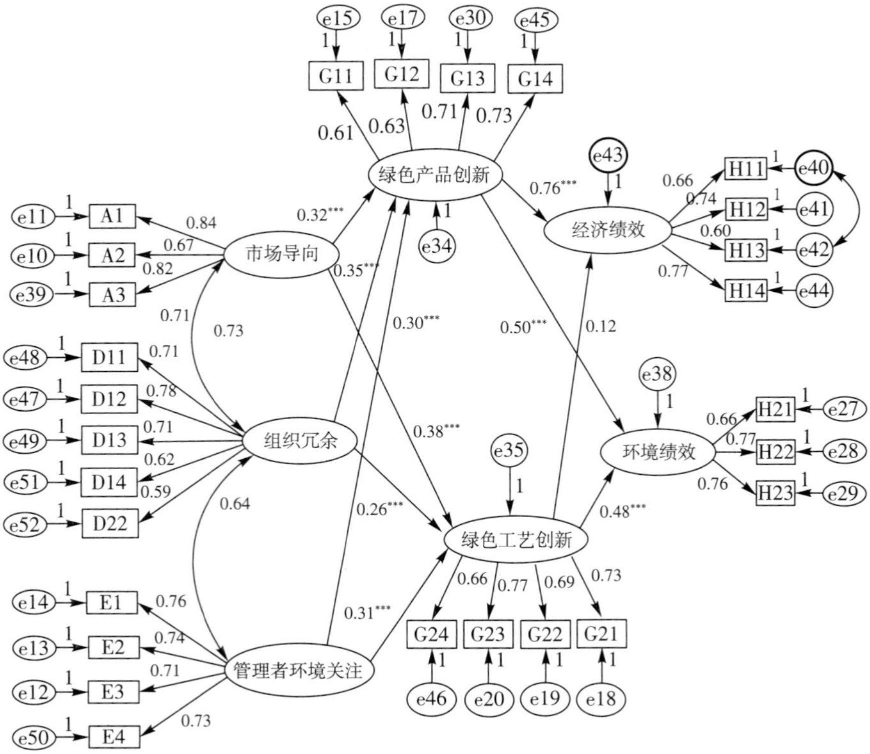

图 5-2　结构方程模型路径系数图

表 5-16　假设检验中各变量间路径系数及统计性检验

路径假设			标准化估计值	标准误	临界比	显著性	检验结果
市场导向	→	绿色产品创新	0.349	0.105	3.340	* * *	支持
市场导向	→	绿色工艺创新	0.500	0.129	3.884	* * *	支持
管理者环境关注	→	绿色产品创新	0.261	0.073	3.556	* * *	支持
管理者环境关注	→	绿色工艺创新	0.315	0.089	3.541	* * *	支持
组织冗余	→	绿色产品创新	0.267	0.061	4.367	* * *	支持
组织冗余	→	绿色工艺创新	0.239	0.071	3.376	* * *	支持
绿色产品创新	→	环境绩效	0.521	0.124	4.205	* * *	支持
绿色工艺创新	→	环境绩效	0.422	0.097	4.354	* * *	支持
绿色产品创新	→	经济绩效	0.817	0.158	5.180	* * *	支持
绿色工艺创新	→	经济绩效	0.110	0.116	0.947	0.344	不支持

注：* p＜0.05，* * p＜0.01，* * * p＜0.001。

5.1.3.5.3 结果讨论

——绿色创新的驱动因素。由图 5-2 和表 5-16 输出结果可知，市场导向对传统制造企业的绿色产品创新和绿色工艺创新的影响都极为显著，且市场导向对绿色工艺创新的影响更为显著。之所以得出这样的结果，是因为市场中顾客的“绿色消费”需求会促进企业进行绿色创新，企业的竞争对手实施绿色创新举措会促使企业也选择进行绿色产品创新和绿色工艺创新，而企业部门间的协调能使绿色产品创新和绿色工艺创新进行得更加顺利。传统制造企业的工艺绿色创新对降低环境污染和减少资源浪费的贡献较大，如果市场导向提出绿色需求，传统制造企业就会优先考虑改进生产工艺或精简生产步骤以响应绿色市场需求。因此，在对绿色产品创新和绿色工艺创新的影响中，市场导向对绿色工艺创新的影响相对更强。

管理者环境关注对传统制造企业的绿色产品创新和绿色工艺创新的正向影响也较为显著，表明管理者对环境越关注，企业就越有进行绿色创新的动力。这主要是因为管理者注意力理论认为，企业管理者的注意力是解释企业行为的关键，企业管理者可以通过配置自身的注意力对企业活动产生重大影响。因此，管理者对环境的关注程度基本体现了企业的绿色创新态度，能正向驱动企业进行绿色创新。

从组织冗余资源对绿色创新的影响系数和显著性水平来看，其正向影响是显著的，表明组织冗余有利于企业进行绿色创新。组织冗余资源可以为企业尝试进行绿色创新以开发潜在绿色市场提供坚实的资源基础，可以使企业能够承担得起购买绿色创新技术的资金和实施绿色创新需要负担的巨额费用，从而推动企业进行绿色创新。因此，组织冗余对企业绿色产品创新和绿色工艺创新都有积极影响，在促进企业进行绿色创新方面具有明显驱动作用。

——绿色创新对企业绩效的影响。传统制造企业的绿色产品创新和绿色工艺创新都能正向影响企业的经济绩效，只是绿色工艺创新的影响不够显著。这可能是因为企业的绿色产品创新主要是考虑将环保理念引入产品设计和包装中，能够带来产品多样化和差异化的市场优势，从而提高企业的市场绩效并带来更多的经济收益。而传统制造企业的绿色工艺创新由于存在改进困难、需要更多的生产成本、具有较大的风险性与获得收益的滞后性等问题，使得企业进行绿色工艺创新不仅不会带来较多的经济利润甚至还会大量挤占企业收益。因此，绿色工艺创新正向影响企业经济绩效的假设没有得到支持。

传统制造企业绿色创新也能积极影响企业的环境绩效，主要原因在于企业绿色产品创新和绿色工艺创新的初衷是降低环境污染和提高资源利用效率，而环境的改善和资源的节约能够体现企业环境绩效的提升。换言之，企业进行绿色创新必然会带来一定的环境效益。因此，企业绿色产品创新和绿色工艺创新都能提升企业的环境绩效，对企业环境绩效有显著正向影响。

5.1.3.5.4 假设检验结果汇总

在已有理论研究的基础上，本书在对传统制造企业绿色创新驱动因素及绿色创新与企业绩效关系研究中共形成了10个研究假设，通过收集安徽省传统制造企业的第一手数据，利用结构方程模型进行实证分析验证，10个研究假设中有9个研究假设都得到了支持，研究假设的检验结果汇总见表5-17。

表5-17 研究假设汇总

假设	假设内容	检验结果
假设1-1	市场导向能显著正向驱动企业绿色产品创新	支持
假设1-2	市场导向能显著正向驱动企业绿色工艺创新	支持
假设1-3	管理者环境关注能显著正向驱动企业绿色产品创新	支持
假设1-4	管理者环境关注能显著正向驱动企业绿色工艺创新	支持
假设1-5	组织冗余能显著正向驱动企业绿色产品创新	支持
假设1-6	组织冗余能显著正向驱动企业绿色工艺创新	支持
假设2-1	绿色产品创新能正向影响企业经济绩效	支持
假设2-2	绿色工艺创新能正向影响企业经济绩效	不支持
假设2-3	绿色产品创新能正向影响企业环境绩效	支持
假设2-4	绿色工艺创新能正向影响企业环境绩效	支持

5.1.4 研究小结与管理启示

5.1.4.1 研究结论

绿色创新因其具有正的“外部性”使得多数企业缺乏主动进行绿色创新的积极性，需要政府制定有效的“绿色政策”激励和调节企业行为以弥补市场的这一不足。但目前用来激励和规制企业绿色行为的财政、税收绿色优惠政策和环保法规还不够健全和完善。因此，本节以创新理论、资源基础观、管理者环境关注理论和生态现代化理论为理论依据，通过文献研究和案例剖析，提出了以市场导向、管理者环境关注和组织冗余为主要驱动因素的传统制造企业绿色创新驱动机理概念模型，并以安徽省传统制造企业为调查样本，对模型中提出的10个理论假设进行了验证分析，最终得到以下主要研究结论。

——市场导向能促进传统制造企业进行绿色创新。市场导向能积极有效推动传统制造企业的绿色产品创新和绿色工艺创新，究其原因，主要是市场竞争的压力、绿色市场的形成、消费者对绿色产品日益增长的需求、竞争对手绿色创新战略的实施，使企业认识到绿色创新的重要性，进而驱使企业对其产品或者工艺进行绿色创新以形成环保产品及相关服务来吸引更多具有绿色消费理念的潜在消费者。

——管理者环境关注会对传统制造企业的绿色创新有明显的积极影响。这表明随着传统制造企业管理者环保意识的强化和企业高层管理者对绿色注意力的增强,会促使传统制造企业绿色创新积极性的提高。因此,在将环境意识转化为具体的绿色创新活动的过程中,传统制造企业需要高层管理者合理配置所需资源以促进企业目标的实现。

——组织冗余有利于传统制造企业进行绿色创新。企业在进行创新时都需要匹配资源,传统制造企业的冗余资源能为企业尝试绿色创新、开发潜在绿色需求市场和相关绿色产品提供了一定的资源基础,也能帮助企业建立缓冲机制以抵抗外界的环保压力。而在市场需求和环境政策管制的压力下,能灵活用于其他多种用途的未吸收冗余资源,对企业探索绿色创新行为更容易起到直接推动作用。

——传统制造企业绿色创新会正向影响企业的经济绩效。研究证实,传统制造企业实施绿色创新将提高企业的经济效益,特别是在现阶段,传统制造企业的绿色产品创新可以显著提升企业的经济绩效。因此,传统制造企业要全面正确地认识绿色创新,尤其在当今资源日益短缺、生态环境日渐恶化的背景下,我国许多传统制造企业的产品和生产工艺由于各种环保方面的指标超标而遭到市场的非议与排斥,企业产品或生产工艺未来将会面临更为严格的市场绿色准入标准,传统制造企业绿色创新驱动的转型升级是大势所趋。因此,企业对绿色创新应有正确的认识,必须在组织战略层面考虑环保问题,倡导绿色产品创新和绿色工艺创新,迅速占领绿色市场。

——传统制造企业进行绿色创新能对企业环境绩效有积极影响。传统制造企业的绿色产品创新和绿色工艺创新都能帮助企业充分利用资源,降低环境污染,减少企业治理环境污染的费用,有效改善环境治理效果,从而使企业获得可观的环境效益,提升企业的环境绩效。传统制造企业应转变传统的"先污染,后治理"发展模式,彻底告别以往粗放式的生产经营模式,以精简生产步骤、不断改进生产工艺,引进先进清洁能源技术,选择可循环利用与易降解的原材料进行生产和包装,减少对资源的过度消耗,提升环境绩效,树立良好的企业形象,这样才能够吸引更多有绿色偏好的投资者和顾客,从而为企业带来长久的经济利益,也有利于提高企业的核心竞争力。

5.1.4.2 管理启示

——传统制造业企业应该积极主动地推动绿色营销,进一步促进企业的绿色产品创新行为。一方面及时向市场消费者提供有关自身产品和相关服务的绿色环保信息,通过开办绿色商店或者举办绿色产品展销会等方式引导消费者的绿色购买意向，激发消费者的潜在绿色需求；另一方面，企业需要在营销过程中特别突出工艺过程、产品及服务的环保和生态价值，树立企业积极正面的绿色形象，从而进一步挖掘有一定绿色需求的潜在客户。此外，企业高层管理者还应密切关注国家有关生态环境的政策、消费者的绿色消费意识、竞争对手的绿色创新战略动态，做到能及时调整自身的绿色创新战略，发挥好市场对企业绿色创新的决定性作用。

——企业高层管理者要充分挖掘和利用冗余资源，更直接、更有效地帮助企业进行绿色产品创新和绿色工艺创新，赢得绿色创新的主动权，获得持续的竞争优势，增强市场竞争力。同时，企业管理者要重视和慎重选择冗余资源的投放，学会用长远收益眼光看待绿色创新，科学合理地配置组织内外部的冗余资源，以充分有效地发挥冗余资源对绿色创新的积极影响，如可以利用盈余资金引进或购买清洁技术或资源用于生产，或者外派技术人员出国学习相关环保节能技术用于自我研发等。另外，企业管理者也应积极寻求政府支持，帮助企业充分用好优惠政策，加强与供应链上下游的密切关系，以获得更优质的充裕资源进一步加强企业的绿色创新。

——政府部门应通过多种途径提高和强化企业绿色发展方面的创新意识，积极培育企业管理者对绿色的注意力。可以通过开展企业环境信用评价、举办企业家培训班、研讨会和交流会等方式培养管理者的绿色意识，让其意识到环境保护和节约资源的重要性，以增强企业进行绿色创新的意愿，从而激发传统制造业企业积极进行绿色创新的主动性。同时，政府机构需要加大对自主知识产权的保护力度，积极营造公平有序的市场竞争环境，有效保护企业的绿色创新成果，增强企业在绿色创新研发投入方面的信心，进而提升企业绿色创新的内在驱动力。

——政府部门应为传统制造企业进行绿色创新提供良好的软件和硬件支撑。(1)政府应完善环境保护的相关法律法规，以及与传统制造企业相关的法律制度，要严格贯彻执行新环保法的处罚标准，加大对传统制造业企业的监管和惩治力度，力求从根源上解决排污企业违法成本不高的问题，从而形成促进传统制造业进行绿色创新的倒逼机制。(2)政府部门也需要加大对传统制造企业绿色创新的优惠政策支持力度，给予传统制造企业在财政、税收及金融等方面的政策扶持，让进行绿色创新的传统制造企业能享受税收减免和信贷优惠等政策。(3)政府还需通过采购相关节能环保的绿色产品或服务，增强示范带动作用，以帮助企业化解由于绿色创新带来的市场风险。(4)政府还应搭建绿色创新的信息交流平台，加大对绿色创新理念的宣传和引导力度，营造浓厚的绿色创新氛围，从而为我国传统制造企业的绿色创新发展提供坚实基础。

5.2 实证分析二:"市场—政策"双重导向下传统制造企业绿色创新的驱动机理研究

5.2.1 引言

要素驱动的发展模式是我国传统制造企业创新不强、资源过度消耗、污染物排放居高不下的重要原因。绿色创新将创新驱动和绿色发展相结合,是传统制造企业摆脱资源环境束缚、实现健康发展的重要选择,探寻传统制造企业绿色创新的驱动机理具有重要的理论及现实意义。

绿色创新自 1994 年提出以来,国内外已有众多学者从不同视角展开了对绿色创新的研究。目前,有关绿色创新含义的研究日渐成熟,关于绿色创新驱动因素的研究成果也日益丰富,研究者大多从外部和内部两方面对企业的绿色创新驱动因素进行探究,企业的外部因素主要有政府规制、市场拉动、利益相关者压力等,而企业的内部因素主要有行业规模、环境组织能力、高层管理者的环保意识等。企业绿色创新对企业绩效影响的研究也得到了不少学者的关注,王建明等研究发现,绿色创新在环境约束对企业绩效的作用中有完全中介效应,与绿色创新活动有关的活动都有利于企业绩效的提升①;李怡娜和叶飞从新制度主义理论和生态现代化理论两个视角研究发现,环境绩效在企业绿色环保实践对企业经济绩效的影响关系中起完全中介作用②;也有学者把绿色创新分为规制诱导创新和企业自愿创新两种类型,并发现绿色创新有助于提高企业的收益,规制诱导创新对收益的影响更大③;张启尧等实证研究证实,绿色知识管理能力、渐进性绿色创新与突破性绿色创新都对企业财务绩效有显著正向作用④。由此可见,有关绿色创新驱动因素、绿色创新对企业绩效影响的研究成果较多,但是将绿色创新驱动因素和绿色创新对企业绩效影响的前因后果整合到一个模型的研究却不多见,且目前的研究对环境绩效关注不够,更没有专门针对传统制造企业

---

① 王建明、陈红喜、袁瑜:《企业绿色创新活动的中介效应实证》,载《中国人口·资源与环境》,2010 年第 20 卷第 6 期,第 111～117 页。

② 李怡娜、叶飞:《制度压力、绿色环保创新实践与企业绩效关系——基于新制度主义理论和生态现代化理论视角》,载《科学学研究》,2011 年第 29 卷第 12 期,第 1884～1894 页。

③ Rexhäuser Sascha,Rammer Christian,"Environmental Innovations and Firm Profitability: Unmasking the Porter Hypothesis",*Environmental & Resource Economics*(2014),57(1):145～167.

④ 张启尧、才凌惠、孙习祥:《绿色知识管理能力、双元绿色创新与企业绩效关系的实证研究》,载《管理现代化》,2016 年第 36 卷第 5 期,第 48～50 页。

的相关研究。鉴于此,笔者从政策和市场两方面切入,构建传统制造企业绿色创新驱动机理的概念模型,基于结构方程技术检验传统制造企业绿色创新的"双赢"效果,从而揭示传统制造企业绿色创新的驱动关系与作用路径,这对于指导我国传统制造企业的绿色转型及创新实践具有重要意义。

5.2.2 概念模型与研究假设

5.2.2.1 理论模型

传统制造企业的绿色创新不仅需要政府政策的拉动,也理应强调市场因素的推动。因此,本书将市场和政策因素同时纳入绿色创新驱动因素模型中,深入探究它们对绿色创新的驱动效果,验证市场和政府二者在绿色创新促进企业发展过程中的作用。为了进一步揭示不同驱动因素对不同类型绿色创新的影响,我们借鉴学者的有关绿色创新分类研究成果,从绿色产品创新和绿色工艺创新来探究其对传统制造企业经济绩效和环境绩效的影响,具体构建的传统制造企业绿色创新驱动机理的概念模型如图 5-3 所示[①]。

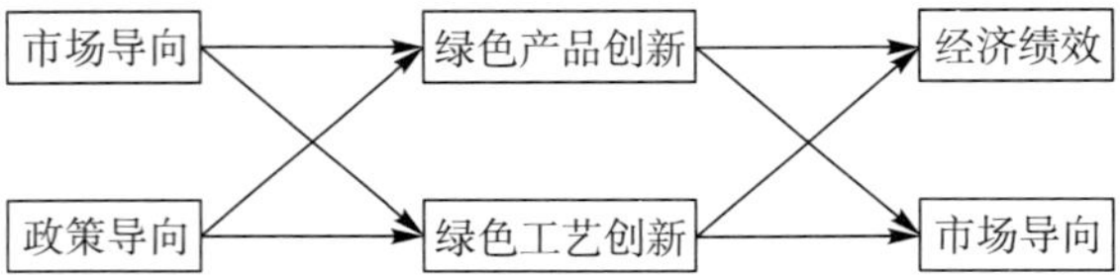

图 5-3 传统制造企业绿色创新驱动机理的概念模型

5.2.2.2 研究假设

——市场导向与绿色创新。市场通常是企业绿色产品创新最主要的动因。不少实证研究已经表明市场导向可以驱动企业的创新,市场导向中的顾客需求和市场竞争等因子不仅是企业绿色产品创新的关键影响因素,也是企业环保创新行为的重要动因。有学者指出,顾客需求是企业环保创新的一个重要驱动因素[②]。有学者认为,消费者的环保意识会使企业实施绿色创新战略[③]。有学者认为,市场导向将驱动企业持续采取一种先动性行动以满足消费者需求,随着顾客的绿色需求兴起,企业要想提高顾客满意度就必须设法为顾客创造价值。因此,

① Cheng C C, Shiu E C, "Validation of a Proposed Instrument for Measuring Eco-Innovation: An Implementation Perspective", *Technovation*(2012),32(6):329～344.

② del Brío Jesús Ángel, Fernández Esteban, Junquera Beatriz, et al., "Environmental Managers and Departments as Driving Forces of TQEM in Spanish Industrial Companies", *International Journal of Quality & Reliability Management*(2001),18(5):495～511.

③ Harrison Rob, Newholm Terry, Shaw Deirdre, *The Ethical Consumer*(London: SAGE, 2005).

从市场拉动的角度看，市场导向必然会使企业主动选择绿色创新，以提高企业的创新性和新产品绩效[①]。张婧和段艳玲实证研究制造型出口企业发现，市场导向中的部门间协调和顾客导向两个维度会促进企业对产品进行创新[②]。有学者通过对汽车工业的实证研究发现，顾客需求对企业的绿色创新有显著的正向关系[③]。据此，本书提出以下假设：

H1a：市场导向正向驱动企业的绿色产品创新。

H1b：市场导向正向驱动企业的绿色工艺创新。

——政策导向与绿色创新。已有研究证实绿色创新的初始动因是政策方面的环境规制。绿色创新研究初期，不少学者就强调环境规制能驱动企业的绿色产品创新和绿色工艺创新，只是不同类型的环境规制对绿色创新的驱动效果不同。有学者实证发现，环境规制能够促进企业的绿色创新[④]。也有学者认为，政府的环境规制可以驱动绿色工艺创新，从而促进企业的绿色创新[⑤]。王炳成和李洪伟研究发现，国家法规对企业绿色产品创新有明显的正向影响[⑥]。许晓燕等认为，市场激励型规制比命令控制型规制对绿色技术创新的正向影响更强[⑦]。李巧华和唐明凤实证研究结果表明，政策导向对企业绿色工艺创新的正向作用比其对绿色产品创新的正向作用更强[⑧]。周海华和王双龙指出，不论是正式环

---

① Darnall Nicole, Henriques Irene, Sadorsky Perry, "Adopting Proactive Environmental Strategy: The Influence of Stakeholders and Firm Size", *Journal of Management Studies* (2010), 47(6): 1072～1094.

② 张婧、段艳玲：《市场导向对创新类型和产品创新绩效的影响》，载《科研管理》，2011 年第 32 卷第 5 期，第 68～77 页。

③ Weng Ming-Horng, Lin Chieh-Yu, "Determinants of Green Innovation Adoption for Small and Medium-Size Enterprises (SMEs)", *African Journal of Business Management* (2011), 5(22): 9154～9163.

④ Porter M E, Van der Linde C, "Toward a New Conception of the Environment-competitiveness Relationship", *Journal of Economic Perspectives* (1995), 9(4): 97～118.

⑤ Johnstone Nick, "Environmental Policy and Corporate Behavior", *Ecological Economics (2008), 67(2)*: 342～343.

⑥ 王炳成、李洪伟：《绿色产品创新影响因素的结构方程模型实证分析》，载《中国人口·资源与环境》，2009 年第 19 卷第 5 期，第 168～174 页。

⑦ 许晓燕、赵定涛、洪进：《绿色技术创新的影响因素分析——基于中国专利的实证研究》，载《中南大学学报(社会科学版)》，2013 年第 19 卷第 2 期，第 29～33 页。

⑧ 李巧华、唐明凤：《企业绿色创新：市场导向抑或政策导向》，载《财经科学》，2014 年第 2 期，第 70～78 页。

境规制还是非正式环境规制都与企业的绿色创新正相关[①]。据此，本书提出以下假设：

H2a：政策导向正向驱动企业的绿色产品创新。

H2b：政策导向正向驱动企业的绿色工艺创新。

——绿色创新与企业经济绩效。对绿色创新与企业经济绩效之间关系的研究结论尚未完全统一，但大多数学者赞同绿色创新正向影响企业经济绩效的观点，认为绿色创新既遵循环境目标又具有组织合法性，可以帮助企业获得更多竞争优势，树立良好形象，有利于提升其经济绩效。也有少数学者认为，企业进行绿色创新会提高生产和营运成本，进而降低企业盈利，削弱企业竞争力，不利于提高经济绩效。由于绿色产品创新鼓励充分有效地利用原材料，减少浪费，这反而会导致原材料成本降低，并可能引导企业思考新的发展思路，寻找生产变废为宝而带来额外收入的畅销品的新方法，从而会增加盈利，提升经济绩效[②]。绿色工艺创新主要考虑降低环境污染和减少废物排放进行改进工艺，这样可以使企业获得技术补偿效应，降低营运成本，提升市场绩效。有学者指出，绿色产品创新和绿色工艺创新都能使企业获得竞争优势，加大对绿色创新的投资力度可以促进企业持续发展[③]。有学者研究发现，绿色产品创新对企业的财务绩效和竞争能力有显著的促进作用[④]。据此，本书提出以下假设：

H3a：绿色产品创新正向影响企业经济绩效。

H3b：绿色工艺创新正向影响企业经济绩效。

——绿色创新与企业环境绩效。企业环境绩效主要包括企业对水、物料等资源利用效率的提高，"三废"等污染物排放的减少和环境污染治理经费支出的降低。有学者基于127家美国制造业企业的面板数据研究表明，环境创新和环境效益之间的正向关系是显著的[⑤]。李怡娜和叶飞研究发现，企业的绿色环保

---

① 周海华、王双龙：《正式与非正式的环境规制对企业绿色创新的影响机制研究》，载《软科学》，2016年第30卷第8期，第47～51页。

② 张海燕、邵云飞、王冰洁：《考虑内外驱动的企业环境技术创新实证研究》，载《系统工程理论与实践》，2017年第37卷第6期，第1581～1592页。

③ Chen Yu-Shan, Lai Shyh-Bao, Wen Chao-Tung, "The Influence of Green Innovation Performance on Corporate Advantage in Taiwan", *Journal of Business Ethics*(2006), 67(4):331～339.

④ Lin Ru-Jen, Tan Kim-Hua, Geng Yong, "Market Demand, Green Product Innovation, and Firm Performance: Evidence from Vietnam Motorcycle Industry", *Journal of Cleaner Production*(2013), 40(3):101～107.

⑤ Carrión-Flores C E, Innes R, "Environmental Innovation and Environmental Performance", *Journal of Environmental Economics & Management*(2010), 59(1):27～42.

实践与环境绩效有显著的正相关关系①。徐建中和曲小瑜研究指出，FDI能够提升区域的绿色创新能力，进一步会提高其环境绩效②。由于适应严格的政府规制会相对增加企业开展产品或工艺研发的潜在成本，不利于企业效益的获得，进而会激励企业进行更多的绿色创新去降低企业成本，实现环境效益的增加，进一步使企业环境绩效得到改善。据此，本书提出以下假设：

H4a：绿色产品创新正向影响企业环境绩效。

H4b：绿色工艺创新正向影响企业环境绩效。

5.2.3 研究设计

5.2.3.1 变量测量

本书结合国内外大量关于市场导向、政策导向、绿色创新及企业绩效研究采用的成熟量表，再根据研究目的对市场导向、政策导向、绿色创新、经济绩效和环境绩效5个潜变量涉及的观测变量指标进行设定。具体5个潜在变量测量及相关参考文献如表5-18所示。

表5-18 变量测量及相关参考文献

变量	维度	测量题项	参考文献
市场导向	顾客导向	收集顾客绿色需求信息	Narver& Slater③
		可以很好地处理顾客投诉	
		会研究怎样可以为顾客提供更多的价值	
	竞争者导向	知道竞争对手是否关注顾客对绿色创新产品的偏好	
	部门间协调	知道竞争对手有没有进行绿色创新	
		知道竞争对手怎样吸引顾客购买绿色创新产品	
		各部门能够为了满足顾客的需求而密切合作	
		各部门能够协调针对顾客的活动	
		各部门都能认识到顾客关系的重要性	

① 李怡娜、叶飞：《制度压力、绿色环保创新实践与企业绩效关系——基于新制度主义理论和生态现代化理论视角》，载《科学学研究》，2011年第29卷第12期，第1884～1894页。

② 徐建中、曲小瑜：《装备制造业环境技术创新效率及其影响因素研究——基于DEA-Malmquist和Tobit的实证分析》，载《运筹与管理》，2015年第24卷第1期，第246～254页。

③ Narver J C, Slater S F, "The Effect of a Market Orientation on Business Profitability", *Journal of Marketing*(1990), 54(4): 20～35.

续表

变量	维度	测量题项	参考文献
政策导向	政策信息生成	有较广泛的政策信息来源渠道来收集绿色政策信息	陈启杰等①
		有专门的人员来研究绿色政策	
	政策信息传播	会定期评估绿色政策的变化对业务的影响	
		能快速掌握外部政策的变化情况	
		绿色政策相关信息会在企业层面定期传播	
	经营行为调整	制定企业战略时充分考虑绿色政策环境的现状与变动趋势	
		多个部门会定期商讨应对绿色政策变化的措施	
绿色创新	绿色产品创新	企业会经常开发结构和包装简化的新产品	Cheng & Shiu②
		企业会经常开发容易回收便于再利用的新产品	
		企业会经常开发原材料容易降解的新产品	
		企业会经常开发能耗较低的新产品	
	绿色工艺创新	企业会经常改进生产工艺或精简生产步骤以降低环境污染	
		企业会经常改进生产工艺或精简生产步骤以遵守环保法规	
		企业会经常引进新的节能环保技术进行生产制造	

① 陈启杰、江若尘、曹光明:《“市场—政策”双重导向对农业企业绩效的影响机制研究——以泛长三角地区农业龙头企业为例》,载《南开管理评论》,2010 年第 13 卷第 5 期,第 123～130 页。

② Cheng C C, Shiu E C, “Validation of a Proposed Instrument for Measuring Eco-innovation: An Implementation Perspective”, *Technovation*(2012),32(6):329～344.

续表

变量	维度	测量题项	参考文献
企业绩效	经济绩效	企业销售额增长很多	Said & Hassabelnaby①
		企业市场占有率提高很多	
	环境绩效	企业盈利增长很多	
		顾客满意度提高很多	
		企业的整体成本比竞争对手更低	
		企业对物料、能源或水等资源的利用效率有明显提高	孙凌宇②
		企业的"三废"等环境污染物的排放有明显减少	
		企业的环境污染治理经费支出有明显降低	

5.2.3.2 样本选取与数据收集

本书主要针对高能耗高污染的传统制造企业，调查研究对象主要包括农副食品加工、纺织业、金属制品业、工艺品及其他制造业、木材加工及木、竹、藤、棕、草制品业 、黑色金属冶炼及压延加工业、有色金属冶炼及压延加工业等行业的企业。采用问卷调查方式收集数据，用 5 级李克特分量制，其中 1～5 依次代表"非常不同意""不同意""不确定""同意"和"非常同意"。回收问卷的主要方式有 3 种：一是相关机构在专场会议和学校给 MBA 学员和工程硕士学员留置问卷，并当天收回。(2)利用与相关研究机构和商会主管人员的合作关系，邮寄电子版问卷或发送问卷网址给相关企业填写并实时跟进收回。(3)通过老师、亲戚、同学和朋友推荐等方式去发放和回收电子或纸质问卷。收回问卷 318 份，删除 35 份无效问卷后最终得到有效问卷 283 份，有效回收率为 88.99%。

5.2.4 实证分析

本书使用统计学软件 SPSS17.0 对样本企业进行描述性统计分析，对采用的各分量表和总量表进行信度与效度检验，对 5 个潜在变量进行相关性分析。利用结构方程模型检验研究假设，使用软件 Amos21.0 进行实证分析。

① Said A A, HassabElnaby H R, Wier B,"An Empirical Investigation of the Performance Consequences of Nonfinancial Measures", *Journal of Management Accounting Research* (2003),15(1): 193～223.

② 孙凌宇:《资源型企业绿色转型成长研究》,长沙:中南大学博士学位论文,2012 年,第 138～140 页。

5.2.4.1 描述性统计结果

本书所选样本企业的分布情况具体如表 5-19 所示。为了保证问卷填写人员对企业有足够的了解并具备相应的知识，受访对象是在该样本企业中有一定工作经验的技术主管、环保主管或者高层管理者等管理层人员。

表 5-19 样本企业分布情况

项目	企业规模				企业性质					成立年数		
	大型	中型	小型	微型	民营	国有	中外合资	外商独资	集体	10 年以下	10～20 年	20 年以上
数量	44	142	91	6	181	46	24	19	14	83	143	57
比例(%)	15.0	50.2	32.2	2.1	64.0	16.3	8.5	6.7	4.6	29.3	50.6	20.1

5.2.4.2 信度与效度检验结果

信度的分析，我们主要选择 Cronbach's α 值检验问卷的信度。由表 5-20 计算结果可知，所采用总量表的 Cronbach's α 值等于 0.933，各个分量表的 Cronbach's α 值都大于 0.6，说明问卷具有较好的信度，适合作进一步的实证分析①。

表 5-20 变量分析的 Cronbach's α

潜在变量	项数	Cronbach's α	
市场导向	9	0.778	0.933
政策导向	7	0.802	
绿色产品创新	4	0.688	
绿色工艺创新	3	0.688	
经济绩效	5	0.680	
环境绩效	3	0.711	

效度的分析，通常用内容效度、准则效度和结构效度进行检验。考虑到本书的问卷所有项目全部来自相关成熟量表，已有大量学者使用过这些量表，可以认为问卷具有较好的内容效度。又由模型拟合评价的结果知模型具有良好的拟合优度，且模型非标准化系数和变量之间的相关系数也都有较强的显著性。因此，我们可以认为本书的模型结构效度较好。

① Nunnally J C, *Introduction to Statistics for Psychology and Education* (New York: McGraw-Hill, 1975).

5.2.4.3 模型检验

经结构方程模型分析软件 Amos21.0 的检验，因为模型的 $\chi^2=528.204$，df $=314$，所以 $\chi^2/df=1.682<2$，达到理想值；CFI 为 0.916，达到 0.9 以上的理想水平；RMSEA 为 0.049，达到小于 0.05 的理想水平，说明适合用此模型来验证与分析。本书模型的估计方法采用最大似然法对模型中各因子间的关系进行验证。具体模型拟合度指标见表 5-21，理论模型的分析结果见图 5-4，假设检验中各变量间的路径系数和统计性检验结果见表 5-22。

表 5-21 假设模型拟合指数及结果

拟合指数	CMIN/DF	GFI	AGFI	TLI	CFI	RMSEA
输出结果	1.682	0.877	0.851	0.907	0.916	0.049

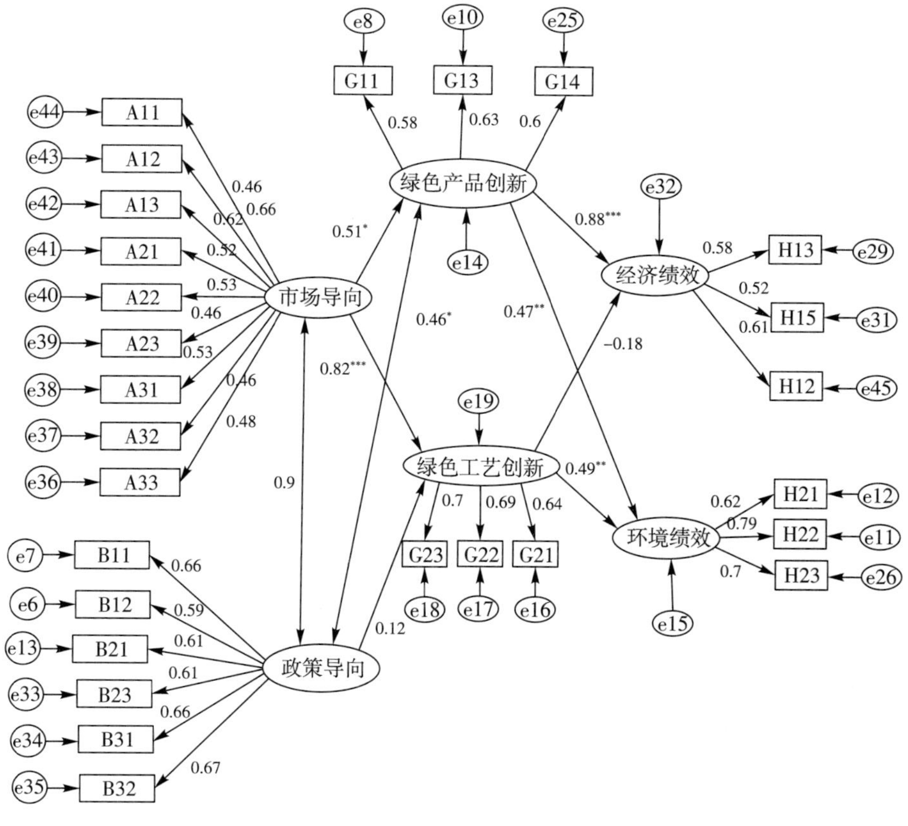

图 5-4 理论模型分析结果

表 5-22　假设检验中各变量间路径系数及统计性检验

路径假设			标准化估计值	标准误	临界比	显著性	检验结果
政策导向	→	绿色产品创新	0.464	0.136	2.177	0.029	支持
政策导向	→	绿色工艺创新	0.118	0.182	0.540	0.589	不支持
市场导向	→	绿色产品创新	0.505	0.223	2.750	0.006	支持
市场导向	→	绿色工艺创新	0.821	0.325	3.499	***	支持
绿色产品创新	→	环境绩效	0.474	0.284	2.824	0.005	支持
绿色工艺创新	→	环境绩效	0.489	0.225	2.653	0.008	支持
绿色工艺创新	→	经济绩效	−0.182	0.340	−1.827	0.068	不支持
绿色产品创新	→	经济绩效	0.877	0.468	3.495	***	支持

注：*** 表示 $p<0.001$。

5.2.4.4　结果与讨论

由实证结果可知，除了政策导向正向驱动绿色工艺创新、绿色工艺创新与经济绩效正相关的假设没有成立之外，其余假设都得到了支持。

——市场导向显著正向影响传统制造企业的绿色创新。假设检验的结果表明市场导向对企业绿色产品创新和绿色工艺创新都有正向驱动作用。市场竞争的压力、绿色市场的形成、越来越多消费者对绿色产品的青睐而产生的绿色需求都逐渐使企业意识到进行绿色创新的重要性，企业对其产品进行绿色化，以标新立异吸引消费者。目前，对传统制造企业而言，市场导向是其进行绿色产品创新和绿色工艺创新的主要动因，企业会优先关注绿色市场变化和消费者需求的变动去选择是否进行绿色创新，而不是把政策因素作为首要考虑。

——政策导向显著影响传统制造企业的绿色创新。模型假设检验结果表示政策导向与企业的绿色产品创新正相关，对关于绿色政策相关信息的收集、传播和分享等会促使企业首先考虑对产品进行绿色创新，而对工艺方面的绿色改进没有显著的驱动作用，可能是由于考虑到进行绿色工艺创新的风险性较大，难度也比进行产品创新要大，因为改进生产工艺一般耗时较长，人力及财力成本较大，一旦改进失败导致的损失是不可估计的。同时，由于知识、环境、学习和吸收能力等存在差异，使得企业进行技术创新获得的实际绩效比预想的绩效要低，这会令企业领导者反对和排斥创新。此外，企业通常都习惯于以原有掌握的知识和以往的经验去应对市场需求和技术变化，而对传统制造企业而言其生产工艺同样具有这样的行为惯性，企业对逐渐形成的具有自身特点的生产工艺方面的特有技术不到万不得已是不会选择进行较大的改造和改进的。此外，对生产工艺进行改进以满足降低环境污染要求而带来的收益往往也会比产品创新更滞后，没有绿色产品创新给企业带来的利润更直观、快速。这些都会影响政策导向对绿色产品创新的正向作用，而对绿色工艺创新的正向作用却不显著。因此，在资源有限和环境政策规制下，传统制造企业会优先考虑进行绿色产品创新而非绿色工艺创新。

——绿色创新能显著提高传统制造企业的环境绩效。企业的绿色产品创新和绿色工艺创新都使其获得环境效益，给企业带来环境绩效的提升。因为绿色创新的目的就是提高资源利用效率和降低环境污染，所以传统制造企业的产品绿色创新和工艺改进必然可以帮助企业提高环境绩效。通过对传统制造企业的实证研究也证实，企业的绿色产品创新和绿色工艺创新对企业环境绩效的正向作用是显著的。

——绿色创新可以改善传统制造企业的经济绩效。不同类型的绿色创新对企业经济绩效的影响不同。绿色产品创新对企业经济绩效的影响显著，但绿色工艺创新对经济绩效的影响不明显。原因可能是绿色产品创新是考虑将环境理念引入产品设计和包装中，可带来产品多样化和差异化的市场优势，能提高企业的市场绩效并带来更多的经济收益。而传统制造企业的绿色工艺创新由于存在改进困难、需要更多的生产成本、具有较大的风险性与获得收益的滞后性等问题，企业进行绿色工艺创新不仅不会带来较多的经济利润甚至还会大量挤占企业的收益，绿色工艺创新与企业经济绩效呈正相关的假设不成立。

5.2.5 研究启示

基于以上研究结论，可以考虑从以下 3 个方面推动传统制造企业的绿色创新，从而促进其绿色转型发展。

——政府应加大对传统制造企业的扶持力度，制定相关税收优惠和补贴政策。政策导向对企业绿色工艺创新的作用不明显可能是由于环境政策方面存在局限，达不到鼓励企业为降低环境污染、提高资源利用效率和减少资源浪费去进行生产工艺改进的目的。又因为生产工艺的改进和节能技术的生产对环境保护的力度更大、效率更高，所以政府应注重制定灵活的环境政策和给予企业一定的金融支持，避免纯粹的行政强制，以更有效地帮助传统制造企业迸发出主动进行绿色创新的活力。

——传统制造企业应该提高环保意识，增加环保投入，积极响应各利益相关者的绿色需求。对传统制造企业自身而言，与政策导向的关注相比，企业要更时刻留意市场变化以迅速获取创新契机，及时响应消费者、供销商等各利益相关者的产品环保要求，在提升自身竞争力的同时能保护好环境。因为绿色创新能帮助企业提高经济绩效，所以企业需要提高环保意识，增加环保投入，积极实现治污技术和节能技术的革新与进步，在达到环境规制要求的同时提高生产效率，形成绿色生产的核心竞争能力，以便有利于企业的可持续发展。

——政府应通过积极的宣传引导，增强民众的环保意识，促进社会公众的绿色消费行为。政府通过大力弘扬绿色文化，增强社会公众的环保意识，引导消费者对绿色环保产品的认可和选择，从而激发传统制造企业绿色创新的积极性，使其主动参与环境保护，增加绿色创新投入，从而促进传统制造企业的绿色发展，并最终实现绿色创新的“双赢”。

第6章 传统制造企业绿色创新驱动系统仿真研究

传统制造企业绿色创新系统是一个开放的复杂系统，由绿色创新投入子系统、绿色创新产出子系统和绿色创新环境子系统组成，各个子系统间不断进行物质和信息的反馈。绿色创新行为是一个累积的过程，要实现对企业绿色创新行为的驱动，必须依赖各个子系统的合理结构、协调发展和对系统的有效调控。系统动力学是一门分析研究信息反馈系统的学科，系统动力学能够很好地应用于传统制造企业绿色创新驱动的研究。

本章基于系统动力学方法，分析企业绿色创新驱动系统中各个子系统之间的关系，建立传统制造企业绿色创新驱动因素的系统动力学模型，将关键的驱动因素作为受控要素，对比分析不同情境下传统制造企业绿色创新发展趋势，以期在驱动因素与作用趋势的动态研究中，获取驱动传统制造企业绿色创新的优化方案，构建有利于传统制造企业绿色创新发展的理论解释框架。

6.1 系统动力学理论基础

6.1.1 系统动力学简介

系统动力学是一门认识系统问题和解决系统问题的交叉性、综合性学科。系统动力学是系统科学和管理科学的一个分支，也是一门沟通自然科学和社会科学等领域的横向学科。系统动力学强调系统、整体的观点和联系、运动、发展的观点。系统动力学的方法是结构方法、功能方法和历史方法的统一。系统动力学在处理复杂系统问题时采用的是定性和定量相结合、系统综合推理的方法。系统动力学对于研究复杂系统的结构、功能与行为之间动态的辩证对立统一关系[①]最适用。

系统动力学出现于1956年，创始人是美国麻省理工学院的福瑞斯特教授。经过60多年的丰富和完善，系统动力学得到广泛的传播与发展。尤其是近年来，系统动力学作为系统工程的重要方法论和模型方法，已经成功应用到国土规划、区域开发、环境治理和企业战略研究等多个方面，系统动力学思想和方法的生命力越来越强劲[②]。

系统动力学的研究对象主要是社会系统，社会系统有三个突出特点：(1)社会系统中存在着决策环节。决策是一个经过多次比较、反复选择、优化的过程。对于大规模复杂的社会系统来说，其决策环节所需要的信息量是十分庞大的。其中，既有看得见、摸得着的实体，又有看不见、摸不着的价值、伦理、道德观念及个人、团体的偏见等因素。(2)社会系统具有自律性。自律性是自己管理、控制、约束自身行为的能力和特性。社会系统因其内部固有的“反馈机构”而具有自律性。因此，研究社会系统的结构和行为，首先就在于认识和发现社会系统中存在的由因果关系形成的反馈机制。(3)社会系统的非线性。非线性是由社会问题的原因和结果相互作用的多样性、复杂性造成的。具体来说，一方面是由于社会问题的原因和结果在时间、空间上的滞后；另一方面是由于社会系统具有多重反馈结构。这种特性可以用社会系统的非线性多重反馈结构加以研究和解释[③]。

系统动力学方法就是要把社会系统作为非线性多重信息反馈系统来研究，进行社会经济问题的模型化，对社会经济现象进行预测，对社会系统结构和行为进行分析，为组织、地区、国家等指定发展战略，进行决策，提供有用的信息。

6.1.2 系统动力学的关键概念和建模方法

运用系统动力学对传统制造企业绿色创新系统进行探究，本书需要先明确系统动力学的关键概念与利用系统动力学构建模型的方法。

6.1.2.1 系统动力学的关键概念

系统动力学的关键概念有因果关系、因果关系图、反馈系统、系统变量、流

---

① 王其藩：《系统动力学》，北京：清华大学出版社，1994年，第1页。

② 汪应洛主编：《系统工程》(第5版)，北京：机械工业出版社，2016年，第81～83页。

③ 汪应洛主编：《系统工程》(第4版)，北京：机械工业出版社，2008年，第84～85页。

图、系统动力学方程等①。

——因果关系和因果关系图。因果关系是系统动力学方法的核心和基础。假设有两个变量A、B，如果变量A引起变量B的变化，则两者形成了因果关系，因果关系有正负极性之分，可用带箭头和正号(＋)、负号(－)的有向线段表示变量A和B之间的因果关系，从而构成因果箭。箭尾始于原因，箭头终于结果。在因果箭中，正号表示变量B随着变量A的增加而增加，或随着变量A的减少而减少，极性为正；而负号表示A的变化使B在相反方向上发生变化，极性为负。

因果关系具有传递性。用因果箭对具有递推性质的因果关系加以描绘即得到因果链。因果链也具有正负极性之分，若某条因果链含有奇数条极性为负的因果箭，则这条因果链的极性为负；否则，该条因果链的极性为正。因果链的极性，用于定性描述一个变量的改变引起相关变量改变的趋势。

原因和结果的相互作用形成因果关系回路。因果关系回路是封闭的、首尾相接的一种特殊因果链。当因果关系回路中某个要素发生变化时，因果关系回路的作用使这种变化加强，这称为为正因果回路；反之，则称为负因果回路。

一系列因果链的集合就构成了因果关系图。因果关系图是一种定性描述系统中变量之间因果关系的图示模型，用图的方式刻画变量之间相互影响和相互作用的关系。社会系统中事物之间存在复杂的因果关系，一个原因往往会产生多方面的结果，一个结果往往又是多方面的原因造成的。因果关系图比较符合人们思考问题的逻辑，能简洁地表达复杂系统中变量之间的关系，便于研究者之间的交流，优于语言表达方式。因此，因果关系图得到了广泛的应用。

——反馈系统。反馈是反映来自外部环境的输入与系统内部输出的关系，指信息的传输与回授。反馈有正反馈和负反馈之分。一系列因果链组成的闭合回路构成了反馈回路，而包含这种相互连接与作用的反馈环节的系统就是反馈系统。正反馈回路可产生自身变化趋势的增长行为，具有自增长性；负反馈回路则产生自身变化趋势的减弱行为，具有自减弱性。

——系统变量。系统中的变量是关于时间的函数，时刻处于变化之中。一般来说，系统中的变量可大致归纳为五类。第一类是状态变量，也称“水平变量”“水准变量”“存量变量”或“积累变量”，表示系统内物质或信息随时间积累的过程。在系统流图中，一般用一个矩形符号表示状态变量。第二类是速率变量，是描述系统中单位时间内流量变化率的变量。速率变量描述了存量变量的时间变

① 王其藩：《系统动力学》，上海：上海财经大学出版社，2009年，第61～73页。汪应洛主编：《系统工程》(第5版)，北京：机械工业出版社，2016年，第84～90页。蔡乌赶：《企业生态创新驱动机制研究》，北京：科学出版社，2018年，第142～144页。

化而变化，是可以在一段时间内观测的数值，在系统流图中用类似阀门的符号表示。第三类是辅助变量。辅助变量是存量变量到速率变量之间信息传递和转换过程的中间变量。第四类是常量，常量也称为“外生变量”，是指在所考虑的时间内变化甚微或相对不变的参数。常量一般是系统中的局部目标或标准。第五类是外生变量。外生变量随时间变化，但是这种变化不是由系统中其他变量引起的。

——流图。流图是在因果关系的基础上绘制的，流图可以进一步区分变量的性质，用更加直观的符号细致地描绘系统内部结构、明确系统的反馈形式和控制规律，从而可以为系统分析者提供建立系统动力学方程的框架、进一步搜集数据的依据，以及系统分析和设计方案的构思。流图是系统动力学结构模型的基本形式，绘制流图是系统动力学建模的核心内容。

——系统动力学方程。系统动力学方程是在流图的基础上对系统要素之间的关系进行定量描述的一组数学关系式，它本质上是微分方程，是从一个已知的初始状态确定下一个状态的递推关系式。系统动力学方程包括水准方程、速率方程、辅助方程、常量方程和赋初值方程共五种方程。

水准方程是计算水准变量的方程，它是描述系统动力学模型中状态变量变化的方程。速率方程是计算速率变量的方程，它表示在某时间间隔内流量是如何变化的。辅助方程是辅助说明速率变量或简化决策函数的方程。在实际系统中最终的速率变量是由多种原因综合作用的结果，内容往往非常复杂。因此，引入辅助方程，将复杂的方程分解简化，可以使决策者更加清楚地了解决策的过程。常量方程就是给常量赋值。赋初值方程是给状态变量方程或者某些需要计算的常数赋予最初的值。

6.1.2.2 系统动力学的建模方法

——建模原则。系统动力学的建模原则主要有三个①：(1)整体相关原则。构建系统动力学模型时，我们要从整体出发分层次地研究系统，而不是孤立在整体之外单独考虑问题。(2)目的性原则。在建模时应明确建模目的，我们要抓住亟待解决的主要问题，忽略一些无关大局的小问题。把特征性强的关键因素纳入系统，这样可以更有效地解决实际问题，提高模型的实用性。(3)对应性原则。构建系统动力学模型时，模型内部各量的增减都应在概念上及数量上遵循一一对应原则，每一反馈回路都必须对应一个状态变量并且不允许各状态变量之间直接影响。

——建模步骤。系统内部的反馈结构和运行机制决定了系统的行为特性，任何复杂的大型系统都可以视为由多个系统中最基本的信息反馈回路按照某种

① 黎潇：《基于系统动力学的电解铜粉项目经济评价》，赣州：江西理工大学硕士学位论文，2015 年，第 22 页。王其藩：《系统动力学》，上海：上海财经大学出版社，2009 年，第 44 页。

方式连接而成。系统动力学旨在针对实际情况,从变化和发展的角度利用系统的观点解决问题。系统动力学建模和模拟的最主要特征是在描述现实功能的同时实现系统结构化,因此,系统分解与系统综合的理念将贯穿于系统建模、系统模拟、系统测试全过程。

尽管最大化地还原现实问题是系统动力学需要解决的问题,但系统动力学模型也只是实际系统某些特质的简化和代表,而无法实现对现实问题原本的复制。这就要求在构建系统动力学模型过程中合理定义系统变量、确定系统边界。评价模型优劣的最终标准不是模型是否通过有效性检验而是客观实践。为了符合客观实践,即使再精心构造的模型也必须在应用中不断修改完善,以适应实际系统的动态变化。

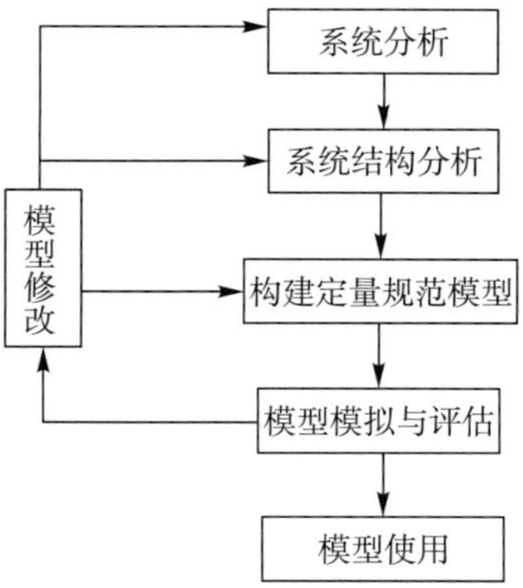

图 6-1 系统动力学建模步骤

系统动力学建模过程可以归纳为以下五个步骤,即系统分析、系统结构分析、构建定量规范模型、模型模拟与评估、模型使用,具体如图 6-1 所示[①]。这五步有一定的先后顺序,但按照建模过程中的具体问题,可以相互交叉多次循环进行。第一步,系统分析的主要任务是明确问题,广泛收集解决问题的相关数据、信息和资料,然后确定系统边界。第二步,系统结构分析是通过对系统进行分解,逐步细化和确定系统变量、变量之间的关系,进而了解信息反馈机制。第三步,构建定量规范模型是从定性分析向定量分析转化的重要过程,由一组一阶常微分方程组成的系统动力学模型可被进一步分解为水准变量方程、速率方程、辅助变量方程、初始方程、常量方程、表函数方程等。参数估计先从各子系统分别

① 王其藩:《系统动力学》,上海:上海财经大学出版社,2009 年,第 33～34 页。蔡乌赶:《企业生态创新驱动机制研究》,北京:科学出版社,2018 年,第 144～145 页。段楠楠:《企业绿色创新影响因素及其协同性研究——以中国太阳能光伏产业为例》,北京:北京经济科学出版社,2019 年,第 43～44 页。

独立进行，然后再进行总体调试。第四步，模型模拟与评估是对模型进行计算机模拟实验并对其进行调试，通过对模型各种性能指标进行不断修正以完善模型。第五步，模型使用是在已经建立好的模型基础上对系统进行定量分析研究，并进行各种政策实验。

6.1.3 Vensim 软件的简单介绍

Vensim 是一个集逻辑学、数学建模、统计学等多门学科于一体的多动能动态分析软件，于 1988 年由 MIT 研究并开发，是目前全球应用最广泛、最便捷的系统动力学软件之一。Vensim 是一个综合性能很强的应用型软件，它不但功能强大，并且信息表达能力方便简洁，只要在简单的几何图形上加上可自动调节形状的单向箭头，就建立起了强大的因果关系网。Vensim 主要有如下四个特点①：(1)利用图示化编程建立模型。Vensim 的用户界面是标准的 Windows 应用程序界面，除支持菜单和快捷键外，还提供多个工具条或图标，这使用户使用非常方便。(2)共享性强。由于丰富的数据类型和强大的后台整合能力，Vensim 软件可以针对多种数据进行整合和分析，而且软件支持多个端口转化，与其他软件之间可以建立快捷实时的联系方式，模型的共享性很强大，且数据易于转化。(3)对模型提供多种分析方法。Vensim 所提供的分析工具包括结构分析工具和数据分析工具。(4)真实性检验。对于研究的系统，依据常识和一些基本原则，我们可以预先提出模型的基本假设，这些假设是真实性约束。将这些约束加到构建的模型中，专门模拟现有模型在运行时对这些约束的遵守情况或违反情况，我们就可以判断模型的合理性和真实性，从而进一步优化模型结构或调整相关参数，使得所构建的模型更加科学合理。

6.2 传统制造企业绿色创新驱动系统动力学模型构建

本章将构建传统制造企业绿色创新驱动系统动力学模型，在真实性检验下对传统制造企业绿色创新驱动系统动力学模型结果进行分析，预测企业绿色创新行为在未来发展过程中的变化趋势，确定敏感参量，识别长期的关键驱动因素。系统动力学采用“情景分析”的方式来预测未来的发展状况，强调产生结果的条件。按系统要素是否受控，我们可以将被研究对象分为不受控制的要素和受控制的要素。系统动力学是一个系统的政策实验室，对于非线性复杂系统模型，决策者可以利用此实验室进行实验，变更各种控制要素，观测输入受控要素变化时的系统行为，从而通过实验结果分析制定各种合适的政策，为传统制造企

① 顾亮：《基于系统动力学的装配式混凝土建筑供应链风险管理研究》，扬州：扬州大学硕士学位论文，2020 年，第 21～22 页。

业绿色创新驱动系统的合理建设提供可行性强和满意度高的实施方案。

6.2.1 传统制造企业绿色创新驱动因素分析

制造业是我国国民经济的主体，是国民经济增长的主要源泉，是强国的基础。制造业的绿色转型和创新发展是我国实现制造强国的必然选择，而传统制造企业的绿色创新发展是制造业转型发展的痛点，亟须解决。传统制造企业绿色创新影响因素具有复杂性和多样性特征，基于已有相关文献对传统制造企业绿色创新影响因素的探讨，结合本书前几章关于传统制造企业绿色创新驱动因素的研究，本章选择影响传统制造企业绿色创新的如下几个关键因素，对传统制造企业绿色创新系统进行分析。

6.2.1.1 市场导向

传统制造企业的市场因素需要综合考虑市场规模、市场需求、市场竞争强度、市场风险因素。杨浩昌等认为，本国市场规模显著促进了技术创新[①]。也有学者认为，市场导向将驱动企业持续采取一种先行性行动以满足消费者需求，随着顾客绿色需求的出现，如果企业要想提高顾客满意度就必须设法为顾客创造价值。因此，从市场拉动角度看，市场必然会使企业主动选择绿色创新，以提高企业的创新性和新产品的绩效[②]。市场导向被认为是一种能最有效地为顾客创造优越价值、给企业创造良好绩效的组织文化，能帮助企业与顾客保持紧密联系，了解消费者的需求变动，进而驱使企业有意识地进行创新。随着绿色理念的提出，供应商和同行竞争企业等各方利益相关者均开始陆续注重绿色市场，而企业为了能够更好地参与市场竞争、适应市场需求变动和获得更大的利润空间，则会选择积极开发满足客户绿色消费需求的绿色产品，并且确保产品生产的各个环节都很好地贯彻绿色环保健康的理念，这就必须进行一定的创新[③]。故而，市场通常是传统制造企业绿色产品创新最主要的动因。有学者指出，顾客需求是企业环保创新的一个重要动因[④]；也有学者认为，消费者的环保意识会使企业实

---

① 杨浩昌、李廉水、刘军：《本土市场规模对技术创新能力的影响及其地区差异》，载《中国科技论坛》，2015 年第 1 期，第 27～32 页。

② Darnall Nicole, Henriques Irene, Sadorsky Perry, " Adopting Proactive Environmental Strategy: The Influence of Stakeholders and Firm Size", *Journal of Management Studies* (2010), 47(6): 1072～1094.

③ 李中娟：《传统制造企业绿色创新的驱动因素及绩效影响研究——以安徽省为例》，马鞍山：安徽工业大学硕士学位论文，2018 年，第 15 页。

④ del Brío Jesús Ángel, Fernández Esteban, Junquera Beatriz, et al., "Environmental Managers and Departments as Driving Forces of TQEM in Spanish Industrial Companies", *International Journal of Quality & Reliability Management* (2001), 18(5): 495～511.

施绿色创新战略[①]；张婧和段艳玲以制造型出口企业作实证研究，发现市场导向中的两个因子部门间协调和顾客导向都会促进企业的产品创新[②]；也有学者通过对汽车产业的实证研究发现，顾客需求与企业绿色创新有着显著的正相关关系[③]。市场竞争的压力、绿色市场的形成、消费者对绿色产品日益增长的需求，以及竞争对手绿色创新战略的实施，将逐步使企业认识到绿色创新的重要性，进而驱使企业对其产品或者工艺进行绿色创新，以形成环保产品及相关服务来吸引更多更具绿色消费理念的潜在消费者。

6.2.1.2 政府支持

技术创新投入和产出是衡量企业创新行为的两个重要维度，政府补贴对技术创新产出有显著的影响。有学者研究认为，政府补贴能有效降低企业的资金风险，可引导企业积极参与研发活动，进而增加技术创新产出。吴金光和胡小梅认为，政府财政支持对企业专利成果转化呈现正向促进作用[④]。还有学者研究发现，企业获得政府研发资助能显著促进创新产出，且比税收优惠等间接资助方式的促进效应更强。科研经费是政府用于支持发展科学技术而支出的费用，其充足程度直接关系着科研项目和研究课题的进展状况，也在一定程度上代表着政府、企业对研发事业和创新能力的重视程度。

6.2.1.3 企业内部投资

资本的充裕程度能够引起投资结构的变化，从而改变传统制造业的产业结构，投资的对象是多样的，总量上有全社会固定资产投资，细分之下有基建投资、改造投资，传统制造企业的转型升级是由不同投资引起的。新的投资能够促进新的产业发展，对不同发展程度的产业投资，可改变产业的发展结构，对传统产业进行投资，能实现传统产业的转型升级。资本投入是制造业转型的基本推动力，技术的产生和应用都离不开投资[⑤]。严焰和池仁勇探讨了不同技术获取模式对企业 R&D 投入与创新绩效之间关系的调节作用，实证研究发现，R&D 投

---

① Harrison Rob, Newholm Terry, Shaw Deirdre, *The Ethical Consumer* (London: SAGE, 2005).

② 张婧、段艳玲：《市场导向对创新类型和产品创新绩效的影响》，载《科研管理》，2011 年第 32 卷第 5 期，第 68～77 页。

③ Weng Ming-Horng, Lin Chieh-Yu, "Determinants of Green Innovation Adoption for Small and Medium-size Enterprises (SMEs)", *African Journal of Business Management* (2011), 5(22): 9154～9163.

④ 吴金光、胡小梅：《财政支持对区域产业技术创新能力的影响分析——基于 1997～2010 年中国高技术产业数据》，载《系统工程》，2013 年第 31 卷第 9 期，第 121～126 页。

⑤ 朱虹：《基于创新驱动的安徽省制造业转型升级研究》，合肥：安徽农业大学硕士学位论文，2018 年，第 20 页。

入与企业创新绩效具有显著正相关关系，独立研发作为主要技术来源在企业R&D投入与创新绩效之间起正向调节作用，合作研发作为主要技术来源则会削弱R&D经费投入与创新绩效的正相关性[①]。廖中举采用回归分析方法对企业R&D投入、技术创新能力与经济绩效之间的关系进行研究，得出R&D投入与企业经济绩效具有显著正相关关系的结论[②]。

6.2.1.4 人才因素

劳动力"量"和"质"的积累同样会对传统制造企业的转型升级产生影响。首先，数量方面，劳动力供给充足能够推动劳动密集型企业发展。其次，质量方面，劳动力本身素质水平的高低也造就了不同技术水平的企业。劳动力供给质量较高，适合发展高新技术企业，劳动力供给质量一般，则适合从事简单的制造业加工企业。劳动力的技术素质是产品研发能力提升的关键，传统制造企业的绿色创新更离不开劳动力质量的提高和劳动力资源的优化。梁超通过实证分析得出，人力资本及其吸收能力可以显著提升工业企业的技术创新，劳动力资本是企业创新的资源，是决定技术创新能力的一个关键因素[③]。

企业的内部投资和人才投入体现了管理者对绿色创新的重视程度，企业的经营行为往往取决于管理层的决策，其创新行为也必然离不开管理者的引导。因此，当企业的管理者对环境问题比其他企业的高层管理者更加关注和重视时，其进行绿色创新的可能性就会增加。因为传统制造企业的排污行为在众多行业中几乎是最多的，所占的自然资源量也是相对较大的，所以其提高资源利用率和减少污染物排放的需求会更迫切。而对这个问题有较强敏锐性的管理者就会偏向于主动选择增加内部投资进行绿色创新，来减少企业的环境成本。相关研究表明，企业主动型环境战略的实施在很大程度上是由于高层管理者对环境资源的承诺[④]。因为高层管理者作为实施绿色创新行为的决策者，主导着企业进行绿色创新的投入活动，所以其环保意识会对企业的绿色创新行为产生重要影响。有学者研究指出，如果企业经理高度关注环境保护，那么该企业采取环境创新的

---

① 严焰、池仁勇：《R&D投入、技术获取模式与企业创新绩效——基于浙江省高技术企业的实证》，载《科研管理》，2013年第34卷第5期，第48～55页。

② 廖中举：《R&D投入、技术创新能力与企业经济绩效间关系的实证分析》，载《技术经济》，2013年第32卷第1期，第19～23页。

③ 梁超：《垂直专业化、人力资本与我国的技术创新能力——基于工业行业动态面板的实证研究》，载《产业经济研究》，2013年第2期，第65～73页。

④ del Brío Jesús Ángel, Fernández Esteban, Junquera Beatriz, et al.,"Environmental Managers and Departments as Driving Forces of TQEM in Spanish Industrial Companies", *International Journal of Quality & Reliability Management*(2001), 18(5): 495～511.

可能性就会更大①。有学者基于实证研究认为，管理者对环境的关注可能是促使企业采取环境创新战略的一个最强的驱动力②。

6.2.2 传统制造企业绿色创新系统分析

目前，有不少学者从不同角度对绿色创新系统的结构进行了剖析。丁堃认为，从经济、社会和生态三个维度来考察创新系统的功能，绿色创新系统可分为促进经济发展创新子系统、促进社会发展创新子系统和促进生态平衡创新子系统三个子系统；从绿色创新系统运行过程来看，绿色创新系统可分为绿色创新投入子系统、投入转化为“产品”活动子系统、创新产出子系统三个子系统③。邹昆基于创新主体视角，将绿色创新子系统分为企业主体子系统、政府主体子系统、大学主体子系统和中介主体子系统④。毕克新和刘刚将制造业绿色创新子系统分为绿色技术创新、绿色产业创新、绿色供应链创新三个层面⑤。申楠认为，制造业绿色创新主体子系统主要包括了制造企业、政府、高校及科研院所、中介机构四大要素，这些要素之间存在一定的绿色知识流动，可以划分为制造业绿色创新主体子系统、知识溢出子系统、知识共享子系统和环境子系统⑥。

本书在总结和分析现有绿色创新系统的基础上，结合传统制造企业绿色创新驱动因素，基于绿色创新的投入产出过程，将传统制造企业绿色创新系统分为绿色创新投入、绿色创新产出和绿色创新环境三个子系统。投入和产出子系统处于绿色创新的运行层面，在各自开展行为活动的同时，相互促进、相互制约，循环往复地闭环运行，而环境子系统则处于绿色创新的支撑层面，支持、影响着绿

---

① Fergusson H, Langford D A, "Strategies for Managing Environmental Issues in Construction Organizations", *Engineering Construction & Architectural Management* (2006), 13(2): 171～185.

② Eiadat Yousef, Kelly Aidan, Roche Frank, et al., "Green and Competitive? An Empirical Test of the Mediating Role of Environmental Innovation Strategy", *Journal of World Business* (2008), 43(2): 131～145.

③ 丁堃：《基于复杂适应系统理论的绿色创新系统研究》，大连：大连理工大学博士学位论文，2005年，第46页。丁堃：《论绿色创新系统的结构和功能》，载《科技进步与对策》，2009年第26卷第15期，第116～119页。

④ 邹昆：《基于CAS的绿色创新系统中介主体行为仿真研究》，大连：大连理工大学硕士学位论文，2006年，第12～23页。

⑤ 毕克新、刘刚：《论中国制造业绿色创新系统运行机制的协同性》，载《学术交流》，2015年第3期，第126～131页。

⑥ 申楠：《制造业绿色创新系统知识溢出与知识共享机制研究》，哈尔滨：哈尔滨工程大学博士学位论文，2016年，第25～28页。

色创新的运行和开展[1]。三个子系统相互关联、相互促进，缺一不可。

6.2.2.1 绿色创新投入子系统

在不同发展阶段，不同的生产要素起着不同程度的重要作用，在生产的初级阶段，主要依靠资源的增长和充足的劳动力供给。随后，在工业规模化生产时，资本积累、投资的增长使得依靠资本要素的产业逐渐占据主导地位[2]。在经济发达阶段，创新驱动依靠技术的积累和改进逐步实现经济增长，但经济增长也离不开基础要素的投入，主要包括科研经费、资本和劳动力等。

在绿色创新投入子系统中，如图 6-2 所示，随着企业经营理念的增强、政府和金融部门的支持，创新环境得到改善，投入资金增加，传统制造企业会通过提高绿色创新人员比重来增加绿色创新人才。因此，绿色创新最基本的投入指标是劳动力和资本。在创新中，经济产出的增加会提高企业研发投入，从而增加绿色创新资金投入。因此，本书以创新人员和创新资金投入来表示绿色创新投入数量。

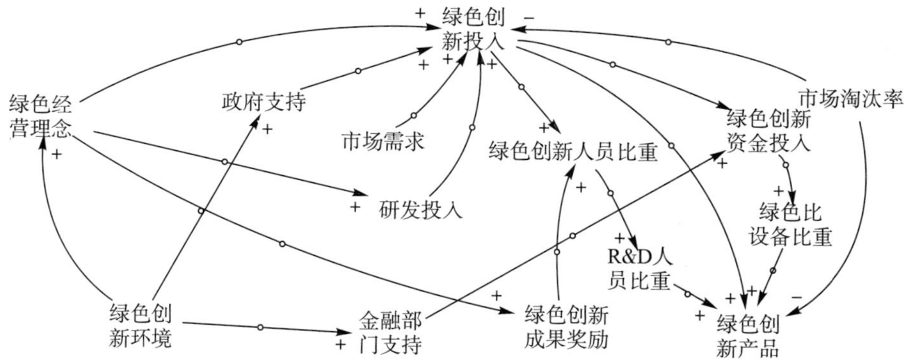

图 6-2 绿色创新投入子系统因果关系图

6.2.2.2 绿色创新产出子系统

绿色创新产出子系统是指由满足可持续发展需要而创造的技术创新成果所构成的系统。创新产出分为硬产出和软产出，硬产出包括学术论文、专利、高技术产品等，软产出包括通过创新活动使人和组织的思想和观念得到提升和改变、新文化及新的管理制度与机制的形成等。

在绿色创新产出子系统中，如图 6-3 所示，绿色专利是企业绿色创新产出的

① 田红娜、毕克新、夏冰，等：《基于系统动力学的制造业绿色工艺创新运行过程评价分析》，载《科技进步与对策》，2012 年第 29 卷第 13 期，第 112～118 页。

② 朱虹：《基于创新驱动的安徽省制造业转型升级研究》，合肥：安徽农业大学硕士学位论文，2018 年，第 20 页。

重要成果，能够为企业带来经济效益，促使企业提高研发投入，增强绿色创新能力，进一步推动绿色研发的成功，促进绿色创新成果产出。同时，企业的绿色创新能够降低环境污染程度，给企业带来生态效益和社会效益。但是绿色创新产出会受到创新研发风险、创新成果被接受程度等因素的影响。因此，传统制造企业的绿色创新产出用绿色产品销售收入、绿色专利、绿色创新减少环境污染程度等因素来表示。

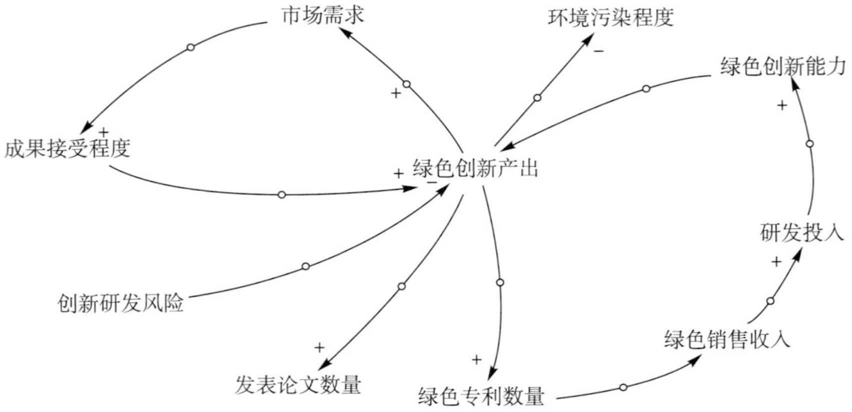

图 6-3 绿色创新产出子系统因果关系图

6.2.2.3 绿色创新环境子系统

社会环境是企业创新驱动的外部因素，良好的创新环境给传统制造企业转型升级提供了辅助作用，每一个企业都不是独立存在的，都是在现有的公共基础设施服务下开展生产经营活动。传统制造业绿色创新在一定程度上受到政策、制度的影响，尤其是在地区发展规划上，如果经济政策调整将制造业作为该地区重点打造的王牌，那么相关的产业政策必先使其成为优先发展的产业。因此，政府基于地区发展条件决策形成的产业扶持和优惠政策对产业转型升级至关重要①。配套政策的颁布和落实体现了政府对创新发展的意识强度，政府通过设立更多的科研机构支持研发创新活动，通过对高技术产业和新兴产业的扶持与鼓励，从而对传统制造企业产生影响。教育使得绿色创新意识在整个社会中传播，大众的环保意识得到强化，由此产生的舆论压力对企业家产生了影响，能够激励企业进行绿色创新。市场需求的存在是企业生产和发展的前提，绿色产品需求是企业绿色发展的核心驱动力，是绿色产品研发、生产、销售全过程的源头与出发点，也是绿色产品市场经营的归宿，市场需求的增加必定能够推动传统制

① 朱虹：《基于创新驱动的安徽省制造业转型升级研究》，合肥：安徽农业大学硕士学位论文，2018 年，第 21 页。

造企业进行绿色创新[①]。

在绿色创新环境子系统中，如图 6-4 所示，政府、高校、科研机构等为传统制造企业绿色创新提供了制度环境、资源环境和文化环境，而在传统制造企业内部，员工绿色意识、管理者对绿色创新的重视程度、企业对创新成果的奖励程度都会影响企业开展绿色创新的积极性，从而推动绿色创新的投入和实施。

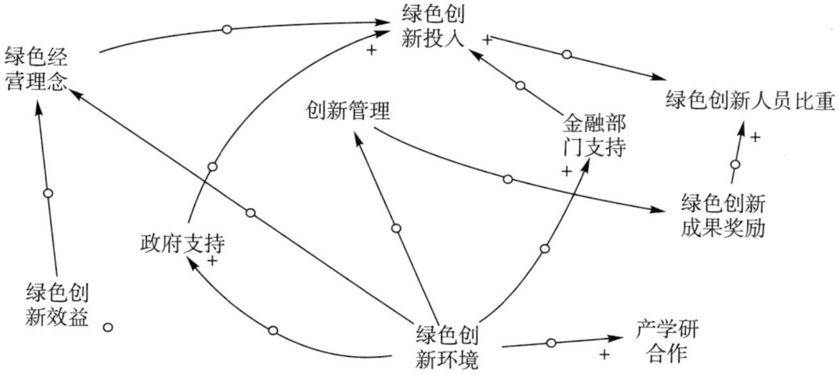

图 6-4　绿色创新环境子系统因果关系图

6.2.3　传统制造企业绿色创新系统动力学流图构建

将上述子系统进行整合，形成传统制造企业绿色创新动力系统的因果关系图，如图 6-5 所示。

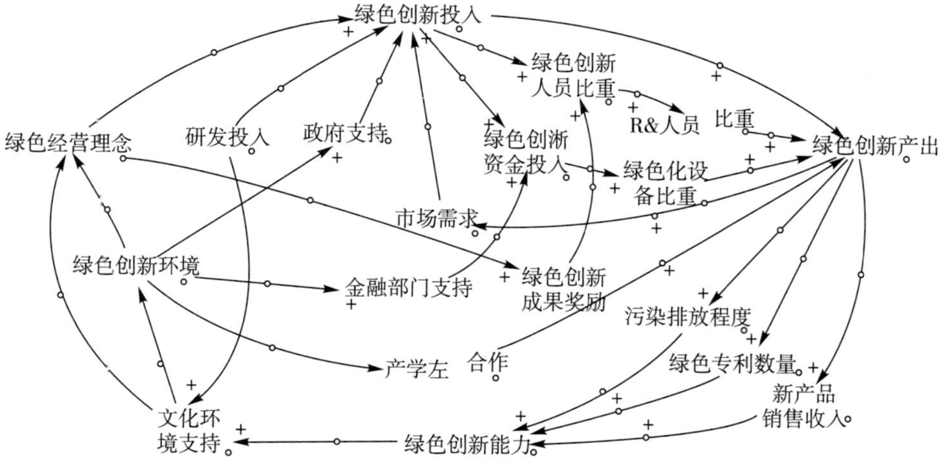

图 6-5　传统制造企业绿色创新动力系统因果关系

---

① 杨红：《基于系统动力学的我国汽车轮胎制造企业绿色持续创新研究》，上海：华东理工大学硕士学位论文，2013 年，第 27 页。

传统制造企业绿色创新动力系统因果关系图的主要回路描述如下。

——绿色创新能力→绿色创新效益→绿色创新环境→政府支持→绿色创新投入→绿色创新产出→污染排放减轻度→绿色创新能力。这是一条正反馈回路，主要表明企业绿色创新能力的增加可以减少对环境的污染，进而带来环境收益。环境收益对企业来说无法直观地从收益中体现出来，这就要求政府要给予企业适当的补贴，唯有政府参与才能促进企业绿色创新的良性循环。

——绿色创新能力→绿色创新效益→绿色经营理念→绿色创新投入→绿色创新人员比重→R&D人员比重→绿色创新产出→绿色专利数量/新产品销售收入→绿色创新能力。这是一条正反馈回路，表明绿色创新人员的增加能够带动企业绿色创新，增加企业的绿色专利数量和新产品销售收入。

——绿色创新能力→绿色创新效益→绿色经营理念→绿色创新投入→绿色创新资金投入→绿色化设备比重→绿色创新产出→新产品销售收入→绿色创新能力。这是一条正反馈回路，表明绿色创新能力的增加能够使企业增加创新投入，进而提高绿色创新产出，推动绿色创新进程，为企业绿色创新带来良性循环。

——市场需求→绿色创新投入→绿色创新人员比重→R&D人员比重→绿色创新产出→市场需求。这条回路揭示了市场需求增加会使企业增加创新人员比重，由此来提高其绿色创新产出的数量，而绿色创新产出数量的增加又会推动市场需求的增长，这是一个良性循环。

——市场需求→绿色创新投入→绿色创新资金投入→绿色化设备比重→绿色创新产出→市场需求。这条回路揭示了市场需求会促进企业的绿色创新投入，由于资金增加导致绿色创新产出增加，再进一步推动市场需求，也是一个良性循环回路。

系统动力学流图是对因果关系图的补充，它增加了对系统变量性质的描述，呈现物质流和信息流的运动轨迹。系统动力学流图中包含的特有符号用以表示存量、速率变量、状态变量等特征。本章构建系统动力学流图的主要控制变量是市场需求、企业内部资金投入与人员投入、政府投资支持，输出指标为绿色专利数量、新产品销售收入和能源消费总量。本章通过对传统制造企业绿色创新因果关系的分析研究，确定绿色创新投入、绿色创新产出、专利申请量、新产品销售收入和能源消费总量为状态变量，选取投入增量、研发成功率、研发失败率为速率变量，其他变量为辅助变量或常量。本章依据系统动力学理论，运用Vensim PLE软件构建传统制造企业绿色创新系统动力学流图，具体如图6-6所示。在此系统内，变量之间呈现交叉关系，即一个变量可能是引起其他多个变量变化的原因，各变量之间存在着直接或间接关系。而变量之间这种交错关系体现了系统内复杂的逻辑关系。

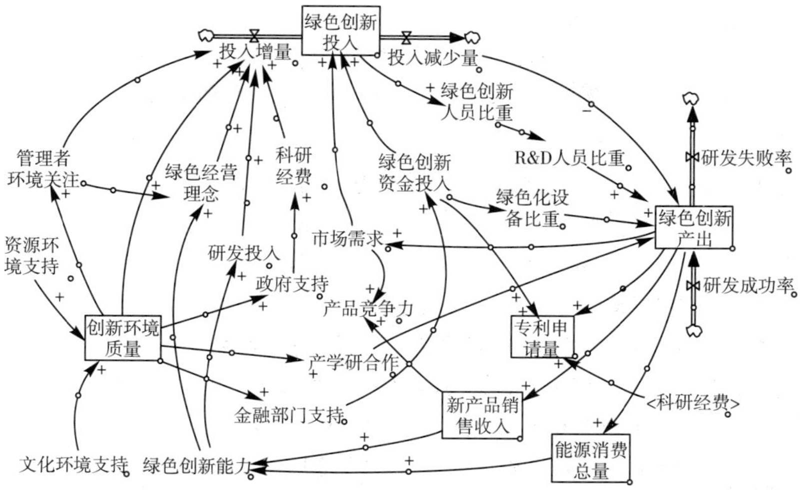

图 6-6 绿色创新系统动力学流图

6.3 传统制造企业绿色创新驱动仿真分析

6.3.1 模型基本假设、变量及方程

6.3.1.1 基本假设

为了使模型更加合理，本书提出以下基本假设：

假设 1：传统制造企业绿色创新问题是一个系统性问题，从系统发展连续性、渐进性视角出发，本模型不考虑非正常原因（如经济危机等因素）引起的模型内变量变化，也不考虑过程中因资源短缺等暂时性原因而造成的变量突变。换言之，本模型不考虑短期突发事件，认为从长期来看，人、财、物等资源供给是稳定的①。

假设 2：传统制造企业绿色创新能力水平是由其创新经费投入量和人力投入量决定的，在同样的外部环境中，绿色创新相关因素投入越多，其产出也就越多，反之则越小。

假设 3：传统制造企业绿色创新系统的动力主要来源于各主体的创新投入、市场需求、政府支持等因素。

6.3.1.1 变量

系统动力学模型中包含的状态变量、速率变量、辅助变量称为“内生变量”。变量之间需要构建彼此的函数关系。因此，本书首先要对模型包含的主要参数

① 段楠楠：《企业绿色创新影响因素及其协同性研究——以中国太阳能光伏产业为例》，北京：北京经济科学出版社，2019 年，第 78 页。

进行计算，也即模型初始化。

——市场导向、内部资金投入和人员投入、政府支持。市场导向是一种能有效为顾客创造价值、为企业带来良好绩效的组织文化，有顾客导向、竞争者导向和部门间协调三个方面的内容。市场导向值根据第 5 章通过问卷测量出的市场导向对传统制造企业绿色创新的影响程度得来的，基础值为 0.35。企业绿色创新内部资金投入和人员投入主要是企业内部对绿色创新的支持程度，是企业主动地进行创新。笔者根据《中国统计年鉴》整理得到 2009－2016 年制造业“R&D 内部经费”和“R&D 人员全时当量”，并以此来代表绿色创新内部资金投入和人员投入。政府支持是政府对企业绿色创新方面的资金支持，该项指标用《中国统计年鉴》中 R&D 经费中的“政府资金”来表示。2009－2016 年 R&D 内部经费、R&D 人员全时当量和政府资金具体见表 6-1。

表 6-1　R&D 内部经费、R&D 人员全时当量和政府资金

年份	R&D 内部经费/亿元	R&D 人员全时当量/人年	政府资金/亿元
2009	3181.19	1289478	1358.3
2010	3981.17	1352257	1696.3
2011	5947.93	1916126	1883.0
2012	7143.66	2213280	2221.4
2013	8244.66	2460506	2500.6
2014	9171.61	2611799	2636.1
2015	9907.86	2608277	3013.2
2016	10830.19	2669192	3140.8

数据来源：笔者根据《中国统计年鉴(2010－2017)》整理得到。

——绿色创新产出。绿色创新产出是存量变量，代表企业绿色创新的成果积累。绿色创新产出具体包括专利数量、新产品销售收入和能源消费总量。专利包括发明、实用新型和外观设计，反映拥有自主知识产权的科技和设计成果情况。新产品是指采用新技术原理、新设计构思研制、生产的全新产品，是在结构或工艺方面比原有产品有明显改进的产品。传统制造企业是能源消费大户，能源消费总量能体现传统制造企业当年的能源使用情况。

——绿色创新能力。绿色创新能力是存量变量，表示传统制造企业绿色创新水平的高低。绿色创新产出反映了企业的绿色创新能力。因此，绿色创新能力是绿色创新产出的函数。为简化模型，本章将绿色创新能力看作绿色创新产出的单调递增函数，使用绿色创新产出的累计值表示传统制造业的绿色创新能力。

6.3.1.3　确定模型主要方程式

模型中，因果关系需要用方程式来表达，模型的运行也要基于这些方程式进行。两个元素之间的函数关系可以从二者的历史数据中发现，单一方程式的拟合误差会沿着因果链条不断积累，最终直接影响模型整体的准确度。因此，本书在构建方程时应尽量找出能描述当前关系的方程式。

——专利申请量。现有研究认为，与新产品产值等指标相比，专利数量更能直观地体现企业的创新产出能力。专利数量通常包括专利申请数和专利授权数，但因为专利授权的数据比较难获得，故本书用专利申请数来表示企业的创新程度。已有文献研究表明，政府补贴能够促进企业的研发投入①。企业研发投入为绿色创新活动提供了资金支持，充足的发展资金使企业更好地保障自身创新功能建设，提高自身创新能力。而R&D人员的投入能够给企业内部注入新的血液和活力，使员工的知识和技能水平得到提升，继而能够提高企业的创新能力。因此，企业内部的研发投入与人员投入对绿色创新的产出——专利数量和新产品销售收入有一定的推动作用。

表6-2 专利申请量、R&D内部经费和R&D人员全时当量

年份	专利申请量/件	R&D内部经费/亿元	R&D人员全时当量/人年
2009	165385	3181.19	1289478
2010	195926	3981.17	1352257
2011	379099	5947.93	1916126
2012	475530	7143.66	2213280
2013	542306	8244.66	2460506
2014	609259	9171.61	2611799
2015	616685	9907.86	2608277
2016	693813	10830.19	2669192

数据来源：笔者根据《中国统计年鉴(2010—2017)》整理得到。

本书整理得到2009—2016年制造业专利申请量、R&D内部经费、R&D人员全时当量的数据，具体如表6-2所示。利用线性回归方程构建三者之间的关系，关系式如式(6-1)所示。函数拟合检验结果如表6-3所示，结果显示方程拟合良好。

专利申请量＝37.21×R&D内部经费＋0.17×R&D人员全时当量－172011.7 (6-1)

① 田红娜、刘思琦：《政府补贴对绿色技术创新能力的影响》，载《系统工程》，2021年第39卷第2期，第34～43页。夏媛、姜娟：《政府补贴对企业技术创新能力的影响研究——基于新能源汽车企业经验证据》，载《技术与创新管理》，2021年第42卷第3期，第237～243页。

表 6-3 专利申请量拟合检验结果

R 方	调整后 R 方	估计值标准误差	Sig.
0.9971	0.9959	12575	0.000

——能源消费量。因为制造业是能源消费大户，其经济产出很大部分来源于能源要素的推动，所以企业新产品销售收入的增加会增加能源消费量。绿色创新能力的增加能够促进企业增加专利发明，提升单位能源的产出，降低能源消耗量。因此，能源消费量可认为是新产品销售收入和专利申请量的二元函数。2009—2016 年制造业能源消费量、新产品销售收入和专利申请量的数据，具体如表 6-4 所示。

表 6-4 能源消费量、新产品销售收入及专利申请量

年份	能源消费量/万吨标准煤	新产品销售收入/亿元	专利申请量/件
2009	180595.97	57938.90	165385
2010	188497.85	72775.20	195926
2011	200403.37	100383.28	379099
2012	205667.69	110193.75	475530
2013	239053.40	128117.46	542306
2014	245051.39	142533.42	609259
2015	244919.56	150416.42	616685
2016	242514.87	173980.50	693813

数据来源：笔者根据《中国统计年鉴(2010—2017)》整理得到。

根据表 6-4 数据构建三者之间的关系，将三者取对数，利用线性回归方程进行拟合，得到的方程如式(6-2)所示，拟合结果见表 6-5，方程拟合结果良好。

能源消费量＝0.351×新产品销售收入－0.02×专利申请量＋8.47　　(6—2)

表 6-5 能源消费量拟合检验结果

R 方	调整后 R 方	估计值标准误差	Sig.
0.8997	0.8596	0.0478	0.0032

——新产品销售收入。陈丽清和白都浩在研究中发现，企业 R&D 经费投入与新产品销售收入呈显著正相关关系[①]。因此，笔者认为，新产品销售收入与企业 R&D 内部经费支出相关，根据数据构建二者关系，利用线性回归方程进行

① 陈丽清、白都浩：《企业研发经费投入与新产品销售收入的关系——对浙江省规模以上工业企业的分析》，载《经营与管理》，2012 年第 12 期，第 108～110 页。

拟合，得到的方程如式(6-3)所示，拟合结果见表6-6，方程拟合结果良好。

新产品销售收入＝14.21×R&D内部经费＋13286.67　　(6-3)

表6-6　新产品销售收入拟合检验结果

R方	调整后R方	估计值标准误差	Sig.
0.9906	0.9890	4139.8	0.000

系统动力学模型主要变量及方程式汇总表，具体如表6-7所示。

表6-7　系统动力学模型主要变量及方程式

变量名	类型	方程式
专利申请量	状态变量	37.21×R&D内部经费＋0.17×R&D人员全时当量－172011.7
新产品销售收入	状态变量	14.21×R&D内部经费＋13286.67
能源消费总量	状态变量	0.351×新产品销售收入－0.02×专利申请量＋8.47
绿色创新投入数量	状态变量	政府资金支持＋内部资金投入
研发成功率	速率变量	0.5×产学研合作投入比＋0.5×R&D人员比重
R&D人员比重	辅助变量	R&D人员全时当量/企业员工全时当量
产学研合作投入比	辅助变量	科学技术支出/财政支出
研发失败率	速率变量	1－研发成功率
市场需求	常量	0.35
绿色产品竞争力度	常量	0.2
政府支持比例	辅助变量	政府资金支持/(政府资金支持＋内部资金投入)
企业研发投入比	辅助变量	内部资金投入/(政府资金支持＋内部资金投入)

6.3.2　模型有效性检验

为了检验模型的一致性和可用性，选取显性数据——专利申请量和新产品销售收入作为绿色创新能力的衡量指标，设定模型的模拟条件如下：

初始时间：2009年。

结束时间：2016年。

模型模拟的时间设定为：2009－2016年，时间为8年。

运行这个系统动力学模型，将模拟数据与实际衡量绿色创新能力的指标数据进行比较，如果模拟数据与实际数据相吻合，就证明模型有效。具体对比结果如表 6-8 所示。

表 6-8　真实数据与模拟数据对比结果

年份	专利申请量			新产品销售收入		
	真实值/件	模拟值/件	相对误差%	真实值/亿元	模拟值/亿元	相对误差%
2009	165385	166037	0.39%	57938.90	58218.9	0.48%
2010	195926	206498	5.40%	72775.20	69447.6	−4.57%
2011	379099	375784	−0.87%	100383.28	98324.4	−2.05%
2012	475530	470864	−0.98%	110193.75	115075	4.43%
2013	542306	553908	2.14%	128117.46	130942	2.20%
2014	609259	614250	0.82%	142533.42	143910	0.97%
2015	616685	641034	3.95%	150416.42	152847	1.62%
2016	693813	685706	−1.17%	173980.50	167242	−3.87%

考虑到历史数据的可获取性，该验证仅限于模型中具有代表性的变量，包括专利申请量和新产品销售收入，检验时间为 8 年。表 6-8 显示的是各个变量的真实值、模拟值和相对误差的情况。观察检验结果，2009—2016 年的模拟数据和真实统计数据的误差最高为 5.4%，其余大部分均介于−5%～5%，拟合效果较好，说明模型运行的结果与实际数据误差在合理区间内，符合系统动力学模型建模精度的要求，该模型是可靠的。同时说明，传统制造企业绿色创新驱动系统动力学模型的结构设计和参数选取是合理的，能较好反映实际系统，在此基础上进行仿真模拟和政策分析是可行的①。

6.3.3　参数敏感性分析

本书分别动态模拟仿真绿色产品竞争力度、政府投资、企业内部投资和创新人员对 2009—2016 年传统制造企业绿色创新能力的影响，比较不同驱动因素对传统制造企业绿色创新能力的影响效果，便于最优驱动方案的选择和评价。

6.3.3.1　绿色产品竞争力度影响分析

市场中顾客的“绿色消费”需求会促进企业进行绿色创新，企业的竞争对手实施绿色创新举措会促使企业也选择进行绿色创新，而企业部门间的协调能使绿色创新进行得更加顺利。产品竞争力度是市场需求的最直接表现，为了解其对传统制造企业绿色创新的影响，本书分别对绿色产品竞争力度初始值为 0.2，绿色

① 韩沐野：《基于系统动力模型的山西省旅游产业发展政策仿真研究》，北京：中国地质大学硕士学位论文，2017 年，第 56 页。

产品竞争力度增加20%、40%和60%四种情况的绿色创新动力学系统进行模拟，以发现其对专利申请量和新产品销售收入的影响[①]，具体如图6-7、图6-8所示。

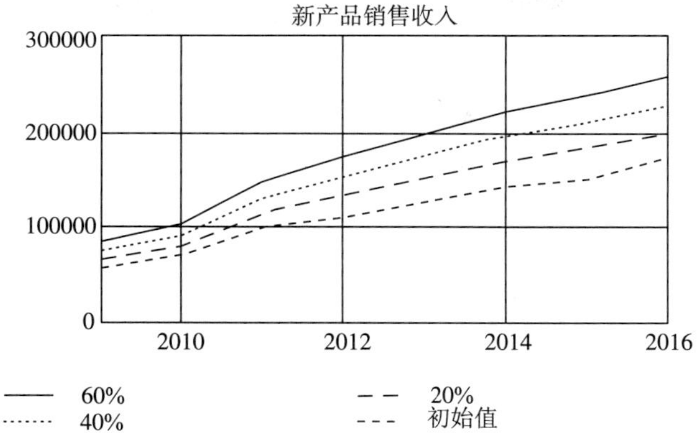

图6-7 绿色产品竞争力度对新产品销售收入的影响

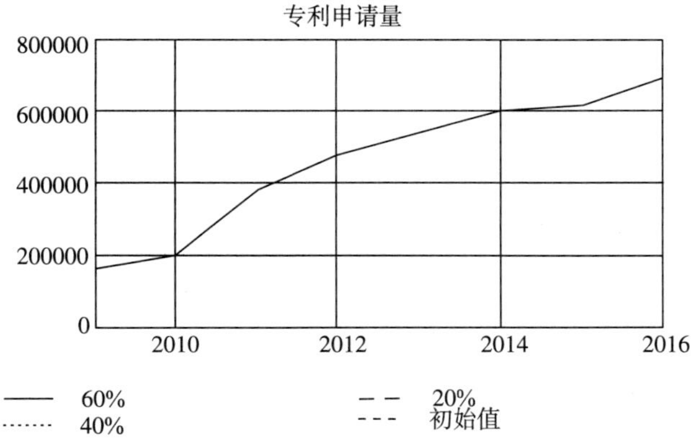

图6-8 绿色产品竞争力度对专利申请量的影响

从图6-7可以看出，绿色产品竞争力度对新产品销售收入具有明显的正向影响。因此，可以推断，绿色产品竞争力度的增强为整个产业带来跨越式发展，为整个行业的绿色发展带来良性循环。

绿色产品竞争力度对绿色创新显性知识指标——专利申请数量的影响如图6-8所示。显然，产品竞争力度对专利申请数量无影响。这一结果符合传统制造企业绿色创新的实际情况，作为经济利益的追求者，绿色产品竞争力度对经济效益的影响更加直接。

---

① 段楠楠:《企业绿色创新影响因素及其协同性研究——以中国太阳能光伏产业为例》，北京：北京经济科学出版社，2019年，第90页。

6.3.3.2 政府投资影响分析

仅仅依靠企业自身力量和社会环保压力无法促使企业主动进行绿色创新活动。因此,作为宏观政策制定者的政府部门对传统制造企业绿色创新行为的影响至关重要。

在影响企业进行绿色创新的外部环境和内部环境中,各个因素对企业的影响程度并不一致。政府的支持既能帮助企业缓解资金压力,让企业有信心去进行绿色创新,又在政策上表明了政府对绿色创新的支持,让企业紧跟政策发展,无后顾之忧。本书分别模拟政府投资增加对专利申请量和新产品销售收入的影响,具体如图 6-9、图 6-10 所示。

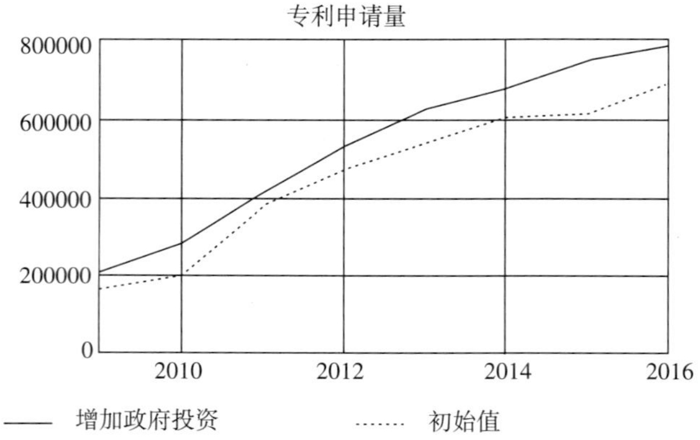

图 6-9 政府投资对专利申请量的影响

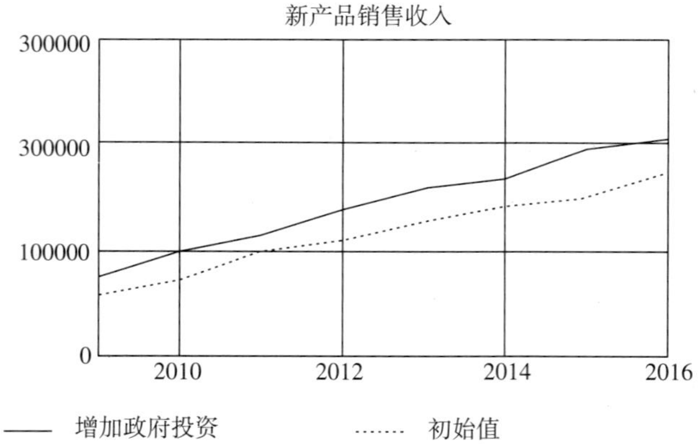

图 6-10 政府投资对新产品销售收入的影响

由图 6-9 和图 6-10 可知,增加政府投资对专利申请量和新产品销售收入具有显著正向影响。可见,政府通过对实施绿色创新的企业给予一定的政策补贴,不但可以弥补企业的经济收益损失,而且可以激发企业绿色创新的积极性。

在整个绿色创新过程中，政府虽然不直接参与技术创新，但却在企业绿色创新过程中扮演着不可或缺的角色。政府依据各行各业的特征设计有针对性的绿色创新政策工具组合，提升企业绿色创新能力，引导企业向更绿色环保的方面发展，进而推动绿色创新在企业健康稳步发展中起到重要驱动作用①。

6.3.3.3 企业内部投资和创新人员影响分析

在内外部环境的共同作用下与政府和金融部门的大力支持下，企业绿色创新环境得到改善，企业绿色经营理念得到增强，管理者对绿色创新的关注度增加，于是企业开始提高技术引进与技术改造的费用比重，提高绿色工艺创新人员占总员工的比重，从而增加了企业绿色创新的资金和人才。本书分别模拟企业内部投资和创新人员增加对专利申请量和新产品销售收入的影响②，具体如图6-11、图6-12和图6-13、图6-14所示。

由图6-11和图6-12可以看出，创新人员对企业绿色创新显性知识存量具有正向效应，专利申请量随着内部创新人员的增加而显著提升，但内部创新人员对新产品销售收入的影响较弱。

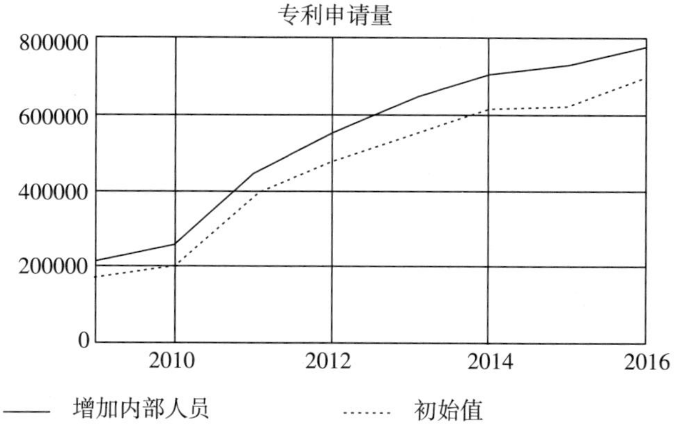

图6-11 增加内部创新人员对专利申请量的影响

① 张瑞华、韩丽红：《政府支持、内部控制与资源型企业创新绩效的关系研究》，载《资源与产业》，2021年第23卷3期，第29～37页。

② 杨洪涛、左舒文：《基于系统动力学的创新投入与区域创新能力关系研究——来自天津的实证》，载《科技管理研究》，2017年第37卷第3期，第22～28页。

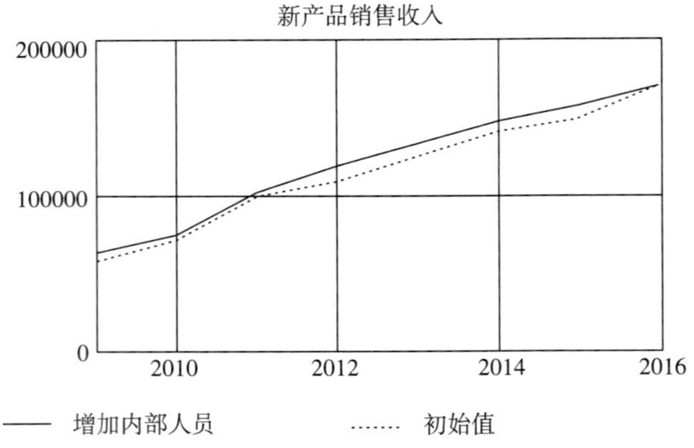

图 6-12　增加内部创新人员对新产品销售收入的影响

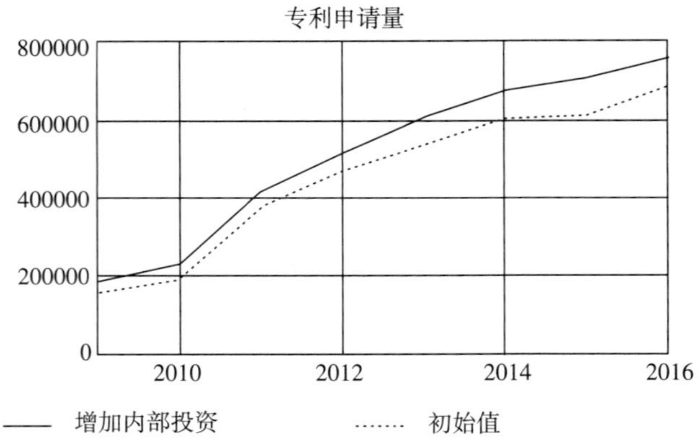

图 6-13　增加内部投资对专利申请量的影响

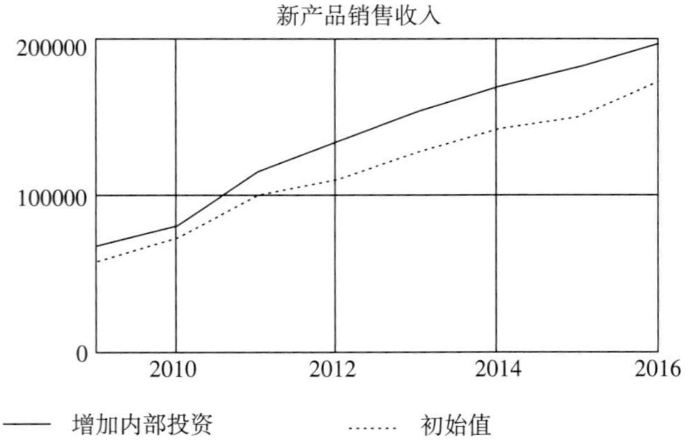

图 6-14　增加内部投资对新产品销售收入的影响

同样，从图 6-13 和图 6-14 可以了解到，企业内部投资对专利申请量和新产品销售收入具有显著的正向影响。此外，与创新人员相比，增加内部投资更能够提高企业的绿色创新产出数量和绿色创新水平。

6.3.4 研究小结及政策建议

本章分别调整传统制造企业绿色创新系统中的绿色产品竞争力度、政府投资、企业内部投资和创新人员 4 个主要参数，探究它们对传统制造企业绿色创新的影响程度，在对各参数的敏感性进行分析后，得到以下研究结论，并提出相应的政策建议。

——绿色产品竞争力度对新产品销售收入具有显著正向影响，但提升绿色产品竞争力却并非易事。一方面，传统制造企业的绿色产品在消费市场中对消费者具有双重外部性效应。消费者在购买此类绿色产品的过程中，既可以满足正常的消费需求，还能够为消费者带来绿色消费效应；另一方面，消费者的消费观念受到产品价格影响，他们对绿色消费的内容和深度认识不够，对绿色消费的认识还停留在较低层面。因此，传统制造企业绿色产品竞争力很难在短期内得到快速提升，只有降低绿色产品价格来提高产品的市场竞争优势，改变社会公众传统消费观念，引导消费者主动参与绿色消费，这需要企业、政府和社会共同努力才能实现。

——政府对绿色创新的支持是促进传统制造企业绿色创新的重要因素之一。政府是绿色创新系统中非常重要的一环，虽然没有直接参与绿色创新活动，但是政府在传统制造企业绿色创新活动中扮演着政策制定者和绿色创新引导者的角色，通过制定相关政策，可以推动企业绿色创新活动进程，激励企业进行绿色创新。通过给予企业适当的绿色创新补贴，可以弥补传统制造企业因在绿色创新过程中研发失败而造成的经济损失，使传统制造企业的绿色创新能力显著提升。

——在传统制造企业内部，资金和人员是驱动企业绿色创新非常重要的因素。加大资金投入力度有利于提升传统制造企业绿色创新积极性和新产品开发意愿，提升企业生产率，为企业带来经济效益。随着时间的推移，传统制造企业的资金投入对绿色技术创新的效用会愈发明显。因此，笔者认为未来应激励传统制造企业主动投入绿色创新研发，发挥传统制造企业在促进绿色创新中的主体作用。尽管与传统制造企业内部资金投入相比，创新人员对新产品销售收入的影响较弱，但却不能忽视其作用。创新人员是具有创造性的员工，可以为传统制造企业带来新知识和新想法。传统制造企业可以与高校、科研机构合作，企业为高校、科研机构提供研发资金，企业可以将高校、科研机构的相关研究成果进行试验和运用，将企业内优秀人才推送至高校、科研院所进行培养，从而降低企业进行绿色创新研发的风险。

第7章 结论与展望

企业绿色创新是国际竞争的焦点，是中国实现经济转型的重要举措，也是企业在资源约束下获取竞争优势的基本途径。本书以传统制造企业绿色创新的驱动机制作为研究主题，从环境保护和可持续发展的背景出发，以《中国制造2025》中提出的创新驱动和绿色发展为导向，以环境经济学、创新经济学、演化经济学、企业战略管理理论、企业社会责任理论、系统动力学理论等为理论基础，综合国内外相关的研究成果，对传统制造企业绿色创新驱动机制进行系统研究。首先，对传统制造业的发展现状进行剖析，以典型传统制造企业中的钢铁企业为研究对象，利用数据包络分析方法对我国钢铁企业的绿色创新效率进行评价分析。其次，对我国4家典型的传统制造企业绿色创新转型发展实践进行案例分析，为后续研究的理论模型构建提供了一定的现实依据。再次，利用结构方程模型与AMOS软件对传统制造企业绿色创新驱动机理进行了实证研究。最后，基于系统和动态视角，运用系统动力学的理论、方法及Vensim PLE软件对传统制造企业绿色创新驱动系统进行仿真研究。

7.1 研究结论

7.1.1 钢铁企业绿色技术创新效率评价的研究结论

基于创新价值链理论对企业创新过程的划分，将环境因素纳入研究框架中，构建我国钢铁企业绿色技术创新效率的两阶段评价指标体系。选取相匹配的网络 SBM 模型和 Malmquist 指数方法，测算我国 12 家样本钢铁企业的绿色技术创新效率和绿色全要素生产率，进行分阶段的静态效率状况分析和动态变化分析；通过进一步的投影分析和创新模式分析得知钢铁企业效率缺失的重要环节。研究发现：(1)样本钢铁企业的绿色技术创新整体效率在 0.7 以上，水平适中，所选样本钢铁企业之间的绿色技术创新效率存在较大的差异；绝大多数钢铁企业在绿色技术创新的两个阶段中更偏好经济效益成果，而相对忽略了知识性成果的积累；钢铁企业研发阶段效率偏低是导致整体阶段效率下降的根源所在。(2)我国钢铁企业绿色技术创新模式两极分化严重，钢铁企业之间的创新能力和技术水平参差不齐。(3)投影分析结果显示，有部分钢铁企业绿色技术创新效率的缺失在于研发经费投入浪费，这是导致上述钢铁企业效率低下的短板所在。有些钢铁企业绿色技术创新效率缺失的原因在于对科技工作人员的使用不当。

7.1.2 典型传统制造企业绿色创新发展的案例研究结论

通过对我国 4 家典型传统制造企业绿色创新发展案例的深度剖析可知，驱动传统制造企业绿色创新发展的因素分析大致分归结为政府、市场和企业 3 个层面。其中，政府主要起政策引导作用，也会对企业管理者的决策判断和行业市场竞争激烈程度有一定的影响。市场导向会持续对企业的绿色创新发展方向产生影响，传统制造企业原有的生产技术和产品已经有悖人们环保理念的共识，只有通过绿色创新，获得耗能低、污染小且具有高技术水平的新产品，才能被市场认可，从而占据更大的市场份额；管理者意识决定了传统制造企业实施绿色转型发展战略的时机和方向，而组织的冗余资源决定了传统制造企业现阶段是否有足够的动力执行转型战略。

7.1.3 传统制造企业绿色创新驱动机理的实证研究结论

第一，基于文献分析与案例分析的研究结论，从理论层面提出了市场导向、组织冗余和管理者环境关注 3 个影响传统制造企业绿色创新的关键因素，并结合理论及实证研究成果建立传统制造企业绿色创新驱动因素及绿色创新与企业绩效关系的理论模型，并提出相关研究假设。在此基础上，以安徽省传统制造企业为样本进行实证分析，研究结果表明：传统制造企业的市场导向、管理者环境关注和组织冗余对绿色创新都有着显著正向影响；传统制造企业的绿色工艺创新对企业经济绩效的正向作用不显著，但绿色产品创新对经济绩效的正向影响较为显著；传统制造企业的绿色创新显著正向影响企业的环境绩效。

第二，从政策和市场两个方面构建传统制造企业绿色创新对企业绩效影响的概念模型，并提出相关理论假设，运用问卷调研方式、结构方程模型、AMOS软件，对我国传统制造企业进行了实证研究。研究表明：市场导向和政策导向均对我国传统制造企业的绿色创新产生显著正向影响，且市场导向对绿色创新的正向影响更为显著；传统制造企业的绿色创新可以显著提高传统制造企业的环境绩效和经济绩效，但其绿色工艺创新对企业经济绩效的正向影响不显著。

7.1.4 传统制造企业绿色创新驱动系统仿真研究结论

本书通过系统分析我国传统制造企业绿色创新驱动系统中各个子系统之间的关系，建立传统制造企业绿色创新驱动的系统动力学模型，利用系统动力学仿真软件 Vensim PLE 对传统制造企业绿色创新驱动系统的驱动机制进行了仿真研究。研究发现：绿色产品竞争力度对新产品销售收入具有显著正向影响，但提升传统制造企业绿色产品竞争力却并非易事；政府对绿色创新的支持是促进传统制造企业绿色创新的重要因素之一；在企业内部，创新投入和创新人员是传统制造企业绿色创新中非常重要的驱动因素，与企业内部创新投入相比，创新人员对绿色创新产出的影响相对较弱，但创新人员的重要性不能忽视。

7.2 研究展望

7.2.1 关于钢铁企业绿色技术创新效率的进一步研究

第一，由于我国钢铁企业年度报告、社会责任报告、可持续发展报告并没有一致的编撰规范与框架，造成了各个钢铁企业所披露信息的连续性、一致性、完整性有所差异，增加了相关研究数据的收集难度，又加之调查研究工作做得还不够充分和深入，使得收集得到的某些数据的可使用性不高。因此，笔者最终只选取 12 家钢铁企业作为研究对象进行绿色技术创新效率评价，这对研究的广泛性产生了一定的影响。后续研究可以考虑在更广泛、更深入的调查研究基础上，选取更多样本钢铁企业进行绿色技术创新效率探究。

第二，在后续的研究中可通过选取合适的评价模型或软件工具从规模效率改进和纯技术效率改进两方面对钢铁企业绿色技术创新过程的整体和两个子阶段效率进行评价分析，以弥补本书在这方面研究内容上的缺失。

7.2.2 关于传统制造企业绿色创新驱动机理的进一步研究

第一，理论模型的构建主要借鉴了现有生产型企业绿色创新驱动因素的理论研究成果，并未深入对传统制造企业进行实地考察，对于传统制造企业来说可能还有其他影响绿色创新的重要因素未考虑到，后续应基于对传统制造企业的实地调研结果，运用扎根理论系统、深入挖掘传统制造企业绿色创新驱动因素，从而构建更为合理的传统制造企业绿色创新驱动机理的理论模型。

第二，在实证分析的第一部分研究中，将样本选择限制为安徽省传统制造企业，而考虑到企业绿色创新可能具有一定的区域差异性，相关假设的检验或许还需要在其他地区进行再次验证。因此，笔者认为，未来可以考虑分析企业绿色创新是否具有明显的区域特征，并对区域或产业间企业的绿色创新驱动机制进行比较研究。

第三，本书对绿色创新与企业绩效之间的关系仅进行了简单的因果关系研究，但关于绿色创新对企业绩效的影响之间是否存在中介变量、是否还会受到调节变量的影响、绿色创新对企业绩效的作用机制是否会因创新形式不同而存在差异等问题并没有研究，未来可以考虑对这些问题进行深入探究。

参考文献

1. Ar Ilker Murat. The impact of green product innovation on firm performance and competitive capability: the moderating role of managerial environmental concern [J]. *Procedia-Social and Behavioral Sciences*, 2012, 62(1).

2. Banerjee Subhabrata Bobby. Managerial perceptions of corporate environmentalism: interpretations from industry and strategic implications for organizations[J]. *Journal of Management Studies*, 2001, 38(4).

3. Barney Jay. Firm resource and sustained competitive advantage[J]. *Journal of Management*, 1991, 17(1).

4. Beise Marian, Rennings Klaus. Lead markets and regulation: a framework for analyzing the international diffusion of environmental innovations[J]. *Ecological Economics*, 2005, 52(1).

5. Bernauer Thomas, Engels Stéphanie, Kammerer Daniel, et al. Explaining green innovation: ten years after porter's win-win proposition: how to study the effects of regulation on corporate environmental innovation? [J]. *Politische Vierteljahresschrift*, 2007, 39(17).

6. Berrone Pascual, Fosfuri Andrea, Gelabert Liliana, et al. Necessity as the mother of "green" inventions: institutional pressures and environmental innovations[J]. *Strategic Management Journal*, 2013, 34(8).

7. Bowen F E, Rostami M, Steel P. Timing is Everything: a meta-analysis of the relationships between organizational performance and innovation [J]. *Journal of Business Research*, 2010, 63(11).

8. Bras Bert. Incorporating environmental issues in product design and realization[J]. *Industry and Environment*, 1997,20(1)

9. Braun E, Wield D. Regulation as a means for the social control of technology[J]. *Technology Analysis & Strategic Management*,1994,6(3).

10. Carrión-Flores C E, Innes R. Environmental innovation and environmental performance [J]. *Journal of Environmental Economics & Management*, 2010, 59(1).

11. Caves D W,Christensen L R,Diewert Erwin W. The economic theory of index nunbers and the measurement of input, output and productivity [J]. *Econometrica*,1982,50(6).

12. Chen Yu-Shan, Lai Shyh-Bao, Wen Chao-Tung. The influence of green innovation performance on corporate advantage in Taiwan[J]. *Journal of Business Ethics*,2006,67(4).

13. Chen Yu-Shan,Chang Ching-Hsun,Wu Feng-Shang. Origins of green innovations: the differences between proactive and reactive green innovations [J]. *Management Decision*,2012,50(3).

14. Cheng C C, Shiu E C. Validation of a proposed instrument for measuring eco-innovation: an implementation perspective[J]. *Technovation*, 2012, 32(6).

15. Cooper W W,Park K S, Pastor J T. RAM: A range adjusted measure of inefficiency for use with additive models and relations to other models and measures in DEA [J]. *Journal of Productivity Analysis*, 1999,11(1).

16. Cyert R M, March J G. *A Behavioral Theory of the Firm* [M]. Englewood Cliffs:Prentice-Hall,1963.

17. Darnall Nicole, Henriques Irene, Sadorsky Perry. Adopting proactive environmental strategy: the influence of stakeholders and firm size [J]. *Journal of Management Studies*, 2010, 47(6).

18. Drake L, Hall M J B. Efficiency in Japanese banking: an empirical analysis [J]. *Journal of Banking and Finance*, 2003, 27(5).

19. del Brío Jesús Ángel, Fernández Esteban, Junquera Beatriz, et al. Environmental managers and departments as driving forces of TQEM in Spanish industrial companies [J]. *International Journal of Quality &*

Reliability Management, 2001,18(5).

20. Eiadat Yousef, Kelly Aidan, Roche Frank, et al. Green and competitive? An empirical test of the mediating role of environmental innovation strategy [J]. *Journal of World Business*,2008,43(2).

21. Eisenhardt Kathleen M. Building Theories from case study research [J]. *Academy of Management Review*,1989,14(4).

22. Färe Rolf, Grosskopf Shawna, Lindgren Björn, et al. Productivity changes in swedish pharmacies 1980 — 1989: a nonparametric malmquist approach[J]. *Journal of Productivity Analysis*,1992,(3).

23. Färe Rolf, Grosskopf Shawna. Network DEA [J]. *Socio-Economic Planning Science*, 2000, 34(1).

24. Färe Rolf, Grosskopf Shawna, Norris Mary, et al. Productivity growth, technical progress, and efficiency change in industrialized countries [J]. *American Economic Review*,1994,84(1).

25. Farrell M J. The measurement of productive efficiency [J]. *Journal of the Royal Statistical Society*, *Series A (General)*, 1957, 120(3).

26. Fergusson H, Langford D A. Strategies for managing environmental issues in construction organizations [J]. *Engineering Construction & Architectural Management*, 2006, 13(2).

27. Freeman Chris. The greening of technology and model of innovation [J]. *Technological Forecasting and Social Change*, 1996,53(1).

28. Frondel Manuel, Horbach Jens, Rennings Klaus. What triggers environmental management and innovation? Empirical evidence for Germany [J]. *Ecological Economics*, 2008, 66(1).

29. Furman J L, Porter M E. The determinants of national innovative capacity [J]. *Research Policy*, 2002, 31(6).

30. Galia Fabrice, Ingham Marc, Pekovic Sanja. Incentives for green innovations in French manufacturing firms [J]. *International Journal of Technology Management & Sustainable Development*,2015, 14 (1).

31. Guan Jian-cheng, Chen Kaihua. Modeling the relative efficiency of national innovation systems[J]. *Research Policy*, 2012, 41(1).

32. Hansen M T, Birkinshaw J. The innovation value chain [J]. *Harvard*

Business Review, 2007, 85(6).

33. Harrison R, Newholm T, Shaw D S. *The Ethical Consumer* [M]. London: SAGE, 2005.

34. Hellström Tomas. Dimensions of environmentally sustainable innovation: the structure of eco-innovation concepts [J]. *Sustainable Development*, 2007, 15(3).

35. Hise R T. Have manufacturing firms adopted the marketing concept? [J]. *Journal of Marketing*, 1965, 29(3).

36. Horbach Jens, Rammer Christian, Rennings Klaus. Determinants of eco-innovations by type of environmental impact-the role of regulatory push/pull, technology push and market pull[J]. *Ecological Economics*, 2012, 78.

37. Hseih Wan-lin, Love Jim, Ganotakis Panagiotis. The Innovation Value Chain in Advanced Developing Countries: An Empirical Study of Taiwanese Manufacturing Industry [J]. *Paper to be presented at the Druid society, Copenhagen, Renmark*, 2011.

38. Humphrey John, Schmitz Hubert. How does insertion in global value chains affect upgrading in industrial clusters? [J]. *Regional Studies*, 2002, 36(9).

39. James P. The sustainability cycle: a new tool for product development and design[J]. *The Journal of Sustainable Product Design*, 1997, 2(2).

40. Johnstone Nick. Environmental policy and corporate behavior [J]. *Ecological Economics*, 2008, 67(2).

41. Judge W Q, Douglas T J. Performance implications of incorporating natural environmental issues into the strategic planning process: an empirical assessment [J]. *Journal of Management Studies*, 1998, 35(2).

42. Kemp René, Pearson Peter. *Final Report MEI Project about Measuring Eco-innovation* [R]. Measuring Eco-innovation Project(MEI), 2007.

43. Kemp René, Smith Keith, Becher Gerhard. How should we study the relationship between environmental regulation and innovation? [A]// Hemmelskamp Jens, Rennings Klaus, Leone Fabio. *Innovation-oriented Environmental Regulation* [M]. Berlin: Physica-Verlag, 2000.

44. Kesidou Effie, Demirel Pelin. On the drivers of eco-innovations: empirical evidence from the UK [J]. *Research Policy*, 2012, 41(5).

45. Klein K J, Sorra J S. The challenge of innovation implementation[J]. *Academ of Management Review*, 1996, 21(4).

46. Kleiner Art. What does it mean to be green? [J]. *Harvard Business Review*, 1991, 69(4).

47. Kohli Ajay K, Jaworski Bernard J. Market orientation: the construct, research propositions, and managerial implications[J]. *Journal of Marketing*, 1990, 54(2).

48. Kuhm P. Chemical pretreatment of continuous galvanized steel sheet in the automotive industry [J]. *Metallurgia Italiana*, 2012, 104(7).

49. Kumar Raju Ranjan, Shrivastava Anju, Sodhi Ajit. Cisplatin stimulates protein tyrosine phosphorylation in macrophages[J]. *Biochemistry & Molecular Biology International*, 1995, 35(3).

50. Kusz J. Integrating Environmental Goals and the Product Development Process [C]. The Design Actions and Resources for the Environment Conference Proceedings(Boston: Harvard University Press, 1991.

51. Lampikoski Tommi, Westerlund Mika, Rajala Risto, et al. Green innovation games: value-creation strategies for corporate sustainability [J]. *California Management Review*, 2014, 57(1).

52. Lin Chieh-Yu, Ho Yi-Hui. An empirical study on logistics service providers' intention to adopt green innovations[J]. *Journal of Technology Management & Innovation*, 2008, 3(1).

53. Lin He, Zeng Sai-Xing, Ma Han-Yang, et al. Can political capital drive corporate green innovation? Lessons from China [J]. *Journal of Cleaner Production*, 2014, 64.

54. Lin Ru-Jen, Tan Kim-Hua, Geng Yong. Market demand, green product innovation, and firm performance: evidence from Vietnam motorcycle industry [J]. *Journal of Cleaner Production*, 2013, 40(3).

55. Maclaurin W R. The process of technological innovation: the launching of a new scientific industry[J]. *American Economic Review*, 1950, 40(1).

56. Malmquist Sten. Index numbers and indifference surface [J]. *Trabajos de Estatistica*, 1953(4).

57. March J G. *Primer on Decision Making* [M]. New York: Simon &

Schuster Ltd, 1994.

58. De Marchi Valentina. Environmental innovation and R&D cooperation: empirical evidence from Spanish manufacturing firms[J]. *Research Policy*, 2012, 41(3).

59. Moliterno T P, Wiersema M F. Rent appropriation and behavioral antecedents of strategic resource divestment[J]. *Academy of Management Annual Meeting Proceedings*, 2005(1).

60. Murphy Joseph, Gouldson Andrew. Environmental policy and industrial innovation: integrating environment and economy through ecological modernisation[J]. *Geoforum*, 2000, 31(1).

61. Narver J C, Slater S F, Maclachlan Douglas L. Responsive and proactive market orientation and new-product success [J]. *Journal of Product Innovation Management*, 2004, 21(5).

62. Narver J C, Slater S F. The effect of a market orientation on business profitability [J]. *Journal of Marketing*, 1990, 54(4).

63. Nunnally J C. *Introduction to Statistics for Psychology and Education* [M]. New York: McGraw-Hill, 1975.

64. Ocasio William. Towards an attention-based view of the firm[J]. *Strategic Management Journal*, 1997, 18(S1).

65. Olson E L. Perspective: the green innovation value chain: a tool for evaluating the diffusion prospects of green products[J]. *Journal of Product Innovation Management*, 2013, 30(4).

66. Pavitt Keith. Sectoral patterns of technical change: towards a taxonomy and a theory [J]. *Research Policy*, 1984, 13(6).

67. Porter Michael E, Van Der Linde Claas. Toward a new conception of the environment-competitiveness relationship[J]. *Journal of Economic Perspectives*, 1995, 9(4).

68. Qi G Y, Shen L Y, Zeng S X, et al. The drivers for contractors' green innovation: an industry perspective[J]. *Journal of Cleaner Production*, 2010, 18(14).

69. Renings Klaus. Redefining innovation-eco-innovation research and the contribution from ecological economics[J]. *Ecological Economics*, 2000, 32

(2).

70. Rexhäuser Sascha, Rammer Christian. Environmental innovations and firm profitability: unmasking the porter hypothesis[J]. *Environmental & Resource Economics*, 2014, 57(1).

71. Roper Stephen, Du Jun, Love James H. Modeling the innovation value chain[J]. *Research Policy*, 2008, 37(6—7).

72. Rushton Brian M. How protecting the environment impacts R&D in the United States [J]. *Research-Technology Management*, 1993, 36(3).

73. Said A A, HassabElnaby H R, Wier B. An empirical investigation of the performance consequences of nonfinancial measures [J]. *Journal of Management Accounting Research*, 2003, 15(1).

74. Schiederig Tim , Tietze Frank, Herstatt Cornelius. Green innovation in technology and innovation management——an exploratory literature review [J]. *R&D Management*, 2012, 42(2).

75. Schmitz Hubert. Reducing complexity in the industrial policy debate [J]. *Development Policy Review*, 2007, 25(4).

76. Taghizadeh Seyedeh Khadijeh, Jayaraman Krishna Swamy, et al. Innovation value chain as predictors for innovation strategy in malaysian telecommunication industry[J]. *Problems & Perspectives in Management*, 2014, 12(4).

77. Sharma Arun. Does the salesperson like customers? A conceptual and empirical examination of the persuasive effect of perceptions of the salesperson 's affect toward customers[J]. *Psychology & Marketing*, 1999, 16(2).

78. Sharma Sanjay, Vredenburg Harrie. Proactive corporate environmental strategy and the development of competitively valuable organizational capabilities[J]. *Strategic Management Journal*, 1998, 19(8).

79. Shrivastava Paul. Environmental technologies and competitive advantage[J]. *Strategic Management Journal*, 1995(16).

80. Singh Jitendra V. Performance, slack, and risk taking in organizational decision making[J]. *Academy of Management Journal*, 1986, 29(3).

81. Skyrem D J. Innovation Strategy for the Knowledge Economy: The Ken Awakening [J]. *Long Range Planning*, 1998, 2(31).

82. Steele Lowell W. Needed: new paradigms for R&D[J]. *Research-Technology Management*, 1991, 34(4).

83. Tian Hong-Na, Li Hai-Tao. Research on system dynamics model of green process innovation for manufacturing industry from low-carbon perspectiv[J]. *Advanced Materials Research*, 2012.

84. Tone Kaoru. A slacks-based measure of efficiency in data envelopment analysis [J]. *European Journal of Operational Research*, 2001, 130 (3).

85. Tone Kaoru, Tsutsui Miki. Network DEA: a slacks-based measure approach[J]. *European Journal of Operational Research*, 2009, 197(1).

86. Triguero Angela, Moreno-Mondéjar Lourdes, Davia María A. Drivers of different types of eco-innovation in European SMEs [J]. *Ecological Economics*, 2013(92).

87. Van Horne Constance, Frayret Jean-Marc, Poulin Diane. Creating value with innovation: from centre of expertise to the forest products industry [J]. *Forest Policy and Economics*, 2006, 8(7).

88. Verona Gianmario. A resource-based view of product development [J]. *The Academy of Management Review*, 1999, 24(1).

89. Veroutis Agis, Aelion Vital. Design for environment: an implementation framework[J]. *Environmental Quality Management*, 1996, 5(4)

90. Vicki Norberg-Bohm. Stimulating "green" technological innovation: an analysis of alternative policy mechanisms[J]. *Policy Sciences*, 1999, 32(1).

91. Weng Ming-Horng, Lin Chieh-Yu. Determinants of green innovation adoption for small and medium-size enterprises(SMES)[J]. *African Journal of Business Management*, 2011, 5(22).

92. Woo Chungwon, Chung Yanghon, Chun Dongphil, et al. Impact of green innovation on labor productivity and its determinants: an analysis of the korean manufacturing industry[J]. *Business Strategy & the Environment*, 2014, 23(8).

93. Yin R K. *Applications of Case Study Research* [M]. Thousand Oakes, CA: Sage, 2004.

94. Yin R K. *Case Study Research: Design and Methods* [M]. Beverly Hills, CA: Sage, 1984.

95. Yu Ming-Miin. Assessment of airport performance using the SBM-NDEA model[J]. *Omega*, 2010,38(6).

96. 艾可. 雅戈尔:引领汉麻与人类共发展[J]. 中国纺织,2018(11).

97. 安悦. 可发电的车棚——光伏车棚在沪诞生[J]. 上海节能,2015(4).

98. 巴平安. 优化"海螺"环境 共享碧水蓝天——宁国水泥厂注重环境建设的主要做法[J]. 新世纪水泥导报,1997(6).

99. 贲克平. 可持续发展理论研讨综述[J]. 经济学动态,1997(8). 毕克新,刘刚. 论中国制造业绿色创新系统运行机制的协同性[J]. 学术交流,2015(3).

100. 毕克新,杨朝均,黄平,等. 制造业绿色创新系统研究与进展[M]. 北京:科学出版社,2016.

101. 卞雅莉. 环境创新动因、创新战略与企业经济绩效——基于238家企业样本的实证分析[J]. 科技进步与对策,2013,30(16).

102. 蔡乌赶. 企业生态创新驱动机制研究[M]. 北京:科学出版社,2018.

103. 蔡乌赶,周小亮. 企业生态创新驱动、整合能力与绩效关系实证研究[J]. 财经论丛,2013(1).

104. 曹春子. 基于绿色增长的区域技术创新效率比较研究[D]. 大连:大连理工大学,2014.

105. 曹霞,于娟. 绿色低碳视角下中国区域创新效率研究[J]. 中国人口·资源与环境,2015,25(5).

106. 陈博翔. 基于价值链的战略成本管理探讨[D]. 南昌:江西财经大学,2018.

107. 陈建丽,孟令杰,姜彩楼. 两阶段视角下高技术产业技术创新效率研究——基于网络SBM模型和DEA窗口分析[J]. 科技管理研究,2014,34(11).

108. 陈丽清,白都浩. 企业研发经费投入与新产品销售收入的关系——对浙江省规模以上工业企业的分析[J]. 经营与管理,2012(12).

109. 陈启杰,江若尘,曹光明. "市场—政策"双重导向对农业企业绩效的影响机制研究——以泛长三角地区农业龙头企业为例[J]. 南开管理评论,2010,13(5).

110. 陈永波. 水泥行业首条烟气CO2捕集纯化(CCS)技术的研究与应用[J]. 新世纪水泥导报,2019,25(3).

111. 陈志鑫. 汽车碳排放限值法规和上汽应对策略研究[J]. 上海汽车,2010(9).

112. 成刚. 数据包络分析方法与MaxDEA软件[M]. 北京:知识产权出版

社,2014.

113. 程宣启,朱军生. 市场竞争对企业绿色创新影响的实证研究[J]. 科技与经济,2015,28(2).

114. 池仁勇,虞晓芬,李正卫. 我国东西部地区技术创新效率差异及其原因分析[J]. 中国软科学,2004(8).

115. 戴鸿轶,柳卸林. 对环境创新研究的一些评论[J]. 科学学研究,2009,27(11).

116. 党雅妮. TBT对中国纺织服装行业的影响及对策[J]. 科技经济导刊,2021,29(13).

117. 丁丹. 论我国的绿色技术创新[D]. 武汉:武汉理工大学,2005.

118. 丁堃. 基于复杂适应系统理论的绿色创新系统研究[D]. 大连:大连理工大学,2005.

119. 丁堃. 论绿色创新系统的结构和功能[J]. 科技进步与对策,2009,26(15).

120. 董颖. 企业生态创新的机理研究[M]. 杭州:浙江大学出版社,2013.

121. 杜春丽. 基于DEA的我国钢铁企业节能减排潜力研究[J]. 工业技术经济,2011,30 (7).

122. 段楠楠. 企业绿色创新影响因素及其协同性研究——以中国太阳能光伏产业为例[M]. 北京:北京经济科学出版社,2019.

123. Ermenegildo Zegna 百年传奇杰尼亚[J]. 上海经济,2010(7).

124. 方润生,李雄诒. 组织冗余的利用对中国企业创新产出的影响[J]. 管理工程学报,2005,19(3).

125. 费文涛,陈希,蔡小文,等. 中国纺织业转型与升级的思考[J]. 浙江纺织服装职业技术学院学报,2015,14(3).

126. 冯丽艳,肖翔,程小可. 社会责任对企业风险的影响效应——基于我国经济环境的分析[J]. 南开管理评论,2016,19(6).

127. 冯志军. 中国工业企业绿色创新效率研究[J]. 中国科技论坛,2013(2).

128. 傅力群,骆旭升,徐虹,等. 科技创新促进传统制造业转型升级研究——以杭州市实业投资集团有限公司为例[J]. 杭州研究,2015(3).

129. 龚飞. 汉麻纤维及其应用[J]. 山东纺织科技,2010,51(3).

130. 顾亮. 基于系统动力学的装配式混凝土建筑供应链风险管理研究[D]. 扬州:扬州大学,2020.

131. 顾正娣. 环境规制对企业绿色技术创新影响研究[D]. 南京:东南大

学,2016.

132. 官建成,陈凯华. 我国高技术产业技术创新效率的测度[J]. 数量经济技术经济研究,2009,26(10).

133. 官建成,何颖. 基于 DEA 方法的区域创新系统的评价[J]. 科学学研究,2005(2).

134. 贯君. 制造企业绿色创新的影响机理及行为演化研究[D]. 哈尔滨:哈尔滨工程大学,2017.

135. 关云平. 中国汽车工业的早期发展(1920—1978 年)[D]. 武汉:华中师范大学,2014.

136. 郭丽丽,陈师. 资源环境约束对国有企业效率的影响[J]. 财经科学,2016(2).

137. 郭林佩. 绿色发展背景下水泥行业升级路径及效果研究[D]. 广州:暨南大学,2020.

138. 郭燕. 雅戈尔自主创新技术引领传统衬衫产品升级的实证研究[J]. 纺织导报,2009(1).

139. 郭泽华. 水泥生产的绿色化样板:海螺集团技术创新“变废为宝”[EB/OL]. 中国新闻网,2019—12—16.

140. 韩沐野. 基于系统动力模型的山西省旅游产业发展政策仿真研究[D]. 北京:中国地质大学,2017.

141. 韩孺眉,刘艳春. 我国工业企业绿色技术创新效率评价研究[J]. 技术经济与管理研究,2017(5).

142. 何枫,祝丽云,马栋栋,等. 中国钢铁企业绿色技术效率研究[J]. 中国工业经济,2015 (7).

143. 洪银兴. 关于创新驱动和创新型经济的几个重要概念[J]. 群众,2011(8).

144. 洪银兴. 科技创新阶段及其创新价值链分析[J]. 经济学家,2017(4).

145. 呼若青. 开放经济下工业企业绿色创新动力机制研究[D]. 昆明:昆明理工大学,2018.

146. 胡书梅. 基于系统动力学的组织间知识共享对绿色技术创新的影响研究[D]. 西安:西安电子科技大学,2015.

147. 华振. 中国绿色创新绩效研究——与东北三省的比较分析[J]. 技术经济,2011,30(7).

148. 郇庆治,马丁·耶内克. 生态现代化理论:回顾与展望[J]. 马克思主义与现实,2010(1).

149 黄平,胡日东. 环境规制与企业技术创新相互促进的机理与实证研究[J]. 财经理论与实践,2010,31(1).

150. 黄勇. 海螺集团:深植绿色理念 推进转型升级[J]. 中国建材,2017(10).

151. 黄攸立,陈如琳. 企业创新绩效影响因素的研究综述[J]. 北京邮电大学学报(社会科学版),2010,12(4).

152. 姬天怡. 文化创意产业与传统制造业的融合对传统制造业绩效的影响研究[D]. 上海:上海社会科学院,2016.

153. 江诗松,龚丽敏,魏江. 转型经济中后发企业的创新能力追赶路径:国有企业和民营企业的双城故事[J]. 管理世界,2011(12).

154. 蒋秀兰,沈志渔. 基于波特假说的企业生态创新驱动机制与创新绩效研究[J]. 经济管理,2015,37(5).

155. 蒋秀兰. 制造业企业生态创新驱动机制与创新绩效研究[M]. 北京:中国社会科学出版社,2017.

156. 杰尼亚对大自然的深远热情传承了几代人[J]. 董事会,2012(10).

157. 金洪生. 坚定推进传统制造业向现代制造业转型[N]. 金华日报,2014—01—06.

158. 柯建峰. 基于互联网能力的传统制造企业战略转型研究[D]. 武汉:武汉理工大学,2017.

159. 孔海宁. 中国钢铁企业生态效率研究[J]. 经济与管理研究,2016,37(9).

160. 赖松,贾立伟. 雅戈尔试点 O2O 体验店[J]. 纺织服装周刊,2014(35).

161. 兰兰. 雅戈尔再出发[J]. 中国服饰,2018(9).

162. 李斌. 国家科技项目水泥余热年发电量达 132 亿 kWh[J]. 电力需求侧管理,2011,13(6).

163. 李琛. 长江经济带工业绿色发展产业政策助推水泥行业转型升级[J]. 中国水泥,2017(10).

164. 李铖斐. 小微企业财务关系对其财务绩效的影响研究[D]. 哈尔滨:东北农业大学,2016.

165. 李成钢. 新型城镇化中纺织企业转型的案例研究——新澳由传统到时尚的华丽转身[J]. 对外经贸,2015(11).

166. 李翠锦. 企业绿色技术创新绩效的综合测评方法探讨[J]. 统计与咨询,2007(3).

167. 李海萍，向刚，等. 中国制造业绿色创新的环境效益向企业经济绩效转换的制度条件初探[J]. 科研管理，2005，26(2).

168. 李慧明. 生态现代化理论的内涵与核心观点[J]. 鄱阳湖学刊，2013(2).

169. 李剑力. 探索性创新、开发性创新与企业绩效关系研究——基于冗余资源调节效应的实证分析[J]. 科学学研究，2009，27(9).

170. 李杰. 上汽集团自主品牌发展战略研究[D]. 上海：上海工程技术大学，2016.

171. 李洁琳. 钢铁企业生态创新绩效评价研究[D]. 长沙：长沙理工大学，2015.

172. 李杰中. 绿色技术创新研究综述[J]. 创新科技，2015(10).

173. 李静. 中国区域环境效率的差异与影响因素研究[J]. 南方经济，2009 (12).

174. 李玲. 雅戈尔集团的多元化发展[J]. 智富时代，2016(8).

175. 李巧华，唐明凤，潘明清. 企业绿色创新因素影响效应研究——以生产型企业为例[J]. 科技进步与对策，2015，32(2)

176. 李巧华，唐明凤. 企业绿色创新：市场导向抑或政策导向[J]. 财经科学，2014(2).

177. 李巧华. 生产型企业绿色创新：影响因素及绩效相关[D]. 成都：西南财经大学，2014.

178. 李如成. 雅戈尔走在转型中[J]. 中外管理，2003(9).

179. 李文超，田立新，贺丹. 生态创新促进经济可持续发展的路径研究[J]. 科学管理研究，2013，31(2).

180. 黎潇. 基于系统动力学的电解铜粉项目经济评价[D]. 赣州：江西理工大学，2015.

181. 李晓梅. 技术体制视角下中国高技术产业经济效率实证研究[D]. 沈阳：辽宁大学，2012.

182. 李艳玲，潘杰义，陈玥希. 基于 DEA 的企业技术创新效率评价研究[J]. 河北工业科技，2005(2).

183. 李阳. 基于网络 DEA 的地区工业企业技术创新效率研究[J]. 统计与决策，2015(23).

184. 李怡娜，叶飞. 制度压力、绿色环保创新实践与企业绩效关系——基于新制度主义理论和生态现代化理论视角[J]. 科学学研究，2011，29(12).

185. 李中娟. 传统制造企业绿色创新的驱动因素及绩效影响研究——以安

徽省为例[D].马鞍山:安徽工业大学硕士学位论文,2018.

186.梁超.垂直专业化、人力资本与我国的技术创新能力——基于工业行业动态面板的实证研究[J].产业经济研究,2013(2).

187.廖中举.R&D投入、技术创新能力与企业经济绩效间关系的实证分析[J].技术经济,2013,32(1).

188.林寿富.绿色创新驱动我国制造业绿色转型的作用机理与模式研究[M].北京:经济科学出版社,2020.

189.林耸,刘绮.我国钢铁企业绿色营销的创新思考[J].生态经济,2006(9).

190.刘东胜,王文斌.企业绿色竞争力与纺织服装企业效益关系的研究[J].中国市场,2011(23).

191.刘力钢.企业可持续发展理论研究——21世纪企业发展的主题[J].辽宁大学学报(哲学社会科学版),1999.

192.刘琳.浅谈钢铁行业的技术革新与未来发展[J].资源节约与环保,2018(3).

193.刘思华.可持续发展经济学企业范式[J].当代财经,2001(3).

194.刘伟,徐东耀,陈佐会,等.超声波雾化脱硫除尘一体化废气净化技术的研发与应用[J].环境工程,2018,36(5).

195.刘文辉.企业绿色经营创新研究[D].青岛:中国海洋大学,2009.

196.刘文君,向冰.基于碳排放的中国钢铁上市公司技术效率研究[J].中国人口·资源与环境,2016,26(S1).

197.刘晓颖.投了一个亿改造一条生产线 雅戈尔想干吗[N].第一财经日报,2018-07-30.

198.刘秀枝.从HP到DP——探究免熨衬衫技术升级之路[J].中国制衣,2006(10).

199.刘志峰,殷云尧.智能制造发展热潮下的冷思考与应对策略[J].中国培训,2017(22).

200.柳旭辰.上汽集团发展战略分析[D].上海:上海交通大学,2009.

201.陆杨,黄天罡.后金融危机时代 纺织行业的破冰之路[J].时尚北京,2011(1).

202.罗良文,梁圣蓉.中国区域工业企业绿色技术创新效率及因素分解[J].中国人口·资源与环境,2016,26(9).

203.吕薇,李伟,马名杰.中国制造业创新与升级:路径、机制与政策[M].

北京:中国发展出版社,2013.

204. 吕杨. 雅戈尔:坚持服装主业不放松[J]. 纺织服装周刊,2018(28).

205. 吕杨,郁俏峰. 雅戈尔全面发力汉麻应用市场[J]. 纺织服装周刊,2018(42).

206. 马静怡. 绿色债券融资在传统制造业战略转型升级中的应用研究[D]. 广州:广东财经大学,2019.

207. 马媛,侯贵生,尹华. 绿色创新、双元性学习与企业收益的关系——基于资源型企业的实证研究[J]. 技术经济,2016,35(5).

208. 马媛,侯贵生,尹华. 企业绿色创新驱动因素研究——基于资源型企业的实证[J]. 科学学与科学技术管理,2016,37(4).

209. [美]迈克尔·波特. 竞争优势[M]. 陈小悦译,北京:华夏出版社,1997.

210. 毛蕴诗,张伟涛,魏姝羽. 企业转型升级:中国管理研究的前沿领域——基于 SSCI 和 CSSCI(2002—2013 年)的文献研究[J]. 学术研究,2015(1).

211. 梅路. 战略联盟对我国传统制造业产业结构优化的影响研究[D]. 上海:上海师范大学,2013.

212. 苗沛然,杨晓东. 钢铁绿色生产国内外现状及发展趋势[J]. 冶金环境保护,2011(4).

213. 穆文杨. 基于 DEA 的我国制造业技术创新绩效评价[D]. 北京:北京交通大学,2010.

214. 潘涛. 福田汽车绿色工艺创新路径研究[D]. 哈尔滨:哈尔滨理工大学,2017.

215. 潘锡杨,李建清. 科技伦理视阈下的绿色创新研究[J]. 自然辩证法研究,2014, 30(6).

216. 庞庆华, 向敏, 蔡钟瑶. 最严格生态红线视角下我国工业废水排放影响效应研究[J]. 江西理工大学学报,2021,42(2).

217. 庞瑞芝,李鹏,李嫣怡. 网络视角下中国各地区创新过程效率研究:基于我国八大经济区的比较[J]. 当代经济科学,2010,32(6).

218. 彭树远. 山西省绿色创新效率研究[D]. 太原:太原理工大学, 2014.

219. 彭雪蓉,刘洋,赵立龙. 企业生态创新的研究脉络、内涵澄清与测量[J]. 生态学报,2014,34(22).

220. 鞶楚. 2020 智能制造、工业 4.0 案例 TOP30[J]. 互联网周刊,2020(12).

221. 齐元勋. 文化进化论[J]. 中国服饰,2019(9).

222. 钱丽,肖仁桥,陈忠卫. 我国工业企业绿色技术创新效率及其区域差异研究——基于共同前沿理论和 DEA 模型[J]. 经济理论与经济管理,2015(1).

223. 钱喆琳. 传统制造业转型升级的驱动因素及其作用机制研究[D]. 合肥:合肥工业大学,2020.

224. 乔占稳,刘峰. 基于 DEA 方法的长江三角区域技术创新效率分析[J]. 技术与创新管理,2010,31(4).

225. 邱信丰. 新中国成立 70 年来钢铁工业绿色发展政策演变、成效、挑战与优化路径[J]. 企业经济,2019,38(11).

226. 任勇. 碳中和目标下海螺水泥减排二氧化碳的实践[J]. 新世纪水泥导报,2021,27(2).

227. 申楠. 制造业绿色创新系统知识溢出与知识共享机制研究[D]. 哈尔滨:哈尔滨工程大学,2016.

228. 师建华. 中国汽车工业发展回顾与分析[J]. 时代汽车,2008(9).

229. 石宇强,朱伏平. 制造企业管理基础[M]. 北京:科学出版社,2017.

230. 史修松,赵曙东,吴福象. 中国区域创新效率及其空间差异研究[J]. 数量经济技术经济研究,2009,26(3).

231. 史增辉. 脱实入虚与坚持主业孰优孰劣[D]. 郑州:河南财经政法大学,2017.

232. 司江伟,徐小峰. 企业研发人员创新绩效评价研究述评及展望——多维度个体评价研究的新进展[J]. 中国科技论坛,2011(4).

233. 宋瑞敏. 基于系统动力学的机械制造企业技术创新系统研究[D]. 上海:上海应用技术大学,2016.

234. 孙德升,刘峰,陈志. 中国制造业转型升级与新微笑曲线理论[J]. 科技进步与对策,2017,34(15).

235. 孙海刚. 企业可持续发展的理论与实践[J]. 当代经济管理,2008(10).

236. 孙凌宇. 资源型企业绿色转型成长研究[D]. 长沙:中南大学,2012.

237. 孙丝雨,安增龙. 两阶段视角下国有工业企业绿色技术创新效率评价——基于网络 EBM 模型的分析[J]. 财会月刊,2016(35).

238. 孙梓文,金名. 中国制造业的新格局[J]. 上海经济,2012(9).

239. 唐靖. 高质量发展的"海螺实践"[EB/OL]. 人民网,2021-02-09.

240. 田红娜,毕克新,夏冰,等. 基于系统动力学的制造业绿色工艺创新运行过程评价分析[J]. 科技进步与对策,2012,29(13).

241. 田红娜,李金波. 基于行业异质性的制造业绿色技术创新能力演化研究——兼论企业研发资金投入的影响[J]. 科技进步与对策,2020,37(17).

242. 田红娜,刘思琦. 政府补贴对绿色技术创新能力的影响[J]. 系统工程,2021,39(2).

243. 汪瑞华. 海螺的"绿色"选择[EB/OL]. 人民网,2018-07-27.

244. 汪应洛. 系统工程(第4版)[M]. 北京:机械工业出版社,2008.

245. 汪应洛. 系统工程(第5版)[M]. 北京:机械工业出版社,2016.

246. 王炳成,李洪伟. 绿色产品创新影响因素的结构方程模型实证分析[J]. 中国人口·资源与环境,2009,19(5).

247. 王国印,王动. 波特假说、环境规制与企业技术创新——对中东部地区的比较分析[J]. 中国软科学,2011(1).

248. 王虹. 我国汉麻产业取得突破性进展:雅戈尔掀起绿色纤维新革命[J]. 中国纤检,2018(11).

249. 王家庭,单晓燕. 我国区域技术创新的效率测度及动态比较[J]. 中国科技论坛,2010(11).

250. 王建明,陈红喜,袁瑜. 企业绿色创新活动的中介效应实证[J]. 中国人口·资源与环境,2010,20(6).

251. 王建平. 对绿色和平组织"时尚之毒"报告的思考[J]. 印染,2011,37(20).

252. 王晶东,纪凤芹. 马钢绿色工厂创建实践[J]. 冶金动力,2020(2).

253. 王其藩. 系统动力学[M]. 北京:清华大学出版社,1994.

254. 王其藩. 系统动力学[M]. 上海:上海财经大学出版社,2009.

255. 王维国,刘丰. 考虑环境变量的网络DEA模型[J]. 统计研究,2016,33(9).

256. 王伟强,盛敏之. 中国企业绿色技术创新实证研究[J]. 科学管理研究,1995 (3).

257. 王元. 雅戈尔 创想绿色新主张[J]. 时尚北京,2018(12).

258. 王忠学,秦书生,陈凡,等. 论企业绿色技术创新[J]. 科技成果纵横,2003(6).

259. 魏权龄. 论"打开黑箱评价"的网络DEA模型[J]. 数学的实践与认识,2012,42(24).

260. 魏志强. 从微笑曲线到穹顶弧线[J]. 中国新时代,2014(11).

261. 文伯. 上汽集团创全球最大光伏建筑一体化电站吉尼斯世界纪录[J]. 上海企业,2015(4).

262. 吴金光,胡小梅. 财政支持对区域产业技术创新能力的影响分析——基于1997—2010年中国高技术产业数据[J].系统工程,2013,31(9).

263.吴敬琏.向“微笑曲线”两端延伸[J].新经济导刊,2010(8).

264.吴琨,赵顺龙.企业可持续创新能力评价研究——基于ANP方法[J].技术经济与管理研究,2011(12).

265.吴明隆.结构方程模型——AMOS的操作与应用(第2版)[M].重庆:重庆大学出版社,2010.

266.席德立.工业发展的新模式——无废工艺[J].环境科学,1990(4).

267.席德立.清洁生产的概念与方法(上)[J].环境保护,1993(5).

268.席河,汪晓明.海螺集团水泥窑脱硝技术路线[J].中国建材,2015(9).

269.奚菁,张珊珊,罗洁婷,等.管理认知演化与传统制造企业转型升级——基于昭信集团的纵向案例研究[J].管理案例研究与评论,2016,9(4).

270.夏媛,姜娟.政府补贴对企业技术创新能力的影响研究——基于新能源汽车企业经验证据[J].技术与创新管理,2021,42(3).

271.肖慧,樊晓宏.DEA在中国工业企业创新效率评价中的应用[J].科技创新与生产力,2016(1).

272.肖仁桥,王宗军,钱丽.环境约束下中国省际工业企业技术创新效率研究[J].管理评论,2014,26(6).

273.肖燕.4000t/d生产线纯低温余热发电系统的建设与应用[J].中国水泥,2004(3).

274.解学梅,朱琪玮.企业绿色创新实践如何破解“和谐共生”难题?[J].管理世界,2021,37(1).

275.新望.推动传统制造业高质量发展(新论)[N].人民日报,2020-03-03.

276.徐建中,贯君,林艳.互补性资产视角下绿色创新与企业绩效关系研究——战略柔性和组织冗余的调节作用[J].科技进步与对策,2016,33(20).

277.徐建中,曲小瑜.装备制造业环境技术创新效率及其影响因素研究——基于DEA—Malmquist和Tobit的实证分析[J].运筹与管理,2015,24(1).

278.许庆瑞,王毅.绿色技术创新新探:生命周期观[J].科学管理研究,1999(1).

279.许晓燕,赵定涛,洪进.绿色技术创新的影响因素分析——基于中国专利的实证研究[J].中南大学学报(社会科学版),2013,19(2).

280.许石,曹曲泉,郭红玲.马钢节能工作回顾与展望[J].冶金动力,2019(10).

281.轩红钟,黄勇.海螺集团自主研发国内首套国产化水泥窑高温高尘

SCR 脱硝项目成功投运[J]. 中国建材,2020(7).

282. 严焰,池仁勇. R&D 投入、技术获取模式与企业创新绩效——基于浙江省高技术企业的实证[J]. 科研管理,2013,34(5).

283. 杨朝均,毕克新,呼若青. 开放经济下工业企业绿色创新动力传导机制[J]. 系统工程,2018,36(9).

284. 杨朝均,刘姝宁,呼若青,等. "一带一路"背景下经济开放对云南绿色创新动力的影响研究——基于系统动力学模型[J]. 科技与经济,2020,33(3).

285. 杨发明,吴光汉. 绿色技术创新研究述评[J]. 科研管理,1998(4).

286. 杨洸. 探索水泥行业转型新路径[N]. 中国建材报,2021－04－23(1).

287. 杨浩昌,李廉水,刘军. 本土市场规模对技术创新能力的影响及其地区差异[J]. 中国科技论坛,2015(1).

288. 杨红. 基于系统动力学的我国汽车轮胎制造企业绿色持续创新研究[D]. 上海:华东理工大学,2013.

289. 杨洪涛,左舒文. 基于系统动力学的创新投入与区域创新能力关系研究——来自天津的实证[J]. 科技管理研究,2017,37(3).

290. 杨静,施建军,刘秋华. 学习理论视角下的企业生态创新与绩效关系研究[J]. 管理学报,2015,12(6).

291. 杨燕,邵云飞. 生态创新研究进展及展望[J]. 科学学与科学技术管理,2011,32(8).

292. 杨燕. 生态创新的概念内涵和特性:与一般意义上创新的比较与思考[J]. 东北大学学报(社会科学版),2013,15(6).

293. 杨芝. 借力"5G＋工业互联网" 雅戈尔实现智能制造再升级[J]. 宁波通讯,2020(12).

294. 叶佳腾. 马鞍山钢铁公司污染治理研究(1973－1999)[D]. 西安:西北大学,2018.

295. 易芳,梁莉萍. 五年再造:雅戈尔的坚守与突围[J]. 中国纺织,2017(10).

296. 易芳. 雅戈尔的 40 年:从戏台下的小作坊奔向世界级时尚集团[J]. 中国纺织,2019(12).

297. 殷子涵,雷明,虞晓雯. 中国钢铁行业能源环境效率分析——基于工业企业微观数据[J]. 中国管理科学,2014,22(S1).

298. 应瑞瑶,周力. 资源禀赋与绿色创新——从中国省际数据的经验研究看"荷兰病"之破解[J]. 财经研究,2009,35(11).

299. 于斌斌,陆瑶. 中国纺织产业转型升级的思考[J]. 纺织科技进展,2013(4).

300. 余慧敏. 环境规制对绿色创新绩效的影响——以研发密度为调节变量[J]. 新经济,2015(2).

301. 余建形,徐维祥,楼杏丹. "微笑曲线"和高技术产业发展[J]. 经济问题探索,2005(9).

302. 余泳泽. 创新要素集聚、政府支持与科技创新效率——基于省域数据的空间面板计量分析[J]. 经济评论,2011(2).

303. 余泳泽. 我国高技术产业技术创新效率及其影响因素研究——基于价值链视角下的两阶段分析[J]. 经济科学,2009(4).

304. 虞展. 深化氢能产业链布局——上汽大通氢燃料电池技术助力国家能源转型[J]. 汽车与新动力,2019,2(6).

305. 袁凌,申颖涛,姜太平. 论绿色技术创新[J]. 科技进步与对策,2000(9).

306. 云飞,易山. 雅戈尔:引领浙江制造营销模式新变革[J]. 信息化建设,2019(12).

307. 曾莹莹. 基于物联网的船舶工业绿色创新系统商业模式研究[D]. 哈尔滨:哈尔滨工程大学,2019.

308. 张钢,张小军. 绿色创新研究的几个基本问题[J]. 中国科技坛,2013(4).

309. 张钢,张小军. 企业绿色创新战略的驱动因素:多案例比较研究[J]. 浙江大学学报(人文社会科学版),2014,44(1).

310. 张海燕,邵云飞,王冰洁. 考虑内外驱动的企业环境技术创新实证研究[J]. 系统工程理论与实践,2017,37(6).

311. 张辉. 高质量发展视角下国有制造企业绿色创新升级路径研究——以晨鸣纸业案例为例[J]. 济南大学学报(社会科学版),2020,30(4).

312. 张慧莹. 我国船舶工业绿色创新系统动态演化研究[D]. 哈尔滨:哈尔滨工程大学,2018.

313. 张婧,段艳玲. 市场导向对创新类型和产品创新绩效的影响[J]. 科研管理,2011,32(5).

314. 张梦娇. 环境规制下的企业绿色技术采纳驱动机理研究[D]. 武汉:武汉理工大学,2019.

315. 张启尧,才凌惠,孙习祥. 绿色知识管理能力、双元绿色创新与企业绩效关系的实证研究[J]. 管理现代化,2016,36(5).

316. 张庆芝,何枫,雷家骕. 环境约束下的我国钢铁企业技术效率研究[J].

科学学与科学技术管理,2013,34(10).

317.张庆芝,何枫,雷家骕.循环经济下我国钢铁企业技术效率与技术创新研究[J].研究与发展管理,2014,26(6).

318.张庆芝,何枫,雷家骕.资源消耗、科技创新与钢铁产业技术效率研究[J].统计与决策,2014(7).

319.张瑞华,韩丽红.政府支持、内部控制与资源型企业创新绩效的关系研究[J].资源与产业,2021,23(3).

320.张省,计明灿,周燕.绿色创新环境、商业模式与企业创新绩效——基于系统动力学的仿真分析[J].上海商学院学报,2020,21(6).

321.张天悦.环境规制的绿色创新激励研究[D].北京:中国社会科学院研究生院,2014.

322.张汀.国外是如何培养"工匠精神"的?[J].时代报告,2017(5).

323.张小军.企业绿色创新战略的驱动因素及绩效影响研究[D].杭州:浙江大学,2012.

324.张晓春,叶紫平,曹军,等.传统磷化转锆系薄膜前处理的前期工艺试验[J].涂料工业,2018,48(1).

325.张晓林,吴育华.创新价值链及其有效运作的机制分析[J].大连理工大学学报(社会科学版),2005(3).

326.张旭,王宇.环境规制与研发投入对绿色技术创新的影响效应[J].科技进步与对策,2017,34(17).

327.张燕.绿色技术创新利益相关者分析及博弈研究[D].成都:四川师范大学,2021.

328.张义婷,韩俊超,吴英.绍兴纺织业绿色转型升级路径探索[J].现代商贸工业,2018,39(32).

329.张云.我国钢铁企业绿色技术创新效率评价研究[D].马鞍山:安徽工业大学,2019.

330.张云峰,顾庆良.中国纺织业的"绿色供应链"与"清洁产业链"[J].江苏纺织,2009,4(9).

331.赵红.环境规制对企业技术创新影响的实证研究——以中国30个省份大中型工业企业为例[J].软科学,2008(6).

332.赵细康,李建民.中国环境保护与产业国际竞争力关系的展望[J].广东社会科学,2004(1).

333. 赵颖. 绿色纤维认证开启新篇章[J]. 纺织科学研究,2021(4).

334. 郑秉文."中等收入陷阱"与中国发展道路——基于国际经验教训的视角[J]. 中国人口科学,2011(1).

335. 郑健壮,朱婷婷,郑雯好. 价值链曲线真的是"微笑曲线"吗？——基于7个制造业细分行业的实证研究[J]. 经济与管理研究,2018,39 (5).

336. 钟晖,王建锋. 建立绿色技术创新机制[J]. 生态经济,2000(3).

337. 钟陆文. 论企业可持续发展的理论内涵[J]. 佛山科学技术学院学报(社会科学版),2003(1).

338. 仲钊强. 环境规制对绿色创新的作用机制研究[D]. 南京:南京信息工程大学,2021.

339. 周海华,王双龙. 正式与非正式的环境规制对企业绿色创新的影响机制研究[J]. 软科学,2016,30(8).

340. 周力. 中国绿色创新的空间计量经济分析[J]. 资源科学,2010,32(5).

341. 周天凯. 我国绿色创新效率评价及影响因素研究[D]. 徐州:中国矿业大学,2020.

342. 朱杭,莫燕,周晓林. 技术中介提升创新价值链效益的机理分析[J]. 科技进步与对策,2006(9).

343. 朱虹. 基于创新驱动的安徽省制造业转型升级研究[D]. 合肥:安徽农业大学,2018.

344. 朱一溟. 上汽集团新能源汽车发展战略分析[D]. 成都:西南交通大学,2016.

345. 朱有为,徐康宁. 中国高技术产业研发效率的实证研究[J]. 中国工业经济,2006(11).

346. 邹昆. 基于CAS的绿色创新系统中介主体行为仿真研究[D]. 大连:大连理工大学,2006.

附　录
传统制造企业绿色创新调查问卷

尊敬的女士/先生：

您好！非常感谢您在百忙之中抽出宝贵时间填写本问卷！

本问卷旨在了解企业绿色创新驱动因素、绿色创新与企业绩效三者之间的关系。绿色创新主要是指企业通过开发或采用新的产品、服务、工艺、流程、管理和经营方式等行为，显著降低产品或服务整个生命周期的环境风险、污染及资源（能源）利用的负面影响。

您的意见和建议将对绿色环保背景下企业可持续发展路径提供非常重要的帮助。本调查仅用于学术研究，研究报告将不涉及任何具体企业名称，请您放心并尽可能客观地根据您所在企业实际情况回答。我们承诺，将对您提供的所有信息保密，调查所得数据绝不会用于其他任何商业用途。

填写说明：

1.由于有缺项的问卷不能计入数据库进行有效的统计分析，请您根据企业实际情况答完所有题目。

2.本问卷并没有标准答案，答案均无“对”“错”“好”“坏”之分，您只需仔细阅读每个问题，结合企业实情，并根据自己的认知如实加以填写即可。

第一部分　企业基本信息

1.贵企业的名称：____________________

2.您的工作职位：

□总经理　□人力资源部经理　□研发部经理

□市场部经理　□生产部经理　□其他（请填写）____________

3.贵企业成立年数：

□3 年以下　□3～5 年　□5～10 年

□10～15 年　　□15～20 年　　□20 年以上

4. 贵企业所属行业：

□农副食品加工业　□纺织业　□金属制品业　□工艺品及其他制造业

□木材加工及木、竹、藤、棕、草制品业　□黑色金属冶炼及压延加工业

□有色金属冶炼及压延加工业　　□其他(请填写)__________

5. 贵企业所属在地区是安徽省____________市(请填写)

6. 贵企业在同行业中属：

□微型　　□小型　　□中型　　□大型

7. 企业性质：

□国有及国有控股企业　□集体企业　　□民营企业

□中外合资企业　　□外商独资企业　□其他(请填写)__________

第二部分 绿色创新的驱动因素

请根据贵企业绿色创新的驱动因素情况选择符合贵企业实际情况的程度，在对应的空格处打"√"。其中，1 表示非常不符合，2 表示不符合，3 表示一般，4 表示符合，5 表示非常符合。(注：绿色政策是指"绿化"的经济政策，即兼顾环境效益和经济效益两方面的环境规制、财政、税收、融资等经济政策。)

请选择下列陈述符合贵企业实际情况的程度		非常不符合	不符合	一般	符合	非常符合
A11	贵企业会收集顾客绿色需求信息	1	2	3	4	5
A12	贵企业可以很好地处理顾客投诉	1	2	3	4	5
A13	贵企业视顾客为合作伙伴经常咨询以提高服务质量	1	2	3	4	5
A14	贵企业会研究怎样可以为顾客提供更多的价值	1	2	3	4	5
A21	贵企业知道竞争对手是否关注顾客对绿色创新产品的偏好	1	2	3	4	5
A22	贵企业知道竞争对手是否进行绿色创新	1	2	3	4	5
A23	贵企业知道竞争对手如何吸引顾客购买绿色创新产品	1	2	3	4	5
A24	贵企业知道竞争对手向顾客提供的绿色产品性能	1	2	3	4	5

续表

请选择下列陈述符合贵企业实际情况的程度		非常不符合	不符合	一般	符合	非常符合
A31	贵企业各部门能够密切合作满足顾客的需求	1	2	3	4	5
A32	贵企业各部门能够协调针对顾客的活动	1	2	3	4	5
A33	贵企业各部门都意识到顾客关系的重要性	1	2	3	4	5
A34	贵企业各部门会共同做出影响顾客关系的决定	1	2	3	4	5
D11	贵企业内部有足够的财力资源可以用于自由支配	1	2	3	4	5
D12	贵企业的留存收益足以支持市场扩张	1	2	3	4	5
D13	贵企业拥有较多的潜在关系资源可以利用	1	2	3	4	5
D14	贵企业能在需要时获得银行贷款或其他金融机构资助	1	2	3	4	5
D21	贵企业已引入的先进工艺设备或技术没有被充分利用	1	2	3	4	5
D22	贵企业拥有相对较多科研人才还有一定的发掘潜力	1	2	3	4	5
D23	贵企业目前的生产能力有富余	1	2	3	4	5
E1	绿色创新对贵企业而言有必要做到很高水平	1	2	3	4	5
E2	绿色创新是贵企业制定企业战略应考虑的重要因素	1	2	3	4	5
E3	对贵企业可持续发展而言绿色创新是有价值且值得做	1	2	3	4	5
E4	绿色创新是贵企业一种有效的企业策略	1	2	3	4	5

第三部分 绿色创新

请根据贵企业的绿色创新行为选择符合贵企业实际情况的程度，在对应的空格处打"√"。（其中，1 表示非常不符合，2 表示不符合，3 表示一般，4 表示符合，5 表示非常符合。）

请选择下列陈述符合贵企业实际情况的程度		非常不符合	不符合	一般	符合	非常符合
F11	贵企业经常开发结构和包装简化的新产品	1	2	3	4	5
F12	贵企业经常开发容易回收再利用的新产品	1	2	3	4	5
F13	贵企业经常开发原材料容易降解的新产品	1	2	3	4	5
F14	贵企业经常开发低能耗的新产品	1	2	3	4	5
F21	贵企业经常改进生产工艺或精简生产步骤以降低环境污染	1	2	3	4	5
F22	贵企业经常改进生产工艺或精简生产步骤以遵守环保法规	1	2	3	4	5
F23	贵企业经常引进新的节能技术进行生产制造	1	2	3	4	5
F24	贵企业经常改进生产工艺或精简生产步骤以减少资源浪费	1	2	3	4	5

第四部分 企业绩效

请根据过去三年内，贵企业在主要目标市场上，在如下方面的表现情况选择符合程度，在对应的空格处打"√"。（其中，1 表示非常不符合，2 表示不符合，3 表示一般，4 表示符合，5 表示非常符合。）

请选择下列陈述符合贵企业实际情况的程度		非常不符合	不符合	一般	符合	非常符合
G11	贵企业销售额增长了很多	1	2	3	4	5
G12	贵企业市场占有率提高了很多	1	2	3	4	5
G13	贵企业盈利增长了很多	1	2	3	4	5
G14	贵企业顾客满意度提高了很多	1	2	3	4	5
G21	贵企业对物料、能源或水等资源利用效率有明显提高	1	2	3	4	5
G22	贵企业能明显减少“三废”等环境污染物的排放	1	2	3	4	5
G23	贵企业的环境污染治理效果有明显改善	1	2	3	4	5

本问卷到此结束，非常感谢您的参与！

后　记

本书是柏明国主持的安徽省哲学社会科学规划项目（项目批准号：AHSKZ2016D04）的最终研究成果。在项目立项、研究和中期检查过程中得到了许多评审专家和有关管理人员的悉心指导和无私帮助，这对于本书的撰写具有重要的启发作用，在此谨向他们表示衷心的感谢！

在本书的编写过程中，柏明国、李中娟、张云、姚毓婷、朱维维、郑柯组织了本书撰写、补充与修改工作。本书最终定稿是由柏明国负责完成的。衷心感谢张军、方大春、李向前、黄存权、李中娟、张云等课题团队骨干成员的无私帮助与参与！此外，柏明国指导的硕士研究生李中娟、张云两位同学的硕士论文，以及姚毓婷和朱维维两位同学撰写的关于传统制造企业绿色创新发展的研究报告为本书的完成奠定了重要基础，在此一并向她们表示感谢！

本书在撰写过程中学习并借鉴了大量国内外同行专家的研究成果，这些成果为本书的出版起到了非常重要的启发作用，特此向这些成果的研究者表示衷心的感谢，特别向那些可能因为疏忽而未被注明的作者深表歉意。

本书得以出版，得到了安徽工业大学商学院领导及安徽大学出版社工作人员的热情鼓励和支持，还得到了安徽工业大学商学院工商管理系吴金南、陈江、刘翀等各位老师的鼓励和支持，在此向他们致以深深的谢意！

相信本书对完善绿色创新研究具有一定的理论意义，并对促进我国传统制造企业的绿色创新发展具有一定的现实意义。但囿于作者的研究视角、研究能力、研究资料与数据收集等多方面的影响，本书也一定存在很多局限和不足。因此，恳请同行专家对本书提出批评指正，这必将对我们进一步完善相关研究提供重要帮助。

柏明国
2021 年 12 月 20 日